心を育てる
グループワーク

楽しく学べる72のワーク

正保春彦 著
SHOBO HARUHIKO

金子書房

はじめに

「先生，この学校は大変ですよ。でも，この学校でできたことは日本中どこへ行ってもできます。」

今から10年ほど前，Y高校で学校設定科目のグループワーク（心理学）の授業を担当することになったとき，同僚となる先生から初日に言われた言葉です。

その言葉に，「はあ」と答えながらうなずいていた私は，その言葉の意味するところを半分程度しか理解していなかったと後で気づきました。その学校は，小・中学校時代に不登校やいじめなどのさまざまな困難を経験していたり，発達障害があったり，複雑な家庭環境にあったりと，一般的な学校では修学が困難な子どもたちが多く通っているいわゆるフレックススクールと呼ばれる単位制・3部制の定時制高校でした。

当初は授業担当にあまり乗り気でなかった私でしたが，校長先生の「どうしても」という要請に「1年間だけ」という条件付きで授業を引き受けることにしたのです。授業は，開始当初からグループワーク，それもゲーム形式の楽しいもの，と決めており，校長先生の了解もとってありました。楽しい授業の中に，学びの要素を盛り込んでいけば，子どもたちは喜ぶはずだし，授業もうまくいくだろうと考えていたのです。

しかし，授業を開始してすぐ，さまざまな困難に直面しました。授業をしようとしても生徒たちの反応は今ひとつで，期待したように授業に参加してくれない生徒や参加してもこちらの期待とは異なる反応をする生徒などが少なくなかったのです。

多くの生徒たちは，他者とかかわりながら進められる授業に対して，さまざまなとまどいや多くの抵抗を示していたのです。そもそも元不登校児が多かったことを考えると，この反応は当然といえば当然でした。生徒たちは他者とのかかわりに少なからぬ困難を抱えており，他者とのかかわりの経験もあまりもっていなかったのです。いろいろ試行錯誤をしながら，毎週1回の授業がようやく軌道に乗るようになったのは夏近くになってからでした。夏休み明けからは，なんとか授業もうまく進むようになり，翌年3月には一応の達成感をもって一年間の授業を終えることができました。

とは言うものの，終わってみると「もっとああすればよかった，こうすることもできたのに」という後悔の念が沸き起こってきました。「もう1年やらせてください」というお願いを校長先生に快諾していただき，授業をさらに続けるチャンスをいただき，結果的に3年間にわたって授業を続けることができました。

その間，私が生徒たちから学んだことは，彼らの心を大切にして授業を進めることがいかに大切か，ということです。言い換えると，子どもたちの心への配慮です。多くの子どもたちが，他者とのかかわりに苦手意識をもつ中で，どのようにしたら子どもたちがその活動を受け入れ，そしてその中から学びを見つけてくれるのか，といったことを日々考え，さまざまな試行錯誤を経て，少しずつ授業スタイルを作り上げていきました。

その後，小学校，中学校，特別支援学校などからも授業の依頼をいただき，さまざまなアレン

ジを加えながら授業実践を続けて現在に至っています。「この学校は大変だけど，ここでできたことはどこへ行ってもできますよ」という言葉の意味を今にして再びかみしめています。

　また，上記の授業実践とは別に，それに先だって茨城県教育研修センターの研究活動に関わらせていただいたことも非常に重要な体験でした。多くの熱心な先生方が集まって学校で実践できるグループワークについての研究をされており，そこに助言者という立場で関わらせていただきました。そこで構成的グループ・エンカウンター，グループワーク・トレーニング，SST，インプロなどの活動を学校現場でどう活用するのか，ということについて研究を進め，非常に有意義な取り組みだったと思います。

　しかし，構成的グループ・エンカウンター，グループワーク・トレーニング，SST，インプロはそれぞれ異なる原理に立脚している活動です。子どもたちの幸せを考えるとさまざまな活動を折衷的に取り入れることが理にかなっているのは分かるのですが，一方で理論的立場の異なる活動を寄せ集め，形式的に組み合わせて実施することが，どれだけ子どもたちの心の成長に実質的な効果をもつかということについての疑問の念があったことも事実です。

　私自身，ベーシック・エンカウンターグループから，構成的グループ・エンカウンター，グループワーク・トレーニング，インプロ，プレイバック・シアター，サイコドラマなどのさまざまなグループアプローチ諸技法に関わってくる中で，それらの間にどう折り合いをつけるかということに頭を悩ませてきたのですが，その中で，構成的グループ・エンカウンター，グループワーク・トレーニング，インプロなどの特に学校現場での活用に適した諸活動については，それらを，かかわる活動，理解する活動，表現する活動の3つのカテゴリーに集約することができそうだ，という考えが2014年頃，私の頭の中に浮かんできました。そして，さらにもう少し考えていくと，かかわる活動の傘の下に理解する活動と表現する活動を収めることができそうだという考えに至りました（本書，p.43）。

　当時，世の中ではタッチパネル型のスマートフォンが急速に普及していました。スマートフォンの素晴らしいところは，一台のスマートフォンの中に，電話，カメラ，インターネット端末，音楽プレイヤー，ゲーム機などのさまざまな機能が収められていることです。一台あれば事足りるというところがスマートフォンの大きな特長です。私は，さまざまなグループワークの諸機能も，かかわる，理解する，表現するという3つの機能を包括した1つの概念の元に統合すること（integrated）で，その活用の可能性が大きく広がるのではないかと考えました。

　また，そもそも，グループワークは参加者相互のかかわり（interaction）によって成り立っています。加えて，経済成長が終わり，先が見通せない今日の状況においては，せめて楽しく（interesting）なければやっていられないという側面があり，かつ，教育現場としては楽しければそれでいいというものではなく，どこかに学びの側面（instructive）が必要だという背反的な状況があります。こうしてみると，今，求められていることはすべて「i（アイ）」というキーワードの元に括ることができるのではないかと考えました。

　本書は，「i」で始まるキーコンセプトで括られるグループワークであるi-Workを提案したいと思います。

　現代社会はめまぐるしくその様相が変貌し，現代の子どもたちはその中でさまざまな心理的困

難を抱えて生きています。そして，学校の先生方をはじめとする多くの関係者は，日々，対応に苦慮されながら，子どもたちと子どもたちの心に向き合っています。私は，本書をそのような関係者の方々への応援歌になれば，という思いで書きました。

　第1章から第5章においては，私があちこちの研修会でお話ししてきたグループワークについての解説を行い，第6章においては，楽しく実践できて，そして学びのあるさまざまなワークを紹介しています。また，第7章では実際の学校現場等で行った継続的な活動の実際について紹介しています。本書で紹介する各種のワークは小学校高学年から中学校，高校の子どもたちに向けてアレンジされています。しかしそれだけでなく，大学生をはじめとする社会人に適用することもできますし，内容を選択すれば，小学校低学年の子どもたちから特別支援学校の子どもたちにも適用することもできます。

　グループワークは，多様な可能性を秘めたアプローチです。そして学校は多くの人々が集まる場所です。そこに多くの人々がいるということは，大きな潜在的な可能性がそこにあるということです。グループワークを適切な形で活用し，人々の中にある潜在的な力を建設的な形で取り出すことができれば，学校はより笑顔が溢れる，人々に幸せをもたらす場所になります。

　学校は勉強をするところですが，同時に子どもたちが人間として成長する場所でもあります。本書を活用することが，そのような子どもたちの成長の一助となれば望外の喜びです。

　この本によって，学校現場にさらに多くの子どもたちの笑顔があふれ，その子どもたちの心の中にさまざまな学びが広がっていくことを願っています。

正保春彦

目　　次

はじめに　i

第1章 現代の子どもたちを取り巻く状況

現場でのさまざまな体験から　2
新しいタイプの学校　4
社会の変化　4
　人口の流動化に伴う地域社会の変化／少子化／遊びの変化／
　コミュニケーション手段の変化／デジタルネイティブとさとり世代／
　私事化／親世代の変化／成長型社会から成熟型社会へ

第2章 学校で活用されるグループワーク

人間関係の力　10
構成について　13
学校現場で活用されているさまざまなグループワーク　14
構成的グループ・エンカウンター（SGE）　14
構成的グループ・エンカウンターと時代背景　16
グループワーク・トレーニング（GWT）　18
ソーシャルスキル・トレーニング（SST）　20
インプロ　21
各種グループワークの比較　23
グループワークを用いることの意義と注意点　24

第3章 グループワークにおける学び

学びの躓きと心の傷つき　28
学校教育機能の心理臨床化　28
楽しむことと学び　30
楽しむことと学びの関係＝たの▷まな　31
グループワークにおける学び　32

第4章 心を育てるグループワークとは

現代社会とグループワーク　36
効果的な実践に向けて　37
構成的グループ・エンカウンターにおけるかかわりと出会い　38
構成的グループ・エンカウンターのエクササイズの再検討　40
グループワーク・トレーニングとインプロ　42
3つの基本コンセプト　43
かかわる　44
いう，きく，する，よむ（iksy）　45
理解する　45

　　　　　　　　　　　表現する　46
　　　　　　　　　　　心を育てるグループワーク　49

第5章　　　　　　　　グループワークの流れ　52
グループワークの　　アセスメント　52
進め方　　　　　　　オリエンテーション　54
　　　　　　　　　　スタートライン　55
　　　　　　　　　　インストラクション　56
　　　　　　　　　　ウォーミングアップ　57
　　　　　　　　　　ワークとのりしろ　58
　　　　　　　　　　抵抗とその対処　60
　　　　　　　　　　グループワークの矛盾とオープン・マインド　62
　　　　　　　　　　シェアリング　66
　　　　　　　　　　シェアリングの落とし穴　68
　　　　　　　　　　グループワークを支えるマインド　71
　　　　　　　　　　グループワークの進め方・まとめ　74

第6章　　　　　　　　本章の内容について　76
心を育てる　　　　　かかわるワーク　78
グループワーク　　　理解するワーク　128
i-Work　　　　　　　表現するワーク　159

第7章　　　　　　　　M中学校　190
さまざまな実践　　　K高校　200
　　　　　　　　　　K特別支援学校　214
　　　　　　　　　　A家庭裁判所における活動　222

第8章　　　　　　　　1／100で効果を上げる　234
計画的な実践　　　　学校での組織的・計画的導入のポイント　236
　　　　　　　　　　担任の関与　236
　　　　　　　　　　リニアモデルとスパイラルモデル　237
　　　　　　　　　　授業以外での実践　238

資料
附表・索引

基本的コミュニケーション能力測定尺度 iksy　240
索引　242
若い女性と老婆　246

引用文献　247
おわりに　249

書き込み式ワークシートのダウンロードに関して

　本書で紹介している書き込み式ワークシートをダウンロードできます。データはPDF形式でご用意しており，印刷してグループワーク実施時にご活用いただけます。

　金子書房ホームページの『心を育てるグループワーク――楽しく学べる72のワーク』の書籍ページ（https://www.kanekoshobo.co.jp/book/b371620.html）にアクセスしていただき，ダウンロード用バナーをクリックしてください。以下のユーザー名とパスワードをご入力いただくとダウンロードページが表示されます。

〔ユーザー名：iwork72　／　パスワード：tanomana2419hs〕

　ダウンロードできる書き込み式ワークシートは以下です。ページ数はダウンロード対象ページを示しています。

- 31. 電話でSOS（p. 115）
- 33. 人間コピー機（p. 119-121）
- 34. 絵合わせ（p. 123）
- 35. 初めてのお使い（p. 125-127）
- 40. スゴロク・トーキング（p. 135-137）
- 41. Who am I?（私は誰？）（p. 139-140）
- 42. WANTED!（p. 143）
- 43. 連想ゲーム（p. 145）
- 44. あなたはきっと（p. 147）
- 46. 私は実は（p. 150-151）
- 48. 究極の選択（p. 154-155）
- 49. 結婚の条件（p. 157-158）

ご活用にあたっては次の点にご留意ください。
1. 本サービスは本書をご購入いただいた方のみご利用いただけます。上記のユーザー名およびパスワードを第三者に知らせたり，ダウンロードしたデータを共有したりしないようにしてください。
2. すべてのファイルには著作権があります。ご使用は，学校の授業などの教育目的や非営利の活動などに限定し，参加費などを徴収する有料の研修会などでのご使用に際しては，事前に金子書房宛に使用許可の申請をしていただき，出典を明記の上ご使用ください。
3. 改変・無断転載は禁止いたします。
4. ファイルはご使用になる方の責任でご利用ください。
5. 本サービスの内容は予告なく変更になる場合があります。あらかじめご了承ください。

第 1 章
現代の子どもたちを取り巻く状況

　現代の子どもたちは従来の日本人が生きてきた社会とは異なる状況を生きています。高度経済成長以降，バブルの崩壊とその後のリーマンショックを経て日本の社会は急激に変容し，成長型社会から成熟型社会に移行しつつあります。本章では，現代の子どもたちが生きている日本社会とはどんな社会であるのか，その概略をつかみます。

現場でのさまざまな体験から

「よかったことは，グループワークの授業を通じて，生徒たちに周りの生徒の存在が見えるようになったことです。」

ある中学校の先生から言われた言葉です。

かつて私はM中学校で約半年間に渡って定期的にグループワークの授業をする機会を得ました（p.190）。中学1年生4クラス計約140人に対して，半年間に渡って隔週で1クラスずつ計10回，のべ40回の授業を行いました。2年後にその学校の先生に再会した時に言われたのがこの言葉です。先生の言葉は，「それまでは，他の生徒の存在が見えていなかった。付き合うのも仲のいい数人だけ。それがいろんな子とかかわるようになって，他の生徒たちが見えるようになりました。」と続きました。

「周りの生徒の存在が見えるようになりました。」とはどういうことでしょうか？　もちろん生徒たちは視覚に障害がある訳ではありません。ここで言う周りの生徒とは，心をもち，時には喜び，時には傷つく，そういう喜怒哀楽の情をもった存在として級友を認める，ということです。言い換えると，それまでは子どもたちには級友の存在があたかも景色のように見えていたということなのです。

その学校は特に問題を抱えた学校ではなく，むしろ，落ち着いた，うまくいっている学校でした。そのような学校でも，一般の生徒たちの間に，そのような問題を水面下で抱えていた訳です。近年，学校におけるいじめが社会的な問題となって久しいのですが，その解消の兆しは杳として見えません。それどころかSNS（ソーシャル・ネットワーキング・サービス）などの普及により，いじめは多様化・陰湿化し，その解決は一層困難さの度を増しています。特に1986年のいわゆる「葬式ごっこ」と言われる中学生のいじめ自殺事件以来，いじめを原因とする児童・生徒の自殺は，発生のたびにマスコミ等に取り上げられ，文部科学省や教育委員会もそれなりの対策を打ち出していますが，その後の度重なる自殺の発生に鑑みればその効果は限定的であると言わざるを得ません。

しかし，児童・生徒の目線でいじめ問題をとらえた場合，もし級友が景色のように眼に映っているとしたら，景色に何をしようと勝手，ということになってしまうのではないでしょうか。宮台（1997）は，周囲の目を気にせず傍若無人な振る舞いをする若者たちについて，「仲間以外はみな風景」とでも言うべき感受性が問題だ，と述べていますが，これらは同根のことと言えるでしょう。もちろん，教育現場も決して手を拱いている訳ではありませんが，もし級友がそのように眼に映っているのだとしたら，まず，そこからいじめ問題に対する対応策を考えなければなりません。いじめを真に根絶したいならば，単に啓発教育や人権教育を行うのではなく，他者を「景色」や「風景」ではなく心をもった人間存在として認めることができるような働きかけを行う必要があるでしょう。

このような傾向は，単に一部の学校のみの問題ではなく，広く一般小・中・高等学校その他の学校で共有されつつある問題ではないかと思います。

私はまた別の機会にK高校で，3年間に渡ってグループワークの授業を定期的に行う機会を得ました（p.200）。依頼の直接的な理由は「中途退学者が多い」ということでした。K高校は，小中学校で不登校であったりいじめを経験していたり，発達障害等をもつ生徒が多く通う高校でしたが，中退者数の多さが問題となっていました。管理職が言うには「みんな孤立して辞めていく」ということでした。多くの生徒は，他

図1-1　相互に無関心な島宇宙

者と親密な人間関係を築くことができず，櫛の歯が欠けるように退学していくのでした。学校という集団の中で，円滑で建設的な人間関係を築けない子どもたちは少なくないのです。

　宮台（1994）は，先にあげた「仲間以外はみな風景」という言葉に先立って小グループに分断された同族的なコミュニケーション網のことを島宇宙と呼び，島宇宙相互の間には驚くほどの無関心しかないとしました。学校へ行き，大勢の子どもたちの中に身を置いていても，他者に無関心で，共通の価値観をもつ特定の子どもたちの人間関係の中だけで生活し，それ以外の子たちとは交流をもたないという人間関係の在り方が増えているのです（図1-1）。

　K高校では3年間に渡って1年生を対象に各クラス月1回のグループワーク授業を行いましたが，その間，中退者数はグループワーク授業導入前に比べて大幅に減少することができました。

　子どもたちの学校への一般的な適応状況を示す1つの指標として不登校児童・生徒数があります。全国の小中学校の不登校児童・生徒数は1997年に10万人の大台を越えて以来，10万人を割ったことがありません。2017年現在でも小中学校における不登校の発生率は，小学校で0.39％（255人に1人），中学校で2.73％（36人に1人）であり，特に中学校においては1クラスにほぼ1人といっていい状況にあります。その間，大学教職課程で生徒指導・教育相談の科目が必修となったり，さまざまな研修会が開催されたり，各種の啓発図書が出版されたりしてきて，その上でこの状態であることは不登校問題の広がりと深まりをうかがわせます。

　また近年，発達障害のある児童・生徒が増加の傾向にあります。平成24年度の文部科学省の調査によれば，通常の学級で学習面・行動面において困難を示す生徒が全体の6.5％在籍し，この中に発達障害のある児童・生徒が含まれている可能性があるという結果が示されています。ここには，自閉症スペクトラム障害（ASD）やADHD，限局性学習障害（Learning Disabilities：LD）などが含まれていますが，自閉症スペクトラム障害を示す児童・生徒は全体の約2％程度，ADHDを示す児童・生徒は3〜5％，限局性学習障害を示す児童・生徒は約5％とされ，全体の約10％の児童生徒は対人関係に困難をもつ可能性が高いのです。

　問題は子どもたちのみに止まりません。

ある中学校でグループワークの授業をした際，担任の先生他，教頭先生やベテランの学年主任の先生らが生徒たちと交わって和気藹々とグループワーク活動をしていた最中，一人だけ浮かない表情で皆の輪の外にいたのは採用後間もない若い副担任の先生でした。声をかけると「僕はこういうの苦手なんです」ということでした。この例に限らず，管理職の集まる場面で，「生徒のソーシャルスキルはともかく，そもそも若い先生のソーシャルスキルがどうも……」という声が聞かれることは少なくありません。若い先生も数年前までは学生・生徒の立場だった訳ですから，立場が変わったからといって急に多くを望むことはできないのかもしれません。しかし，子どもたちを指導する立場の先生がそのような状態であるとするならば，子どもたちも推して知るべしということになりかねません。

新しいタイプの学校

　小中学校でのこのような状況を受けて，多様な子どもを受け入れるために，定時制・単位制・通信制などを取り入れて子どもたちをサポートする新しいタイプの高校が各都道府県でつくられています。例えば東京都ではチャレンジスクールが，埼玉県ではパレットスクールが，茨城県ではフレックススクールがそれに当たります（横島，1999）。「はじめに」で述べたY高校や先ほど述べたK高校もこのフレックススクールでした。これらの高校に通う生徒は，小中学校時代に不登校だったり，いじめを受けていたり，発達障害があったりします。また，近年外国籍の子どもたちも増加の傾向にあり，これらの子どもを受け入れることを主眼としていますが，一般の教員がそのような子どもたちに対応するのは簡単なことではありません。

　外部講師として上記のある高校で表現活動を教えているという先生にお話を伺ったことがあります。その方が言うには，不登校だった生徒，発達障害がある生徒，虐待を受けていた生徒，外国籍の日本語の読み書きがほとんどできない生徒たちに授業を行っているということでした。「大変じゃないですか？」という私の問いかけに対して「まあ，バケツでビル火事を消しに行くようなものですよ。」という答えが返ってきました。バケツでビル火事を消すことはできません。誇張した表現ではあるかもしれませんが，現場の実感を語った一言だと思います。これは一例ですが，その背後で多くの先生方が同様な感覚をもって日々生徒に向き合っているという状況がそこにはあるのです。

社会の変化

　このような状況の変化と平行して，日本社会も変化しつつあります。

1．人口の流動化に伴う地域社会の変化

　高度経済成長の進展に伴い，国内では人口の流動化が進みました。生まれた土地で死ぬまで過ごすのではなく，進学，就職，転勤などによる移動が当たり前のこととなりました。これにより，伝統的社会で維持されていた地域の結びつきは弱体化し，「隣は何をする人ぞ」という言葉

に示されるような匿名性の高い社会に変貌してきました。伝統的社会では，地域社会において近隣住民との関係性の中で人々は時に支えられ，時にさまざまな人間関係の問題を学んできましたが，そのような機会は失われつつあります。人々の間の結びつきが弱くなり，人間関係の絆が弱体化した社会が今日の日本社会です。

2. 少子化

　近年の日本では少子化が進みつつあります。日本における人口置換水準は2.08とされていますが，日本の合計特殊出生率は1974年以降2.08を下回っており，日本の子ども人口は減少しつつあります。2005年に1.26と史上最低を記録した後は，合計特殊出生率はやや増加の傾向にあり，2016年には1.44までに回復しましたが，出産可能な女性の総人口の減少もあり，出生数の減少傾向は続いています。2005年には戦後初めて国内人口の自然減少が報じられました。一組の夫婦が産む子どもの数が減っていますし，そもそも晩婚化や生涯未婚率も増加しています。これにより家庭におけるきょうだいの数も減少しています。きょうだい関係は子どもにとって親子関係に次ぐ重要な人間関係ですが，家庭内におけるきょうだい関係の機会も減少しています。もっとも，子どものいる家庭では子どもの数はそれほど減少してはいないことはわずかな救いと言えます。

3. 遊びの変化

　少子化やきょうだい数の変化により，遊びの形態も変化してきています。集団の中で，時に体をぶつけあって遊ぶような機会はどんどん減少しつつあります。従来，集団の中で遊ぶことは，子どもにとっては人間関係を学ぶ貴重な機会でした。そのような関係性の中で，人とかかわることの喜びを感じることもあれば，時に問題に直面することもあり，そのようなプロセスの中で子どもは貴重な体験学習を積んできたと言えます。しかし，今日，子どもたちがそうやって遊ぶ機会はどんどん減少しています。公園で遊ぼうとしても禁止事項が多かったり，近所からの苦情などで思い切って遊ぶことができないなどという状況もあります。

　加えて，近年の電子機器の発達に伴う，おもちゃ・ゲーム類の変化も見逃すことができません。パーソナルコンピューターやハンディタイプのゲーム機器におけるゲームソフトの発達は，生身の相手がいなくても機械を対象に遊ぶことを可能とします。また，近年ではネットワークシステム上で匿名で他者と遊ぶことも可能となっています。ネットワークシステム上で擬似的に他者と遊ぶことが子どもの心に及ぼす影響については現在のところ未知数です。子どもの仕事は遊ぶこととも言われますが，このことは，子どもの対人関係がどんどん間接化していくことに繋がっています。

4. コミュニケーション手段の変化

　近年，人間相互を繋ぐコミュニケーション手段はどんどん変化しつつあります。昔は通常，電話は一家に一台でしたが，携帯電話の普及により，現在は一人に一台が当たり前となっています。電話が一家に一台しかなかった頃は，家族内で電話を使う際にも家族間で了解をとったり，

時に交渉する必要がありましたが，一人一台となればそのような気遣いは不要となります。このことは同時に人間関係の機会が少なくなっていることをも意味しています。また，以前であれば誰かに電話をかけるということは，まず相手の家族と話すということを可能性として含んでいましたが，現代では話したい相手に直接電話をかけるので，そのようなこともなくなりました。

また携帯電話はスマートフォンが主流となり，移動・外出環境においてもさまざまなSNSの利用が可能となっています。このことにより個人がもつ関係性は一気に増大しますが，同時にそれはあくまでも間接的な関係性のそれにおいてのことです。既に述べたように生身の関係における人間関係はどんどん減少してきています。

5. デジタルネイティブとさとり世代

1990年代からインターネットが普及しましたが，2000年頃以降，定額のブロードバンド接続サービスの提供や携帯電話によるインターネット接続の開始により，このインターネットは爆発的に普及しました。このような現代社会は高度情報化社会と呼ばれ，また，現代の子どもたちは生まれた時からインターネット環境が身近にある状態で生活しており，いわゆるデジタルネイティブといわれています。このインターネットがもっている情報量は正に膨大で，真偽は別として調べればどんな情報でも得ることができます。

このような状況の中で，2013年頃からさとり世代という言葉が使われるようになってきました。このさとり世代は，1980年代後半以降に生まれ，2002年度から2010年度の学習指導要領で学校教育を受けたゆとり世代とほぼ重なるとされ，車やブランド品・海外旅行に興味がない，お金を稼ぐ意欲が低い，地元志向，恋愛に淡泊，過程より結果を重視，ネットが主な情報源，読書好きで物知り，などの特徴があるとされます（朝日新聞，2013）。博報堂若者生活研究所の原田曜平は，この世代は，物心ついたときには景気が後退の一方，ネットの普及で情報はあふれており，物事の結果を先に知っていて合理的に動く，と指摘しています（前掲）。この指摘の適否については一考の余地はあるかと思われますが，インターネットという仮想空間の存在が彼らの行動に少なからぬ影響を与えているであろうことには疑問の余地はないのではないかと考えられます。

ここで，特に検討すべきなのは，インターネットによって提供される情報の膨大さが，身をもって実際に体験することの価値を減じているのではないかということです。インターネットに限らず，書籍や学校の授業などで得られる情報は重要なものですが，実際に身をもって体験することの意義はそれにも増して貴重です。しかし，先に情報を知ってしまうことにより，体験の意義を軽んじるようなことがもしあるならば，それは本末転倒と言わざるをえません。

6. 私事化

公的な関心や集団に関することよりも自分自身の私的な関心によって行動の基準を変えていく傾向が強くなることを「私事化」（privatization）と言います。公的な価値体系が揺らぎ，私的な利益追求が優先されることは社会規範の弱体化や連帯の弛緩を生み出します。そのような状況の中で，個々人が自分を優先し始めると社会は混乱することになります。現代の日本社会は，ま

さにその私事化が進んでいます。かつての日本社会は集団主義とも言われましたし，現代でもその傾向は残っていますが，以前に比べると随分個人主義化したと言えるでしょう。しかし，その個人主義化は，全体との調和との間に存在するならよいでしょうが，単なる自己主張や独善であってはいけません。

7. 親世代の変化

かつて，子ども世代の変化としてとらえられていたことが，世代交代により，親世代の変化として現われてきています。近年，学校に対してさまざまな要求をする保護者が増えてきました。当然なものもありますが，中には首を傾げざるを得ないようなものが増えてきています。昔であれば，学校の先生はそれなりにリスペクトされる立場にありましたが，現在ではその公的立場を逆手に取って，無理難題をぶつけることができる適当な存在という立場になりつつあるという側面もあります。

特に，1990年代後半から自己中心的かつ理不尽な要求をする保護者が増えてきました。いわゆるモンスターペアレントという存在です。彼らはかつての学校が荒れていた時代に小中学生であり，学校や教師に対する基本的信頼感をもっていない，という指摘もあります。その世代が今日の子どもたちの親世代になっています。過去の学校の荒れとモンスターペアレントの関係に関する明らかなエビデンスが存在する訳ではありませんが，学校の先生に対するリスペクトがない，あるいは少ないという事実は共通しているといってよいのではないかと思われます。

もちろん，そのような保護者はごく一部に過ぎませんが，教員の勤務時間超過が問題となっている今日，たとえ一人でもそのような保護者がいた場合の学校・教員側の負担は計り知れないものがあります。そして，そのような保護者と家庭生活を共にし，育てられた生徒が学校へやってくるのです。そこには複合的な問題が生じることになります。

8. 成長型社会から成熟型社会へ

これらの問題の背後になるのは，要するに人と人とのかかわりが希薄になりつつある，ということです。それは家庭でのかかわりであり，学校でのかかわりであり，社会とのかかわりというのいろいろな場面でのかかわりです。

しかし，このような変化はたまたま生じたのではなく，その背後にはより大きな変化としての社会の変化があるのではないかと考えられます。

その変化を一口に言えば，いわゆる成長型社会から成熟型社会への変化です。

古く遡れば，特に産業革命以来，人間社会は経済成長を前提として成り立っており，成長の追求を自明のこととしてきました。

我が国においても明治以降，特に第二次世界大戦後，社会は常に成長し続けるし，成長を追求することが社会の目的であるという価値観を国民全員がどこかで共有してきました。そして，その戦後の廃墟から立ち直った日本は高度経済成長（1954～1973年）の時期を経て，一時は世界第二位の経済大国となるまでに至りました。このような社会の変化の中で，当時の日本人は成長を当たり前のこととして受け入れ，経済はどこまでも成長し続け，社会は発展を続けると考えて

きました。

　しかし，バブル崩壊を経て，2008年のアメリカの大手証券会社リーマンブラザーズの経営破綻に端を発するリーマンショック以降，先進国における世界経済の減速や，先進国に共通する少子化に伴う人口減少社会の到来により，少なくとも現代の日本社会はかつての成長型社会ではなくなったことに今日のわれわれは気づかされました。

　そしてわれわれが生きる現代社会はいわば成熟型社会に変貌しています。そこでは価値観のあり方も変容し，かつては自明のことであったことが吟味の俎上に載せられ，あるいは攻撃や非難の対象となっています。そしてわれわれはまだ，それに代わるものを見つけられないでいるいわばアノミー的状況にあります。現代の子どもたちはこのような社会で生まれ，育っているのです。そのような彼らの眼に映る社会は高度経済成長の時代を生きてきた中年以上の世代のそれと全く同じではないでしょう。同じ世界に生き，同じものを見ていてもそこで感じ，受け取っているものが同じとは限らないのです。とするならば，われわれは自分が感じ，受け取り，造り上げている世界像を一旦括弧に入れて，もう一度世界像を造り直してみる必要があるのではないでしょうか。そして，子どもたちへの対応ももう一度新たな視点で造り上げる必要があるのではないでしょうか。

　一方で，経済成長が終わり，先が見通せない今日の状況においては，せめて楽しく（interesting）なければやっていられないという側面があり，かつ，だからといって教育現場としては楽しければそれでいいというものではなく，どこかに学びの側面（instructive）が必要だという背反的な状況があります。そして，そもそもグループワークは参加者相互のかかわり（interaction）によって成り立っています。こうしてみると，今，求められていることはすべて「i（アイ）」というキーワードの元に括ることができるのではないかと思います。

　本書では，このような視点に立って，主として集団的立場からの子どもたちへの新たなかかわりと支援の可能性について検討していきます。

第 **2** 章

学校で活用される
グループワーク

　従来，学校現場でさまざまなグループワークが活用されてきました。そもそもグループワークとはどのようなものなのか，その原理はどのようなものなのかを検討します。その中で，構成的グループ・エンカウンター，グループワーク・トレーニング，SST，インプロの4つを取り上げて，その特徴を概説し，整理して比較検討します。その上で，グループワークを用いることの意義と留意点について検討します。

第1章で見てきたように現在の学校現場にはさまざまな問題があります。そのような問題に対処する方法として主に個別指導と集団指導があります。個別指導とは教師と子どもたちとの個別的場面における指導を指しますが，主として心の問題に対して行なわれる個別指導として教育相談（学校カウンセリング）があります。他方，集団指導としては一般的にはホームルーム活動，部活動，生徒会活動をはじめとするさまざまな活動がありますが，そのような諸活動に広く活用できて，特に心と人間関係の問題に対処できる集団指導的技法としてグループ・アプローチがあります。

　野島（1982）によればグループ・アプローチとは「個人の心理的治療・教育・成長・個人間のコミュニケーションと対人関係の発展と改善，および組織の開発と変革などを目的として，小集団の機能・過程・ダイナミックス・特性を用いる各種技法の総称」とされます。個々の技法により目的は広く多方面に渡りますが，その手段としてメンバー相互のかかわりを活用するという点は共通しています。

　ここで学校場面を考えた場合，学校は子どもたちが集まって集団生活を営む場所です。子どもたちが集まれば，そこには集団のダイナミックスが生まれます。そこで生じるダイナミックスの力を子どもたちの人間関係や心の問題の改善のために活用することは，理にかなっていると言えます。

　このようなアプローチの例として以下のような各技法があります。

・構成的グループ・エンカウンター（SGE）
・ベーシック・エンカウンターグループ
・プレイバックシアター
・ピア・サポート活動
・ソーシャルスキル・トレーニング（SST）
・アサーション・トレーニング
・グループワーク・トレーニング（GWT）
・人間関係ゲーム
・インプロ
・サイコドラマ

　上記のさまざまなグループ・アプローチ活動はみな，他者とかかわるという集団のダイナミックス，すなわちメンバー相互の人間関係の力を活用することをその基本原理としています。このグループ・アプローチという言葉は，各種技法の総称ですが，本書ではさまざまな技法のうち，学校現場等で活用されることの多い諸活動をグループワークと呼んで扱っていきます。

人間関係の力

　まず，集団が持つ人間関係の力の一端を考えてみたいと思います。

　人間（A）が1人いる状態を考えてみます。ここでの人間関係の力は0（ゼロ）です。彼は働きかける他者をもたず，かかわってくる他者もいません。そこに1人の人間（B）が加わって，

人間が 2 人いる状態を考えてみます。両者の間には 1 つの人間関係が成り立ちます。さらにそこにもう 1 人の人間（C）が加わった状態を考えてみます（図 2-1）。3 者の間には A—B, B—C, A—C の各 2 者関係とそして A—B—C の 3 者関係という合計 4 つの関係パターンが成り立ちます。かかわっている人間は 2 人から 3 人に 1 人増えただけですが，関係性は 1 から 4 へと一挙に 4 倍に増えたことになります。

この関係パターンの増加量は $x=2^n-n-1$ の式で求めることができます。n は人数を表し，x は関係の総パターン数を表します。その増加の概要を表 2-1 に示します。

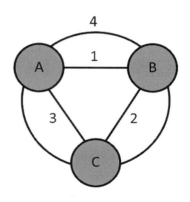

図 2-1　かかわりのパターン

例えば，先ほどの 3 人からもう 1 人増えて 4 人だと総関係パターンは 11 になり，5 人だと総関係パターンは 26 になります。10 人だと総関係パターンは 1013，20 人だと総関係パターンは 104 万 8555，30 人だと総関係パターンは 10 億 7374 万 1793，40 人だと総関係パターンは 1 兆 995 億 1162 万 7735 パターンとなります。

表 2-1　総関係パターン

n（人数）	x（総関係パターン）
2	1
3	4
4	11
5	26
10	1,013
20	1,048,555
30	1,073,741,793
40	1,099,511,627,735

これはその集団内のあらゆる 2 者関係，3 者関係〜 n 者関係を合計したいわば理論的数値です。一般的には非現実的であるかもしれませんが，かといって架空の数値という訳ではなく，あくまでも現実の一端を示す数値です。そして，この数値が示すところによれば，例えば学校における 30 人学級，40 人学級を考えた場合，そこには事実上無限と言っていいほどの人間関係が潜在していることになります。そして，その潜在している人間関係の力を活用するかしないかは教師の考え方次第，授業のあり方次第ということになります。教師がさまざまな工夫をして生徒相互の人間関係を活用する形で授業を展開したり，生徒相互の人間関係自体を活性化する活動を行うならば，通常の授業のもつ影響力を大きく超える効果を生み出す可能性がそこにはあるといえます。他方，もし学級に多くの子どもたちがいたとしても，彼らが全く他者とかかわりをもたず，それぞれが孤立して存在しているならば，人間関係のパターンは 0（ゼロ）です。

また，一般に大学の授業では学生が 100 人，200 人あるいはそれ以上いることは珍しくありません。しかし，その授業がいわゆる講義形式で一方通行的に行われるならば，学生が何人いようと彼らは他者と全くかかわることなく，ただ教員との熊手型の関係をもつに留まることになります。これは実質的には関係性は 0（ゼロ）といっていいでしょう。しかし，このような授業環境でも，例えば教員がある問題を投げかけ，その問題について近くの席の学生が集まってディスカッションをし，その内容を教室全体で共有するなどの働きかけをすれば，そこには関係性の力が生まれることになります。これはもともと潜在していた関係性の力が具現化したことを意味しています。そのような授業形態によって新たに得られる気づきもあれば，より鮮明に記憶に残るという効果もあるでしょう。

このような関係性の力の影響力を太陽光発電のアナロジーで考えてみることもできます（図2-2）。近年、太陽光発電が普及してきました。屋根に太陽光発電パネルを設置している家も少なくありません。太陽光発電パネルがあれば、屋根に降りそそぐ太陽光を電気エネルギーに変換してさまざまな形で活用することができます。逆に、パネルがなければ、単に屋根が熱をもって終わりです。その熱は夜間のうちに放射冷却され、朝には元に戻ります。私は人間関係の力もこれに似たところ

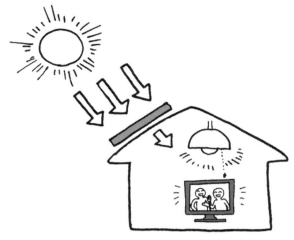

図2-2　潜在的エネルギーとしての太陽光

があると思います。すなわち、人がたくさんいるということは太陽の光が降り注いでいることと同じです。そこでなんらかの手立てを講じれば、そこから人間関係の力を取り出すことができます。何もしなければいかに太陽が強く照っていようと何も生じません。この太陽光発電パネルに相当する手立てがグループワークです。人が大勢いる場でグループワークを活用することによって、そこに潜在している人間関係の力を取り出すことができるのです。

　上記の例は関係性の力を正の方向に活用する例ですが、これとは逆に関係性の力が負の方向に現れることもあります。学級崩壊などはその例といえます。例えば、$x=2^n-n-1$ の式に（−1）の項を加え、$x=(2^n-n-1)\times(-1)$ という式を考えてみればその逆効果の大きさが分かります。1人1人の子どものあり方・行動を超えて、集団としての関係性の結果として学級のあり方が否定的・破壊的な形で現れるのです。

　私はかつて生徒指導に困難を抱えるある高校に、グループワーク授業の実践の提案をしたことがあります。定期的に生徒相互がかかわる活動を行うことを通じて、生徒たちの人間関係からひいては修学意欲の改善を進めることを提案したのです。これに対する校長先生の回答は「われわれにとって生徒の人間関係が増えることは、そこで万引きなど犯罪の手口が広がり、いじめが増え、生徒指導の仕事が増えることを意味しているので認められない」というものでした。これは、一見、消極的でネガティブな反応と見ることもできますが、これは人間関係がもつ力の負の側面を切実な脅威として捉えたものとも言えます。そのような人間関係の負の側面を考えれば、躊躇はやむを得ないかもしれません。結局、その学校でグループワーク授業を実践することはありませんでした。

　いずれにせよ、人が多く集まるところには関係性の力が生まれ、その力を何らかの建設的な形で活用することには大きな意義あると言えます。問題は、その力をどうやって引き出し、どのように活用するかということでしょう。

構成について

このような人間関係の力を活用する際に鍵となるのが構成（Structure）です。はじめにあげた構成的グループ・エンカウンターの「構成」はまさにこの構成のことです。そして，構成的グループ・エンカウンターに限らず，すべてのグループワークは多かれ少なかれ，すべて構成，すなわち枠組みの力を活用することによって成り立っていますが，その構成の程度はグループワークによって異なっています。

さまざまな活動の中で，ベーシック・エンカウンターグループは最も構成度の低い活動といえます。ベーシック・エンカウンターグループは多くの場合，2～4泊程度の合宿形式で実施されます。通常話し合いの形で行われますが，1セッションあたり2～3時間のセッションを計何セッションも重ねます。ファシリテーターが推進役としてセッションの進行にかかわりますが，その関与の程度は最小限で，ファシリテーターが積極的にセッションの進行に関与することはありません。

対照的なのが構成的グループ・エンカウンターです。構成的グループ・エンカウンターは，構成度の高いグループワークであり，指導者が積極的に進行に関与します。

多くのグループワークでは，主として以下の4つの条件によって活動が構成されています（図2-3）。

1. ワーク：何をするのか
2. グループ：誰とするのか
3. ルール：どのようにするのか
4. 時間：いつまでするのか

ほとんどのグループワークはこのような4つの枠組みをもって活動が構成されており，参加するメンバーはその枠組みの中で活動することになります。このことを構成的グループ・エンカウンターのエクササイズである**スゴロク・トーキング**（p.133）を例に考えてみます。上記の4つの条件は，スゴロク・トーキングでは以下のような形で具体化されています。

図2-3　構成の4条件

1. 何をするのか：スゴロクを介してみんなで話をします。
2. 誰とするのか：4～6人程度の小グループで活動します。
3. どのようにするのか：サイコロを振ってコマを進め，止まった所の話題を話します。
4. いつまでするのか：指導者が指示します。あるいは皆がゴールすれば終わります。

このような構成の存在は活動へのメンバーの参加状況に関してとても大きな影響をもちます。構成が全くないか，あるいは非常に弱い状態では，メンバーは大きな自由を与えられていますが，同時にメンバーは不安な心理状態に置かれ，積極的に活動に参加することができません。そこへ枠組みができて何を，誰と，どのように，いつまですればいいのかという指針が示されると安心して課題に取り組むことができます。これが構成の効果です。

　しかし，ここで注意が必要なのは，その構成の程度ということです。構成があまりにも詳細で何から何まで決められているなら，メンバーは活動に息苦しさを感じ，逆に積極的な活動ができなくなるかもしれません。これに対して，活動が適度に構成されているならば，メンバーはその状況の中で，守られているという安心感を感じながら，自己開示や自己表現をしたり，自由に他者に関与したりすることができるでしょう。この意味において構成は一方でメンバーを枠に嵌めるものであり，かつそれによってメンバーを自由にするという逆説的な機能を果たすことになります。いわばグループワークにおける構成とは両刃の剣である，ということができます。グループワークの企画・実践において，この構成の果たす役割を理解しておくことはとても重要なことです。

学校現場で活用されているさまざまなグループワーク

　はじめに見たように，今日さまざまなグループワークがありますが，その中で，現在学校現場で一般的な活用に供されているものがいくつかあります。ここでは構成的グループ・エンカウンター，グループワーク・トレーニング，SST，インプロについてその内容を具体的に検討しつつ，その成立の背景や特徴を吟味していきます。

構成的グループ・エンカウンター（SGE）

　構成的グループ・エンカウンター（Structured Group Encounter）は1960年代後半～1970年代に國分康孝が開発したグループワークです。現在，学校現場でもっとも広く活用されているグループワークと言っていいでしょう。文部科学省が発行している『生徒指導提要』（文部科学省，2010）の「学校現場で活用可能なさまざまなグループワーク」においても冒頭に紹介されており，現在のところ，事実上学校現場におけるグループワークの代名詞的存在であると言ってもいいでしょう。

　國分（1981）は，この「エンカウンター」について「心と心のふれあい」「ホンネとホンネの交流」「裏腹のない人間関係」「他者との深い感情交流をもつこと」などと述べています。言い換えると，参加者相互のかかわりを大前提として，そのかかわりを通して深い出会いに至るということです。

　さらに，その名称を分解しつつ，その成り立ちについて述べるならば，「枠組みの中で（構成的）」「他者とかかわることで（グループ）」「自分に出会う活動（エンカウンター）」と言えます。集団内で他者とかかわることが前提としてありますが，何もないところで他者とかかわるこ

とには困難があります。そのため，かかわるための環境条件を整えます。これが構成です。そして，その構成された条件の中で他者とかかわることによって，自分自身と出会うのが構成的グループ・エンカウンターです。この構成的グループ・エンカウンターは，当初，大学生を対象として始められましたが，その後徐々に適用範囲が広げられ，現在は主として小中学生から高校生などを対象として，広く活用されるに至っています。

この構成的グループ・エンカウンターには6つの機能があるとされます（片野，1996など）。機能とはメンバーに与える心の働きのことです。

1. 自己理解：自分の盲点に気づくことです。他者とのかかわりを通して，それまで気づいていなかった自分の未知の側面を認識し，自己概念を修正していくことです。
2. 他者理解：他者の未知の側面を知ることです。他者とのかかわりを通して，今まで知らなかった他者の未知の側面を認識し，新しい他者イメージを形成していくことです。
3. 自己受容：ありのままの自分を受け入れることです。自分の良いところも悪いところも含めてすべての自分の側面を認識し，それを認めていくことです。
4. 自己主張：自分のホンネを語ることです。相手の気持ちや考え方を理解しながら，自らも積極的に自己開示をし，自分の言いたいことを相手に伝えることです。
5. 感受性：心の感度を高めることです。自分の周囲・他者とのかかわりにおいて生じることに対して，今までより敏感になり，より多くのことに気づいていくことです。
6. 信頼体験：他者を信頼することです。他者とのかかわりにおいて，他者を信頼し，時に身を委ねることです。

上記の6つの機能のうち，特に，自己理解と他者理解は構成的グループ・エンカウンターの解説において常に真っ先きに紹介される2機能であり，これら6つの機能の中心にあるといえます。そして，この自己理解と他者理解を支えるのが参加者の自己開示です。片野（2001）は「構成的グループ・エンカウンターのすべては自己開示なんだ。自己開示に尽きる」という國分の言葉を紹介しています。その上で，これらの6つの機能を目的とした各種のエクササイズを行うことにより，参加者の心を発展させようとするのが構成的グループ・エンカウンターです。

國分（1981）はこの構成的グループ・エンカウンター成立の背景として以下の諸点を挙げています。

1. 人口移動：人口移動の激化により，人間関係が希薄化し，ホンネのつきあいが減少することによる自己疎外が進み，孤独感を味わうようになった。
2. 組織の時代：役割にホンネを縛られ，シナリオに従って生きることによりホンネを抑圧する。
3. 核家族化：核家族化の進行により感情交流の対象が減少し，感情交流が表層化した。
4. 豊穣的社会：社会が豊かになったことにより富裕化に伴う愛情と承認・自己実現への欲求が高まった。

5．甘え合い欲求：個人主義が滲透したことにより，甘えを満たすことができなくなり，甘え欲求を抑圧するようになった。

　既に述べたように構成的グループ・エンカウンターが開発されたのは1960年代後半～1970年代ですので，ここに述べられている諸点は当時の日本の世相を反映していると言っていいでしょう。当時の日本は，高度経済成長（1954～1973年）が終わりつつある中で，オイルショックやドルショックが起こり，社会が大幅に変化しつつある非常に流動的な時代でした。

　総括的に言うならば，高度経済成長の後の1970年代から80年代にかけての社会変革の時代において，落ち着き場や行き場を失った心の拠り所としてエンカウンター（出会い）が存在意義をもち，その後，学校現場を中心として広く社会に受け入れられていた側面があると言うことができるでしょう。特に，構成的グループ・エンカウンターはその開発当初において，大学生を中心とした自己啓発活動としての側面がありましたが，その背景にこのような事情があったことは見逃せません。

構成的グループ・エンカウンターと時代背景

　ところで，國分は自らが開発した構成的グループ・エンカウンターの成立の背景について前記のように述べている訳ですが，2018年の現在から当時の状況を顧みて考察するならば，当時には知る由もなかったその他の状況が見えてきます。

　第1章でも少し触れましたが1970年代から1980年代にかけての日本は，多くの「神話」に支えられていた成長型社会の時代でした。その「神話」とは，いい学校を卒業すればいい人生を送れるという「学歴神話」，上場企業または銀行は絶対に倒産しないという「不倒神話」，土地の値段は永遠に上がり続けるという「土地神話」，そして経済は永遠に成長し続けるという「成長神話」などです。また，学校を卒業して最初に入社した会社で定年を迎えるという「終身雇用制」とそれを前提とした「年功序列制」も多くの人々が当然のこととして受け入れていた前提概念と言えるでしょう。

　当時の社会に生きていた人間にとってはこれらの「神話」はそれがあって当然の空気のような存在でしたから，そのことにことさら気づくことはなかったでしょう。しかし，バブル崩壊（1991～1993年）とその後のリーマンショック（2008年）を経験し，現代の少子・高齢化社会を迎えた現代人の視点から見ると，当時は，ある種特異な時代であったと見ることもできます。当時は成長と発展は当然のこととして受け入れられ，人々は基本的に将来に対してバラ色のイメージを抱き，今日より明日はよくなるという楽観的な展望を共有していたといえます。他方，成長・拡大し，上昇志向が共通価値となった社会で人々は競争の中に放り込まれ，他者との比較に曝されてきました。

　そして，このような視点から構成的グループ・エンカウンターを再度振り返ってみるならば，当時の時代状況を背景としている側面が少なくないと考えられます。

　すなわち「エンカウンター」とは「出会い」を意味しますが，そもそも「エンカウンター（encounter)」という言葉は,「思いがけない出会い」「予期せぬ出会い」という意味合いを含んでいます。楽しい,愉快な出会い,というよりはつらく,苦しい出会い,というニュアンスが含まれています。その中でこのようなつらく,苦しい出会いを求める活動が積極的に認められた背景には,当時の社会背景があったのではないかと推測されます。特に,学歴神話を背景とした成長神話がその中核的な下支えとしてあったのではないかと考えられます。すなわち,つらく苦しいことでもそれを耐え抜くことで,よりよい未来と人生が手に入るという暗黙の認識を,当時の日本人はどこかで共有していたと言えます。つらいことであっても,その先によりよい未来があると考えるからこそ,それを耐え抜くことができたのです。そして,それが美徳とされてきた側面もあります。当時「受験戦争」という言葉がありましたが,「蛍雪の功」「四当五落」という言葉もその一端を物語っていたと言えます。他方,國分も述べていますが,それによって抑圧されてきた面も決して少なくなったのですが,当時は成長と抑圧がセットになっていたと見ることもできるでしょう。

　翻って現代の日本社会を眺めるならば,バブル崩壊から早30年近くが過ぎ,「失われた20年」も超え,多くの国内企業が海外の企業に買収されるニュースが相次いでいます。終身雇用制はとうに崩壊し,それどころか正規雇用自体が減少し,非正規雇用者の増加が社会問題となりつつあります。有名大学を卒業したからと言って,それでその後の人生が保証されることは夢物語となり,リストラのニュースを見るたびに明日は我が身と首をすくめている人も少なくないでしょう。

　このような状況の中で,かつての日本人,すなわち現代の中高年世代が共有していた価値観を現代の子どもたちは共有できなくなっています。それはすなわち,頑張って努力すれば良い未来が待っているという楽観的な世界観です。これだけやれば安心・安泰という保証はなく,年金制度に対する不信感に代表されるように,自分の努力に対する見返りが期待できなくなっているのが現代の社会なのです。

　このような社会の変化は当然子どもたちの心にも影響を与えています。現代の子どもたちは,日本を代表するような大企業が倒産したり,海外の企業に買収されたりする日々のニュースに接し,自分の家族が長年勤めた会社をあっさり解雇される様子を見てきているのです。

　このような心理的背景をもつ現代の子どもたちに,従来と同様に自分との出会い（エンカウンター）を求めることは困難になりつつあります。以前であれば,努力して苦しみに耐えることは,それなりの見返りがありました。頑張ればその先にいいことがある,と思うからこそ頑張ることができたという側面は決して小さくありません。すなわちそこには,いわば持ちつ持たれつの関係がありました。頑張るのは苦しいことですが,頑張ることによって得られるものもありました。言い換えれば,後でいいことがあると思うからこそ,頑張れるという側面があったのです。

　しかし,このように社会の在り方が大きく変質してしまった今日,従来と同様の感覚で出会い（エンカウンター）を求めることは社会の実情に合わなくなっているところがあります。そして,このような社会の変質を受けて,構成的グループ・エンカウンターの実際も変わってきているように感じます。

現在，学校現場で「エンカウンター」と称して行われている活動も，その内容を吟味してみると単なるかかわりを促進する活動であることが多いようです。例えば，**人間知恵の輪**というワーク（p.86）があります。7〜8人で絡ませた手を協力してほどいていく活動です。あちこちの学校や研修会での実践において，人間知恵の輪が構成的グループ・エンカウンターのワークとして紹介されています。しかしながら，人間知恵の輪は他者とかかわり，協力する活動ではありますが，出会いという要素はほとんど含まれていないワークです。この活動を行っても，他者，そして自分自身と「出会う」または「向き合う」という要素はほとんどないのです。また，言葉を使わずに誕生日順に並ぶ**バースデーライン**という活動も同様の側面があります。バースデーラインは，しばしば，アイスブレイクとして用いられる活動で，雰囲気をなごませる効果がありますが，これも他者や自己と「出会う」「向き合う」という要素はありません。このように多くの活動がその内容を深く吟味することなく「エンカウンター」と称して行なわれています。しかし，現実には「エンカウンター」がグループワークの代名詞的存在になっており，集団で何かをやっていると本来無関係な活動がエンカウンターと称されてしまうという現実があります。そして，それらの多くは参加者のかかわりを促進するという目的のために行なわれているのです。このような点で，いわば現代の構成的グループ・エンカウンターの多くは目的外使用の状態にあるということができます。

グループワーク・トレーニング（GWT）

グループワーク・トレーニング（Group Work Training）は，ラボラトリー・トレーニングの学習理論を基礎とする集中的グループ体験です。ラボラトリー・トレーニングとはレヴィン（Lewin, K.）が1946年にコネティカット州で行ったワークショップから始まった人間関係学習活動です。ラボラトリー・トレーニングは1950年代後半に日本に紹介されましたが，このラボラトリー・トレーニングを基礎に，1976年に坂野公信らがグループワーク・トレーニング研究会を作って活動を始めました。その後1987年に横浜市学校GWT研究会が発足し，学校教育にGWTを生かす取り組みが始まり，特に学校場面に特化した形で活動を始めたことに端を発しています（坂野，1989など）。

グループワーク・トレーニングとして紹介されている活動の内容は多岐に渡りますが，中には，前述の構成的グループ・エンカウンターと類似した活動も少なからず含まれており，内容には重複があります。例えば，聴き方を学ぶエクササイズは構成的グループ・エンカウンターの感受性の課題と類似していますし，またコンセンサスの良さを学ぶエクササイズは同じく構成的グループ・エンカウンターの自己主張の課題に，友人から見た自分を知るエクササイズは自己理解の課題にそれぞれ類似しています（正保，2015）。

その中で，グループワーク・トレーニングの中心的概念は参加者相互の協働にあります。例えば，小グループで協力して絵を模写する**人間コピー**（横浜市学校GWT研究会，1989）や，細分化された情報を相互に伝達し合って謎を解き明かす**なぞの宝島**（日本学校GWT研究会，1994）などといった数々のエクササイズがあります。複数の参加者が協働して目的を達成しようとする

ので，必然的にそこではリーダーシップのあり方が問われることになりますが，グループワーク・トレーニングではリーダーのあり方と共にその他の参加者（フォロワー）のあり方も重視します。坂野（1989）は，フォロワーのあり方について「パティシペイターシップ（Perticipatorship）」という言葉を用い，「集団・組織に義務的に参加したり，お客様的に参加するのではなく，自ら進んで積極的に参画し，責任を分担する協働者」と定義し，その内容を（1）自分に気づく，（2）他者，メンバーに気づく，（3）グループの状況に気づく，（4）グループの一員として，適切で効果的な行動をとる，の4点にまとめました。その上で，「GWTの目的は，楽しみながらパティシペイターシップを養成することである」としています。すなわち，集団で目標達成に取り組むには，適切なリーダーシップは欠かせませんが，全員がリーダーシップをとる必要はありませんし，それではかえって目標達成が困難になることもあります。集団には優れたリーダーが必要であると共に，良きフォロワーも必要なのです。優れたリーダーと良きフォロワーが協働してこそ，最高の結果が得られます。

　また，このグループワーク・トレーニングは，課題がいずれも高度に構成されているという特徴があります。例えば先に挙げたなぞの宝島は，数名ずつ数グループに分かれて，25枚の情報カードと白地図を用いて行われますが，情報カードには詳細な文字情報が予め記載され，指導者のアナウンスの内容や順序なども細かく決められています。そして，グループワーク・トレーニングのその他の種々の課題も基本的に同様の形態をもっており，参加者はその枠組みの中で活動します。

　加えてグループワーク・トレーニングには，ほとんどの場合正解が存在し，各グループはこの正解に早く到達することを目標として課題に取り組みます。この正解の存在によって，他者または他のグループとの競争意識が喚起され，課題への取り組みの動機づけは一層高められます。

　他方，正解があることは同時に動機づけを減じる要因にもなります。一度取り組み，解決した課題は，すでに答えが分かっているため，再度取り組む意味がありません。もし，再度実施したいのならば類似の別課題を用意しなければなりません。前述の構成的グループ・エンカウンターでは，他者との出会いを通じた自分との出会いが主題であり，同じ課題であってもグループメンバーが変わればまた新しい出会いがあります。また，同じグループメンバーであっても，一定期間を置いて再度実施すれば，その間の個々人の変化・成長によってまた新たな発見が得られる可能性もあります。例えば，**スゴロクトーキング**を一度実施した後，半年間なり一年間なりの一定期間をおいて全く同じメンバーで実施してもまた新しい発見が得られる期待がもてますが，グループワーク・トレーニングの場合はそのような可能性はとても低く，この点で両者は大きく異なっているといえます。このことは後述するインプロとの比較においても同様です。

　また，正解があるということは，動機づけを高める反面，学習場面や認知的課題に苦手意識をもつ子どもにとっては，動機づけを減じる一因ともなります。特に近年増えつつある一般的な動機づけに困難を抱える一部の子どもにあっては，課題を見て，説明を聞いた途端に取り組みへの意欲を喪失してしまうということも珍しくありません。

　このように，グループワーク・トレーニングは，小集団での協働を目的として，高度に構造化された課題構造から成っており，それがこの活動を特徴づけているといえます。学校現場で活用

する場合は，その目的を明確化し，育てたい力との関係をよく吟味して実施することにより，効果を上げることができます。以後，本書でグループワーク・トレーニングについて言及する際は，参加者相互の協働に特化して取り上げたいと思います。

ソーシャルスキル・トレーニング（SST）

　ソーシャルスキルとは一般的に社会生活や対人関係を営んでいくために必要とされる技能とされます。それを組織的に学習することによって対人関係の問題を改善していこうとするのがソーシャルスキル・トレーニング（以下 SST）です。通常，社会的技能訓練と訳されます。

　この SST はカリフォルニア大学の精神科教授であったリバーマン（Liberman, R.P.）が開発し，1980年代以降に発展しました。当初は統合失調症やうつ病などの成人の精神科の患者さんのリハビリテーションの方法として始められましたが，その後知的障害児・者や発達障害児・者へ適用が拡大され，そして現在では，一般の子どもたちをも対象として，学校現場等で活用されています。

　基本的なトレーニングのステップは，教示（インストラクション），モデリング，リハーサル（ロールプレイ），フィードバックの4つとされ，その後に般化またはホームワークが追加される場合もあります。具体的には，まず，指導するスキルについて教示で説明を行い，それからモデリングでスキルのモデルを提示します。その上で，リハーサルでスキルを実際に練習しますが，ロールプレイの形で行うこともあります。最後にフィードバックでよかったところを賞め，必要に応じて修正点を示します。SST は基本的に心理学の学習理論に基づいて構成されており，学習者の実践練習とそれに対する正の強化（報酬）がその中核となっています。ここでいう正の強化とは賞賛や報酬を意味します。

　SST のこのような成り立ちを，「してみせて，言って聞かせてさせてみて，ほめてやらねば人は動かず」という言葉になぞらえて表現する人もいます（小林，1999；小貫，2004 など）。この言葉は戦前，連合艦隊司令長官だった山本五十六が言ったとされるものですが，國分・片野（2001）もこの言葉を引用して，構成的グループ・エンカウンターにおいて「これを励行している」と述べています。

　正確には山本五十六がこの言葉を語ったという直接の資料はありませんが，生前の山本五十六と親交があったとされる新潟県長岡市堅正寺の住職であった橋本禅厳による紹介が残っています。橋本は「山本さんが，やって見せ，説いて聞かせて，やらせてみ，讃めてやらねば，人は動かぬと，良く申されていました」と書き留めています（橋本，1983）。

　この言葉は広く巷間に流布した言葉であり，さまざまな場面でしばしば引用される言葉ですが，私は，一旦立ち止まってこの言葉の意味するところをもう一度考えてみる必要があるのではないかと思っています。特に問いかけてみたいのは，上記の言葉の「人」の部分を「自分の名前」に置き換えてもう一度この言葉を復唱してみるとどんな印象を受けるかということです。嬉しく，誇らしい気持ちになる人はおそらくいないでしょう。そうではなくて，蔑まれ，見くびられたような気持ちになるのではないでしょうか。山本五十六の上記の言葉は，それを文字通りに

受け取る限り，基本的に人間の自発性や能動性を矮小化した言葉と言えます。このような含意をもつにもかかわらず，この言葉が人間心理の本質を言い表しているかのように珍重されていることには首を傾げざるを得ません。

　子どもをはじめとして人間は必ずしも受動的で強化（報酬）によってコントロールされるだけの存在ではありません。先に述べたようにSSTは本来，精神科リハビリテーションの技法として，ハンディキャップを負った人々への支援方法として生まれました。その方法が，現在，一般の子どもたちから成人にまで拡大されて適用されている訳です。しかし，このような強化が有効に機能する人たちもいるでしょうが，人間は必ずしも強化や報酬によってのみ動機づけられる存在ではありません。モレノ（Moreno, J.L.）のサイコドラマはさまざまなグループワークのルーツと言われますが，自発性と創造性をその中核概念としていました。また，台（2003）も，ロールプレイングにおける演者の自発性の重要性を指摘しています。SSTは確かに有効な方法ですが，SSTが効果をもつのは一定の条件にある人たちであり，万人に適用可能とは限らないのです。

　他方，上野（2006）はSSTに教授型，活動型，機会利用型の3タイプを認めています。教授型はいわゆるプログラム重視型の指導方法ですが，活動型はゲームやアクティビティを中心に指導を組み立てるもので，グループ活動に楽しく参加することによる成功体験を元にスキルを学ぶことに重点を置いたものです。このようなスタイルのSSTは，強化や報酬の効果よりも活動を楽しむことがベースになっています。

　先の橋本（1983）は前述の山本五十六の言葉に続けて，「讃めると云うことは馬鹿な奴をおだてると云うことではなく，共に喜ぶことなのであります」と述べています。この言葉が意味するところは，指導する側とされる側がその立場や役割を超えて共にその時間と体験を共有することが重要であると言えます。SSTをこのようにとらえるなら，その意味するところは大きく広がるのではないかと思われます。

インプロ

　インプロとは即興（Improvisation）です。即興には即興演劇，即興曲，即興演奏，即興ダンス，即興詩，即興美術などのさまざまなジャンルがありますが，ここで言う即興とは即興演劇のことです。即興演劇とは，台本を用いずに俳優の自発的なその場の表現ややりとりで演じる形式の演劇です。絹川（2002）はこのインプロを「既成概念にとらわれないで，その場の状況・相手にすばやく柔軟に反応し，今の瞬間を活き活きと生きながら，仲間と共通のストーリーをつくっていく能力」と定義しています。

　即興演劇は，古くは古代ギリシアからの歴史をもち，中世ヨーロッパで盛んに行われ，近代に至ってショービジネスから，ビジネス・教育分野にも浸透しつつあります。

　インプロには短いシーンを次々と作っていくショートフォームと，いくつかのシーンが互いに関連づけられて1つの物語を構成するロングフォームがあります。どちらのフォームにおいても，このインプロはその場の当意即妙のやりとりによって創作されるため，いわゆる台本を使っ

た稽古ができません。このため，いわゆる「インプロゲーム」と言われるトレーニングゲームへの取り組みを通して，その場への対応力を身につけていき，それをステージでパフォーマンスの形で表現します。このような力を養成するため，インプロゲームには，さまざまな対人関係の基本的要素がふんだんに盛り込まれています。例えば，相手をよく見る，相手の言葉をよく聞く，自分の言葉をはっきり話す，ジェスチャーを使って相手に伝える，その場の空気を読む，などといったことです。このインプロゲームを行うことが，即ち即興演劇としてのインプロにつながる訳ではありませんが，インプロゲームを通してこのようなコミュニケーションの基本能力を培うことが即興の基礎体力となります。このインプロゲームは非常に数多く存在し，一説には数百とも千とも言われます。定番的な活動もありますが，日々，新しく工夫され開発されるゲームもあり，完成した一定の体系がある訳ではありません。

　このインプロは基本的に何もないところから物語を作り上げていくため，その実際は出演者の基本的対人能力に加えて，想像力と創造力に大きく依存します。また台本がないため，ストーリーの展開には大きな自由度が与えられていることになりますが，かといって完全に自由な状態でストーリー作りを行う訳ではなく，自ずと一定のルールのようなものがあります。

　インプロでは相互のやりとりの中で瞬間瞬間にストーリーが紡ぎ出されていく訳ですが，その際，プレーヤーの間で共有されるアイディアや情報を**オファー**（offer）といいます。インプロにおいて他者にオファーを提示することはとても重要なことです。オファーが提示されないとプレーヤーたちはどこにフォーカスを当てていいのかわかりません。そして，この相手のオファーを受け入れるということが非常に重要です。そして，この相手のオファーをポジティブな気持ちで受け入れることを「イエス」といいます。その際，この，相手のオファーを単に受け入れるのではなく，相手に対して新たな自分のアイディアを付け加えたオファーを行うことが非常に重要で，これを併せて**イエス・アンド**（yes and）と言います。このイエス・アンドは非常に重要な概念で，このアイディアがインプロの屋台骨であると言っても過言ではありません。このような原則を出演者たちが共有して演じることで，台本も打ち合わせもない状況の中でストーリーが生み出されていくのです。このイエス・アンドがインプロの基本原則です。

　また，ストーリーの中心にある焦点が**フォーカス**（focus）です。主演者たちはストーリーのフォーカスを見定め，そのフォーカスを共有しながら物語の流れや場所，登場人物の性格，背景の状況，登場人物間の関係性などを定義していきます。また，このフォーカスは観客とも共有されます。もしフォーカスが割れて複数になったら観客は混乱してしまいます。

　さらに重要な特徴としてインプロには第5章で述べる「表現力」が大きく関わってきます。前述のグループワーク・トレーニングに正解があったのに対して，即興での表現には基本的に正解はありません。正解がない世界で，他者とのかかわりの中で各自の表現力と創造力を発揮して，イメージを形にしていくことになります。言い換えると，例えばグループワーク・トレーニングでは，活動は最終的に1つの正解に向かって収束していきますが，インプロでは多様な可能性に向かう表現として拡散していく，ということができます。

　このインプロは，他者とかかわりながら瞬間瞬間に反応していくという特徴をもつため，その過程の中で思いがけない発想が生まれたり，予想もしない結末に至ったりすることがしばしばあ

ります。われわれは日常生活では，しばしば，予め準備し，予定を立てて行動するものですが，瞬間的に反応することはそこに存在する予定調和を越えた世界に生きることにつながります。そして，その過程の中で生じた思いがけない展開や，意表を突いた発想，そして出演者の意外な反応などに思わず笑いがもれることがしばしばあります。インプロのワークショップに参加した人たちからは，決まって「楽しかった」とか「久しぶりに思いっきり笑った」という感想が聞かれます。インプロにおいては，これらのことが複合的に作用して「楽しい」という感覚につながるのです。

第1章で述べたように，現代の子どもたちは心や人間関係に大小の問題を抱えていることが少なくありません。そのような現代の子どもたちにとって，インプロで笑顔になり，そこで対人関係の基礎を培い，さらには柔軟で自由な発想の世界で生きることは，単なる演劇活動を超えた大きな意味をもっていると言えます。

各種グループワークの比較

このような各種のグループワークの特徴を整理・比較してみます（表2-2）。

ワークの構成度の高低，自己開示の有無，正解の有無，動機づけの種類の4点から分類してみました。

ワークの構成度についてはインプロは低く，他の3つは高い

表2-2　各種グループワークの特徴

	SGE	GWT	SST	インプロ
構成度の高低	高い	高い	高い	低い
自己開示の有無	有る	無い	無い	無い
正解の有無	無い	有る	有る	無い
動機づけの種類	気づきを深める	課題を達成する	賞賛を得る	楽しむ

と言えます。インプロではワークの構成は必要最低限で，後は参加者のアドリブ（正に即興）に委ねられていますが，その他の活動は比較的高度な構成があります。特にグループワーク・トレーニング（GWT）ではワークの内容にもよりますが，多くの場合，課題はかなり高度に構成されています。

自己開示の有無とは，自分自身のことを他のメンバーに語ったり表現したりして人物像を形成することです。これについては構成的グループ・エンカウンター（SGE）のみが該当し，その他の活動では含まれません。構成的グループ・ンカウンターでは参加者の自己開示に基づく自己理解と他者理解がその中核です。

正解の有無については，グループワーク・トレーニングとソーシャルスキル・トレーニング（SST）には予め設定された正解または望ましい行動がありますが，構成的グループ・エンカウンターとインプロには正解がありません。構成的グループ・エンカウンターでは，どのような出会いがあったとしても正誤の別はありませんし，インプロではそもそも新しい表現こそが目的とも言えます。

上記の諸点を踏まえて，動機づけについてはそれぞれの課題によってその依って立つところは

大きく異なります。構成的グループ・エンカウンターについてはエンカウンター（出会い）が目的です。他者や他者との出会いを通した自己との出会いを目的とし，そこでの気づきを深めていくことが参加者の動機づけにつながっていると言えます。グループワーク・トレーニングについては，与えられた課題を参加者同士で協働して解決し，達成感を味わうことが動機づけとなります。SSTについては与えられた課題にうまく対応し，指導者や他の参加者から賞賛を受けることが動機づけとなります。インプロはその活動を楽しみ，可能性に挑戦することが動機づけといえるでしょう。

このようにそれぞれの活動はさまざまな目的とその目的に応じた特徴をもっています。言い換えると，それぞれの活動はあくまでも限定的な意味において有効性をもつといえます。他方，第1章で述べたように，現代の子どもたちは非常に複雑化した社会を生きており，その中でさまざまな困難な課題に直面しています。このような状況下で，子どもたちに必要とされる適切な活動を提供するには，充分な現状の分析に基づく必要があります。

グループワークを用いることの意義と注意点

このように，各種のグループワークにはそれぞれ多様な特徴があります。そして，このようなグループワークを用いることにはさまざまな意義があります。

まず第一に，経済的です。少数の担当者で，より多くのメンバーに対応することができ，人的・金銭的に効率的です。少人数のワークショップで，1人で10人ほどのメンバーに対応することはそれほど困難なことではありませんし，環境と条件が許せば1人で100人かそれ以上のメンバーに対応することもあながち不可能ではありません。個別カウンセリング的な対応にかかる一般的なコストを考えるとこれは非常に重要な点です。

第二に，現実的です。人間が相互にかかわり合うグループワークは，現実の人間生活により近い形で実践することができ，グループでの体験が日常生活により転移しやすいという利点があります。例えば，個人の悩みについてはカウンセリング的に対応することが一般的ですが，カウンセリングは面接室の中でカウンセラーとクライアントが一対一でかかわることによって成り立ちます。そこでは問題点については，必然的にいつか，どこかでのこととして語られることになります。いつか，どこかでのこととして問題を語ることは，必然的に問題の現実性を減じることにつながざるを得ません。これに対して，グループワークでは実施の形態がメンバー相互のかかわりですので，現実の人間生活により近い形で実践することができ，グループワークの場で得た体験を現実生活に応用することが，より容易なのです。

第三に，予防的にかかわることができます。一般的な心理的治療は，問題が生じてから対応することになります。個人の生活における問題が発生し，当人や周囲の人々がその問題に関して困難を感じてから対応することになります。これに対して，グループワークは問題が生じる前に，そもそも問題が生じないようにかかわることができます。問題が生じてから対処することは，対応により大きな金銭的・人的コストがかかることを意味します。問題が生じて，それによって当人または周囲の人々が困難を感じるということはすでに問題が進行していることが多いからで

す。これに対してグループワークは問題が生じないように予防的にかかわることや，問題が生じたとしても初期の段階で早期対応することができます。仮に何か問題があったとしても，萌芽状態の段階で対応することができ，より少ない金銭的・人的コストで対応することが可能です。

　第四に，成長的にかかわることができます。対人援助においては，基本的に修理モデルと成長モデルの2つがあります（山本，1995）。修理モデルとは，心の病んだ部分であるとか不具合が生じている部分を除去したり，改善したりする方法です。これに対して，成長モデルとは心の中の健全な部分を成長させることにより，問題に対処する力を育てようとするものです。人間に内在する潜在的な力を開発することにより，トータルとしての自己治癒力を高めようとするものと言うこともできます。グループ・アプローチの実践においては，後者の成長への力を活用することがとても重要なことです。足りないものを外からもってくるのではなく，個人の中にあるものを発展させて総合的な力の拡大を図るのです。

　第五に，グループワークでは，模倣による学習効果を期待することができます。グループワークでは集団でかかわり合いますから，他者の行動に接し，それを観察することができます。そして，他者の行動をモデルとしてそこから学ぶことができます。

　他方，グループワークを用いる際には留意すべきさまざまな点もあります。

　まず第一に，グループワークでは複数のメンバーがかかわりますから，メンバー間の相互作用により，そこで生じる不確定要因がそれだけ増えることになります。不確定な要因が増えることは実施に関する困難度を高めます。

　第二に，心的外傷を受ける可能性が生じます。他者と相互にかかわり合うことは，必然的にそこでストレスフルな体験をする可能性も孕むことになります。中にはいわゆる心的外傷的な体験をすることもあるかもしれませんが，その可能性を完全には排除することはできません。

　第三に，実施に当たってはファシリテーター・指導者に熟練が要求されます。もちろんカウンセリングなどの個人的な対応でも熟練が必要とされる点は同様ですが，グループワークの場合は，参加者の心の問題にかかわるという点で個人の心理面に対する対応力が要求されることに加えて，多くのメンバーを同時に相手にすることから，カウンセリング的な対応とは異なる別種の熟達が要求されます。これらのマインドやスキルを体得するにはそれなりの準備や心構えが必要ですし，一定以上の経験も必要とされます。

　第四に，実施に当たって一定の環境的条件が必要とされます。欲を言えばきりがありませんが，まずはある程度以上の広い場所が必要です。できれば床は寝転べるものだと活動の展開の可能性が広がります。イスや机が必要なこともありますし，逆に片付けたいこともあります。場合によってはホワイトボードなどが必要なこともあります。

　このようにグループワークには集団を扱うという点で，一対一の個人的対応とは異なるさまざまな注意点があります。グループワークは，そのようなグループワークならではのメリットとデメリットをよく理解した上で活用することによってその効果を発揮します。

　それでは，このようなグループワークを活用する際，どのような点に留意し，どのようにそれらを活かしていけばいいのでしょうか。第3章では，今日的課題に基いた新しいグループワークにおける学びのあり方について考えていきます。

第3章
グループワークにおける学び

　現代の学校にはさまざまな心の問題があり,「学びの躓きと心の傷つき」を抱えた子どもが少なくありません。そして,今日の先生は勉強を教えるだけでなく,子どもたちの心のサポートも行わなければならないというダブルタスク型の業務形態が一般化しつつあります。そこではいわゆる学校教育機能の心理臨床化が起きています。そのような状況下で,グループワークは楽しみながら学んでいくという貴重な学びの機会を提供してくれます。そこで生じる学びは,既にもっていた能力と能力との間の関係性の学びでもあります。

学びの躓きと心の傷つき

　第1章で述べてきたように今日の学校現場にはさまざまな問題がありますが，そのような現状を筑波大学の庄司一子は「学びの躓きと心の傷つき」という言葉で表現しています。学校現場には，多くの学習面での困難や遅れを抱えた子どもがいます。彼らは，日々の学習場面でさまざまな困難に直面しながら生きています。その原因には，心理面の問題もありますし，意欲や動機付けの問題もあります。限局性学習障害のような障害ゆえの困難もあるでしょうし，中には発達障害からの二次障害に苦しんでいる子どももいるでしょう。また，不登校のために十分な学習機会が得られなかった子どもも少なくありません。学校におけるいじめや家庭で虐待に遭っている子どももいるかもしれません。加えて，最近は子どもたちの貧困の問題が大きくなってきていますし，増加しつつある外国籍の子どもたちは言語・文化面の問題を抱えている可能性も少なくありません。本章では，子どもたちを取り巻く状況の変化とそれに対応する教員，そして楽しみと学びの関係を踏まえながら，グループワークにおける学びを考えていきます。

学校教育機能の心理臨床化

　鵜養（1995）は，学校におけるカウンセリング体制作りについて，従来の密室でのカウンセリング関係を想定したミクロなシステムを前提とした活動を超えて，コミュニティとしての学校教育の心理臨床機能を導入することの必要性について述べ，学校教育に心理臨床機能を根付かせる「学校教育機能の心理臨床化」という流れが生じていると指摘しています。具体的には「心を大切にする教育」や「学校内に居場所作りを」などといった動きにそれが現れているとされます。

　今日の学校においては，いわゆる不登校やいじめ問題などに加えて，上述のようなさまざまな困難を抱えた子どもたちが増えているだけでなく，モンスターペアレントの出現など，保護者対応への困難さの増加などの問題が生じています。そして，そのようなさまざまな問題が混在しているのが今日の学校現場であるという事実があります。学校は教育機関ですが，今日，学校には子どもたちの教育だけでなく，心のサポートも求められるようになってきています。学校は，単に教科の勉強だけを教えていればいいというのではなく，すべての教員が子どもたちの心のサポートも行わなければならないという状態になってきているのです。私は，学校教育機能の心理臨床化とは，従来，カウンセラーが使っていた発想や手法を教師が使わざるを得なくなっていることを実質的に意味していると考えています。すなわち，教師は教育者であると同時に臨床家でもなければならなくなってきているのです。かつては教師の仕事はエデュケーション（education）というシングル・タスク型のものでしたが，今日においては教師の仕事はエデュケーション＋セラピー（therapy）というダブル・タスク型になっているのです。

　このような状況の中で，大学の教職課程では以前から，「生徒指導・教育相談」という科目が必修化されてきましたし，各種の研修機関において教育相談や学校カウンセリングの講座が数多く開設され，研修活動が進められています。

このような教育相談や学校カウンセリングは，基本的に教師と生徒が一対一で行うものです。これに加えて，教師が生徒集団を対象として集団形式を行うのがグループワークです。今日，そのような学校現場において，教師がグループワークによって生徒を支援することが求められているのです。学校はもはや各教科だけを教えていればいい場所ではなく，心を育てる場所として重要な機能を担わざるを得ない存在となっているのです。そして，教師は各教科だけを教えていればいいという立場ではなく，心を育てるという役割も担わざるをえなくなってきているのです。そして，そのようなグループワークの実践においても，先に述べた心理臨床的なスタンスで実践に臨むことが求められるようになってきています。
　このように学校教育機能が心理臨床化した今日，そこにおいてグループワークを実践しようとする場合，まず第一に考えなければならないことは，カウンセリングがもつ哲学や人間観に依って立ち，カウンセリングの発想を共有するということです。カウンセリングがもつ哲学・人間観とは，すべての子どもに成長への力の内在を仮定するということです。すなわち成長仮説に立つということです。
　来談者中心カウンセリングを提唱したロジャーズ（Rogers, C.R., 1957）は「人間の基本的な本性は，それが自由にはたらきだすときには，建設的なものであり，信頼できるものなのである。」と述べています。また来談者中心プレイセラピストのランドレス（Landreth, J.L., 2012）はプレイセラピストの目的について「子どもたちがもっている，内的に方向づけられた，建設的な，前へと動く，創造的な自己治癒力を解き放つことになるやり方で子どもたちと関わることです」と述べています。このような考えは，いずれも子どもたちの中の成長への力を前提とするものです。言い換えると，どんな子どもも心の中には成長を目指した建設的な心をもっており，条件が整っていれば，どんな子どもも創造的な力を発揮できると考えるということです。第2章において，修理モデルと成長モデルについて述べましたが，この区別によるならば，成長モデルに基づくということです。心の中の健全な部分を成長させることにより，問題に対処する力を育てるのです。人間に内在する潜在的な力を開発することにより，トータルとしての自己治癒力を高めようとするものと言うこともできます。グループワークの実践においては，このような成長への力を活用することがとても重要なことです。不具合を解消するために足りないものを外から持ってくるのではなく，個人の中にあるものを発展させて総合的な力の拡大を図るのです。
　また，カウンセリングの発想を共有するとはどういうことでしょうか。
　ロジャーズの来談者中心カウンセリングは，受容（無条件の肯定的配慮），共感，純粋さの3つを基本原則とします。受容とは相手を受け入れることです。共感とは相手の感情を自分のもののように感じることです。純粋さとは自分自身に対してありのままになるということです。この3つの原則はどれもとても重要なものですが，グループワークにおいてメンバーに対するとき，特に受容と共感は重要といえます。人は自分たちが認められ，受け入れられていると感じるとき，安心して，本来の力を発揮することができます。子どもたちのありのままを受け入れ，子どもたちが感じていることを感じることによって，子どもたちの成長への力が働き始めるのです。
　ランドレス（Landreth, J.L., 2012）はプレイセラピストに必要な特徴として，子どもを受け容れる力，子どものかけがえのなさへの敬意，子どもの感じていることへの感受性を挙げています

が，これらはいずれも受容，共感ということに通じることといえます。プレイセラピー室におけるプレイセラピー（遊戯療法）においてセラピストがクライエントである子どもたちに対する時と同じように，教室（会場）で子どもたちと向き合うことが重要なのです。

楽しむことと学び

　これまで述べてきたように，カウンセリングの考え方を応用してグループワークを実践する場合，それは必然的に「楽しむこと」にかかわってきます。そして楽しむことによって成長への力が解発され，子どもたちがもっている力が十二分に発揮されるようになります。

　しかし，学校現場にはこの「楽しむこと」に対するアレルギーがあるようです。

　「楽しければいいというものではない。」「楽しいだけで終わってはいけない。」

　このような言葉をあちこちの教育現場で聞いてきました。劇作家の鴻上尚史（2005）もワークショップに対する「楽しいだけでいいんですか？　ああ楽しかったで終わってそれでいいんですか？」という教育関係者の言葉を紹介して，苦言を呈しています。このような言葉の背後に感じられるのは「楽しいものは遊びであって学びではない」という強迫観念にも似た偏見です。言い換えると「楽しい」ということと「学び」は本来共存しないと考えられてきた，と言うこともできるでしょう。そして，このような言葉や考えが前提としているのは「そもそも学びとは苦しいもの」「そこで頑張ってこそ真の学びがある」という一種の精神論・根性論にも似た考えであると思います。すなわち，"No pain, no gain"（苦労なくして利益なし）ということです。

　このような考えの背景には，第1章で述べたような高度経済成長を背景とした成長型社会時代の考え方が前提とされていると考えられます。当時は，努力と成功がワンセットになっており，このような考え方は，学校現場においては頑張ることと学びのセットとして共有されてきました。そこには「楽しみ」の居場所はありませんでした。しかし，このような頑張ることと学びを不可分のセットで考える思考法は過去の遺物と言っていいのではないかと思います。もうこのような考え方は現代の子どもたちには合わなくなってきています。現代の子どもたちに精神論・根性論は通用しません。一般の子どもたちにおいてもそうですから，ましてや「学びの躓きと心の傷つき」を抱えた子どもたちにおいては尚更です。

　私は主として，過去に不登校であったり，発達障害等を有する子どもたちが通うサポート校（フレックススクール）で実践活動を行ってきました。それらの子どもたちは，他者とかかわることに困難を抱えていたり，対人関係に障害を抱えていたりします。中には基本的信頼関係に問題を抱えていたり，学習意欲に欠ける生徒もいます。いわば，「学校へ来るのがやっと」の子どもたちも少なくないのです。そんな子どもたちに対して「嫌なことも我慢して，歯を食いしばって課題に取り組め」というのは酷なことです。このような子どもたちにとって学校という外の世界での生活は，せめて楽しくなければやっていけないという側面があります。そしてこのことは，一部の子どもたちに限ったことではなく，今日の一般の学校に通う普通の生徒においても多かれ少なかれ，同じような傾向があるといえます。

　本書の考え方はこのような，楽しむことに距離を置く考え方と対局にあります。本書で扱う

ワークには学びの要素に先立って必ず楽しみの要素が盛り込まれています。そして，楽しくワークをすることによって，自ずと学びが生じます。ワークを楽しむことによって，それに没頭し，時がたつのを忘れ，気がついたら学びが生じているのです。

モレノ（Moreno, J.L.）のサイコドラマにおいては，自発性と創造性が中核概念とされていますが，増野（1990）も同じくサイコドラマのすすめ方において「楽しむことによって自発性もうまれてくるし，安心も保証される」と述べています。前出のランドレスはこのように言っています。「子どもたちにとっては，遊びの体験そのものが報酬となるのです。」「子どもたちは遊ぶことに対しての報酬は必要としていないのです。」遊び，楽しむことと学びは決して両立し得ないものではありません。そうではなくてむしろ遊ぶことによって成り立つ学びもあるのです。これからの時代においては楽しむことと学びの共存が学びの鍵となっていくのです。

楽しむことと学びの関係＝たの▷まな

ここにおいて，従来型の発想からの基本的な転換が必要だといえます。それは「楽しみの中で学んでいく」ということです。楽しみと学びを対立構造としてとらえるのではなく，両者を不可分なものとして考えるのです。学校現場におけるグループワークの実践などを考える場合，これは非常に重要なことと言えます。但し，その際，ある一点に注意することが必要ではないかと思われます。

既に述べたように，楽しむことと学びは一見相反する位置づけにあるとされることが多いのですが，一方「楽しくてためになる」，または「楽しくて学びがある」という言い方をすることも少なくありません。楽しくて学びがあるということはいいことには疑いはないのですが，単にいいとこ取りをすればよいという考え方だと大きな落とし穴に陥る可能性があります。

例えば，AとBという2種類の課題について考えてみます。

課題には楽しい側面と学びがある側面の2面があります。そして，各側面の課題としての出来栄えの評価をそれぞれ50点で考え，両側面を考慮した総体的な課題としての出来栄えの評価を計100点満点で考えてみます。

課題Aは楽しさという点では若干見劣りがしますが，学びがあるという点ではとてもよくできているかもしれません。そのような課題は，楽しい側面で50点中10点で，学びがあるという側面で50点中50点とします。すると10点と50点を合わせて合計60点となり，一般的に言って課題として「合格点」が与えられると考えられます。しかし，そのような課題は子ども目線でみると，「やりたくない課題」といえるでしょう。理由は楽しくないからです。

楽しくて、学びがあるとは
interesting　　　instructive

Interesting **and** instructive

Interesting **and then** instructive

図3-1　楽しみと学び

これに対して課題Bは，楽しい側面で50点中30点で，学びがある側面でも50点中30点です。こちらも合計点は60点でさきほどの課題と同じです。しかし，子ども目線ではこちらの課題にほうが「やりたい課題」なのではないでしょうか。そこそこ楽しくて，かつ学びもあるからです。

図3-2　たのしくまなぶ＝たのまな

　この両者を単なる合計点で考えるとその違いが見えなくなります。正確に言うと「楽しくて学びがある」ではなく，「楽しくて然る後に学びがある」と考える必要があります。英語ではinteresting and instructiveではなくて，interesting and then instructiveということになります（図3-1）。まず楽しむことが大前提としてあります。楽しむことがまずあり，そしてその過程の中で学んでいくことが重要です。

　このような楽しみと学びの関係性を小豆パンの例で考えてみます。小豆は栄養価が高い食品とされます。これを学びの要素とします。この栄養価の高い小豆をおいしいパン生地の中に埋め込んだらどうなるでしょう。おいしいパン生地を食べることはすなわち栄養価の高い小豆を食べることと同じです。いやいや無理をしなくても望ましい結果が得られる訳です。

　同様に，楽しくて学びのある課題を考えてみます。よくできた課題に楽しく取り組むことで，自然に学びが生じます。歯を食いしばる必要など全くないのです。

　本書で紹介されているさまざまなワークは，どれも楽しく取り組むことができて，その中に学びの要素が盛り込まれています。皆でかかわりながら楽しくワークに取り組めば，自然に学びが生じます。ワークを楽しみ，気がついたら学びが生じている＝「たの▷まな」というのが本書における学びのあり方です（図3-2）。

グループワークにおける学び

　また，グループ・アプローチにおける学びについて考えてみたいと思います。

　グループ・アプローチにおける学びは，自分自身のことであったり，人間相互の関係に関することなどで，それらの多くは心に関することです。人間は心をもった存在で，日々心と共に生きています。その心に関する学びとは全く新しい知識がどこからかやってくるということはあまり多くはありません。それは既にその人の心の中にあったことについての学びであることが多いのです。言い換えると，その人の中に既にあったことの間に新しい関係性を作ることが学びであることが多いのです。例えば，机から鉛筆が落ちることと木からリンゴが落ちることの間に万有引力という関係性＝法則を見つけることに似ています。

　同様に，ある人の心の中にAという内容があったとします。またその人の心の中にBという内容があったとします。このAとBの間にCという関係性を作ることが心における学びです。

　例えば，電話でSOS（p.113）というワークを考えてみます。電話でSOSとは言葉を使って図形を相手に伝える課題です。相手は図形が分かりませんし，言葉しか使えないので，双方に

とってストレスフルな課題です。どういう言い方をしたら，それを相手がどう受け取って，どのように内容が相手に伝わるのかを考える必要があります。伝える方は，普段，自分が何気なく使っている言葉（A）と，その言葉を受け取る相手の心理（B）との間の関係（C）を考えなければなりません。言葉は普段使っているコミュニケーション手段です。他者の心理を考えることも通常有している能力です。どういう言い方をしたら図形が伝わるのかを考えることは，両者の間の関係を考えるということです。自分がどういう言い方をしたら，それを相手がどう受け取って，伝えたいことが伝わるのか。それがこのワークのポイントです。

　このような学びは子どもたちにとってとても重要なことですし，同時にとても魅力的なものでもあります。

　ある時，授業でこんなこともありました。**秘密のセリフ／Fタイプというワーク**（p.186）を高校の授業で行なっていました。秘密のセリフ／Fタイプは秘密のセリフ／Iタイプ，同Yタイプの応用編で課題カードに書かれた言葉（セリフ）を相手に言わせることを目的として即興でやりとりをするという課題です。この秘密のセリフ／Fタイプという課題は，相手の心理や表情・行動を読みつつ，自分の態度・行動もモニターし，両者の関係性を深く理解しながら進めなければならない難易度の高い課題です。ある男子生徒はあまり真面目とは言い難く，授業中も逸脱行動が目立つ生徒でした。数人で小グループになり，プレイヤーと観察者を代わる代わる交代しながらこのワークを続け，そろそろ授業時間が終了に近づいた時，彼が新しい課題カードを受け取りに来ました。そろそろ授業を終わりにしようと思っていた私が，「もう終わりだよ」と言ったところ，彼は突然私の前に跪き，両手を合わせて私を拝みながら「お願いだからあと一回やらせてください！」と言ったのでした。そこまで言われて拒むことはできませんから，彼に新しい課題カードを渡すと彼は嬉々としてグループに戻り，課題に取り組んでいました。

　秘密のセリフ／Fタイプという課題は自分のもっているさまざまなかかわりの能力と想像力を総動員しながら相手との関係性の中で新しいかかわりを実現していく課題です。そして自分がもっていた能力Aと能力Bの間に新しい関係性Cを見つけることは，少なからぬ困難を伴いつつ，スリリングでかつ達成感が得られる課題です。このとき，彼は自分がもっていた能力の中に新しい関係性を見つけていたのではないかと推測します。

　秘密のセリフ／Fタイプというワークはインプロのワークですが，インプロのワークショップが終わると参加者が「今日は頭の普段使っていないところを使った気がする」と言うことがしばしばあります。頭の使っていないところとは，この関係性Cに当たるところではないかと私は思います。そんなに変わったことや奇抜なことをしている訳ではないのです。やっていることは日常何気なくやっていることなのですが，他者との関係性においてそれを普段とは異なる形で実践することが，新しい学びなのではないかと思います。

第4章
心を育てる
グループワークとは

　現代社会におけるグループワークのあり方について具体的に検討します。特に，構成的グループ・エンカウンターについては，「出会い」がもつ意味が今日の社会においては変質しています。さらに，グループワーク・トレーニングとインプロを併せて再検討し，従来の諸活動をかかわる活動，理解する活動，表現する活動の3つに集約・再編し，その上で心を育てるグループワークとして新たな活動を提案します。

現代社会とグループワーク

　第2章で構成的グループ・エンカウンター，グループワーク・トレーニング，SST，インプロについてみてきました。これ以外にも，文部科学省（2010）の『生徒指導提要』においてピア・サポート活動，アサーション・トレーニング，アンガー・マネジメントなどの諸活動が「教育相談でも活用できる新たな手法」として紹介されていますし，その他にも，子どもたちの心の発展や人間関係の問題の改善を目的とした活動に関するさまざまな活動があり，多くの書籍が出版されています。子どもたちの心と人間関係にさまざまな問題が生じている今，これらの活動を活用することによって，子どもたちの心と人間関係に対して働きかけることが切に望まれていると言えますが，これらの諸活動は，それぞれ独自の理論や目的をもっており，ただやみくもに実施すればいいというものではなく，また，子どもたちの置かれている状況は一様ではないので，これらの諸活動をそのままの形で適用するのには困難があります。

　他方，第1章でもみたように現代社会では子どもたちが抱える人間関係に関する問題は基本的なレベルのものが増えてきています。自分の考えを言葉でうまく伝えたり，他者の話をきちんと聞いたり，感情を適切にコントロールしたりといった他者との基本的なかかわりに困難を抱えている子どもたちが増えています。そして，このような教室内における児童・生徒間の基本的な人間関係の問題に悩んでいる教員も少なくありません。加えて，子どもたちが抱えている問題は深刻化し，多様化している側面もあります。親子関係に困難を抱えている子どももいれば，友人関係に問題を抱えている子どももいます。発達障害をもつ子どももいれば，いじめの被害に悩んでいる子どもたちもおり，子どもたちにおける人間関係の問題は拡がりが止まりません。

　グループワークはこのような子どもたちの心と人間関係の問題に直接的に働きかけることのできる実効性のある技法です。しかしながら，一方で各技法は専門化・細分化が進んでいます。書籍を見ればさまざまなワークが紹介されています。しかし，現在はそれらがあまりにも多種多様であるため，それぞれの活動がどう違って，どんな効果があって，どういう状況でどのワークをすればいいのかがわかりにくくなっているのではないかと懸念されます。言い換えると，子どもたちが必要としていることと，そのためのグループワークのいわゆる「引き出し」との関係が見えづらくなっているのではないでしょうか。特に学校の先生方の現状を考えた場合，多忙を極める日々の勤務状況の中で，グループワークや集団心理療法の専門家でもない個々の先生にとって，自分が関わっている子どもたちにどのワークを実践すればいいのかということを的確に認識するということは容易ではないでしょう。このことは結果的にグループワーク実施の目的を曖昧にすることにも繋がっています。なんとなくみんなでわいわいやっていれば，子どもたちは喜んでいるのだし，先生もなんとなく満足感を味わってそれでよし，という雰囲気が全くない訳ではありません。

　このように既存のグループアプローチ技法を活用した学校現場でのグループワークの実践にはさまざまな問題点がありますが，このような現状を放置することは決して望ましいことではありません。ここにおいて必要なことは，まず，活動の内容やあり方をできるだけ学校と子どもたち

の現状に近づけることです。人間関係の問題が基本的なレベルになっているとしたら，それに対して提供するものも基本的なものにするべきでしょう。

効果的な実践に向けて

　それではどのような形で実施することが望ましいのでしょうか。
　まず，既に述べたように現代の子どもたちが抱える問題は非常に多岐に渡っています。他方，構成的グループ・エンカウンター，グループワーク・トレーニング，インプロなどの既存のグループワークはそれぞれ目的が特化しており，それぞれが単独で子どもたちが抱える心の問題すべてに対応することは難しい状況にあります。
　また，グループワークは参加者の心にかかわる活動です。それは，個人の内面の心に関する側面もありますし，他者とかかわる心に関する側面もあります。そして，人間関係の問題に関連してグループワークを実践して効果をあげようとすることは，いわば参加者の心を変えようとすることです。心に関する活動においては1回や2回の実施でインスタントな効果を期待することは望めません。カウンセリングにかかる時間とエネルギーの例などを見れば，人間の心理の変容を図ることの困難さは言を俟たないでしょう。
　例えば，学校でいじめが発生してから，その対策としてグループワーク（多くの場合は構成的グループ・エンカウンター）を実施する場合があります。しかし，いじめが発生した事後において，1，2回のグループワークの実施でいじめをなくすことがほぼ不可能であることは言うまでもありません。いじめは子どもたちの心に深く関わる問題だからです。また，グループワークの実施においては後述する心の抵抗も問題も決して小さくありません。グループワークに対して抵抗を感じる子どもがいる場合，グループワークは注意深く配慮して，基本的なところから少しずつ時間をかけて実施していかなければなりません。そして，グループワークは繰り返し実施する必要があります。繰り返し実施することによって少しずつ効果が得られてきます。また，同じような目的であっても，可能ならば角度を変えた取り組みによって一層の理解・定着を図ることが望まれます。グループワークは魔法の杖ではないのです。
　しかし，繰り返し実施するには，計画性が必要ですし，その前提として子どもたちの実情を的確に把握しなければなりません。そもそも子どもたちの実態はどのような状態であるのか，どのようなことが必要とされているのか，あるいは何か問題があるとしたらそれはどのようなことであり，その程度はどれ位で，その原因は何なのかなどといったことを吟味し，その上で何のためにその活動をするかを明確にする必要があります。
　また，既に述べたように，子どもたちの問題は裾野が拡がり，そこで必要とされている対応は非常に多岐に渡っています。このような状況の中で，既存のグループワークをそのままの形で実施することは難しい状況にあります。このような状況の中で，もし特定の技法に固執して対応を試みるならばそれはタコ壺主義と言わなければならないかもしれませんし，他方，さまざまな技法から適当にワークを選んでつぎはぎ的に実践するならばつまみ食いとの誹りを免れないかもしれません。

このように考えた場合，主として子どもたちを対象とした学校現場での活動の実践を見据えて，従来のグループワークのあり方や枠組みを一度根本から見直してみることが必要なのではないかと思います。これは，既存のグループワークを否定するものではありませんし，全く新しいものを創り出そうとするものでもありません。ただ，子どもたちの現状と学校現場での実践を見据えた上で，新しい概念化を図るものです。そうすることによって既存の蓄積を活用しつつ，現代的要請に応ずる新たな活動の枠組みを作ることは十分可能なことと考えます。このような目的のために，構成的グループ・エンカウンターとグループワーク・トレーニング，そしてインプロについてその中身を再検討したいと思います。

構成的グループ・エンカウンターにおけるかかわりと出会い

　構成的グループ・エンカウンターは，現在，主として学校現場で最も広く実践・活用されているグループワークでしょう。「エンカウンター」という言葉が入るグループワークとして，他にベーシック・エンカウンターグループがありますが，現時点では，特に学校現場で「エンカウンター」と言うとき，それはほぼ間違いなく構成的グループ・エンカウンターを指し，事実上グループワークの代名詞と言っていい存在にあります。しかしながら，構成的グループ・エンカウンターの現状は，一方で少なからぬ混乱をも生み出しています。

　構成的グループ・エンカウンターの本質は，他者との出会いを通して自分自身と出会う「エンカウンター」であることは言を俟ちません。しかし，現在の学校現場等では構成的グループ・エンカウンターのエクササイズを，他者とのかかわりの力を育てるために用いられていることが多いのです。学校や研修機関のホームページで「構成的グループ・エンカウンターの研修会を開催しました」という見出しの記事に**人間知恵の輪**をしている場面の写真が添えられているのを見ることがあります。第2章でも述べましたが，人間知恵の輪は他者とかかわり，協働するエクササイズですが，自分自身との出会いはほとんど含まれないエクササイズです。このような活動の写真を構成的グループ・エンカウンターの記事に添えることは適切でないことは言うまでもありません。例えば，運動会に関する記事に添えられている写真がお弁当の写真だったら，皆おかしいと思うでしょう。お弁当は確かに運動会の一部ですが，運動会の本質とは全く関係がないからです。同様に人間知恵の輪は構成的グループ・エンカウンターの前提であるかかわりに関する活動ですが，エンカウンター（出会い）の本質とはあまり関係がありません。これ以外にも，構成的グループ・エンカウンターのエクササイズが，本来の目的とは異なる目的のために用いられていることは少なくありません。

　そもそも第2章で見たように，経済成長が終わって成熟社会に入りつつある現代の日本社会においては，構成的グループ・エンカウンターの果たすべき役割は大きく変容しているのですが，その変化に関する理解は十分ではありません。

　構成的グループ・エンカウンターは，本来健常者を対象とするグループワークです。

　國分はその著書の中で以下のように繰り返し述べています。「（構成的グループ・エンカウンターは）パーソナリティも健全であり，特に困った問題をかかえているわけでもない人たちが主

な対象である。」「（エクササイズには）清水の舞台からとび降りる勇気がいる場面もある。」「（神経症者は）エゴの強さと柔軟性に欠けるので，他者からのエンカウンターを受け止められない。」（國分，1981）

　言い換えると構成的グループ・エンカウンターは，基本的な人と人とのかかわりが問題なくできることが前提となっています。しかし，現代の子どもたちにおいては，人とのかかわりそのものが問題となっています。

　また，構成的グループ・エンカウンターは主として大学生を対象とした自己啓発活動から始まっています。すなわちここでいう健常者とは大学生かあるいはそれ以上の成人を指しています。特に構成的グループ・エンカウンターが普及しはじめた1970年代における国内の短期大学を含む大学進学率は概ね30％台であり，言い換えれば構成的グループ・エンカウンターは当時の社会のアッパーミドル層を対象とした活動でした。しかし，現在では構成的グループ・エンカウンターはその普及に伴って，大学生から小学生に至るまでのほぼすべての人々を対象とするようになりました。例えていうなら，構成的グループ・エンカウンターは，かつては高い山を目指すような活動であったものが，近年は近場でハイキングをするような活動になっているのです。

　いわば対象の大幅な量的拡大が進んだ訳ですが，これと併せて質的変容が生じています。このことを理解するために，構成的グループ・エンカウンターにおける出会いの構造をまんじゅうのアンコと皮の関係にたとえて考えてみたいと思います。

　まんじゅうにおいておいしい部分は通常アンコの部分でしょう。しかし，このアンコを食べるにはそれを包んでいる皮も合わせて食べる必要があります。すると，まんじゅうのアンコと皮は一緒に口の中に入ります。

　構成的グループ・エンカウンターにおいて，まんじゅうのアンコに相当するのは「出会い」です。そして，この出会いに至るには他者とかかわる必要があります。これがまんじゅうの皮です。かくして，他者とかかわることによって自分との出会いが得られます。これが構成的グループ・エンカウンターの基本的な構造です。言い換えると，まんじゅうのアンコが目的で，皮はそこに至るための手段であり，このような目的──手段関係がそこにあるといえます（図4-1）。

　この，自分との「出会い」は時には苦しく，苦いものでもありましたが，経済成長期の日本においては，苦しく，苦いものであっても，それが自分にとって意味があると見なされれば，歯を食いしばってそれに耐えるという価値観も共有されていました。

　1970年代から1990年頃のバブル崩壊に至る当時の日本社会においてはこの関係性が成り立っていました。頑張ればそれに見合うものが得られるという対応関係があったからです。しかし，それから年月を経た現在，まんじゅうのアンコ，すなわち出会いがもつ意味は相対的に縮減しています。先に人間知恵の輪の例で述べたように，現在，学校現場で主として行われているのはかかわりを目的と

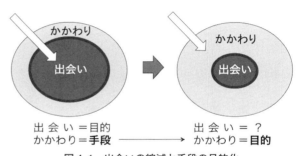

図4-1　出会いの縮減と手段の目的化

した活動であり，そこでは「出会い」は脇へ追いやられているのです。そこではかかわりが主目的で「出会い」はもはやどこかへ行ってしまっています。このような変化を踏まえて，言い換えれば，当初は「出会い」という目的へ至るための手段であった「かかわり」それ自体が目的となるといった「手段の目的化」が現代では起きているのです。このような状況の中で先に述べたかかわりのための活動を「エンカウンター」と称して行うのは，構成的グループ・エンカウンターの「目的外使用」と言ってもいいかもしれません。

このように構成的グループ・エンカウンターは現代の学校と子どもたちの状況と合わなくなっている部分が見られ，そのミスマッチの状態は子どもたちを巡る状況の変化と併せて徐々に大きくなってきています。

構成的グループ・エンカウンターのエクササイズの再検討

ところで，私は構成的グループ・エンカウンターについては，そのエクササイズの構成に再検討の余地があるのではないかと考えます（正保，2016）。

構成的グループ・エンカウンターには6つの機能があることは第2章で述べました。これらの機能は構成的グループ・エンカウンターの基本構造をなすものですが，これらの6つの機能は，もう一段の整理をすることが可能ではないかと考えられます。

まず，構成的グループ・エンカウンターの中核概念は出会いですが，この出会いとは他者との出会いにより生じる他者理解とその他者との関係性において成り立つ自己理解から構成されます。そして，この自己理解と他者理解はいわば一枚の硬貨の裏表の関係にあると言えます。すなわち，あなたにおける他者理解は私にとっての自己理解であり，私の自己理解はあなたの他者理解につながる，ということです。人は他者から完全に孤立した状態では，自らを正しく認識することはできません。自らをリアルに認識するには他者との比較や他者からのフィードバックが必要なのです。言い換えるならば，自己理解と他者理解は1つの系の2つの項ということができます。

自己理解とは自分の盲点に気づくことであり，自己受容とはありのままの自分を受け入れることですが，自己理解を進めていくことは自己受容を進めていくことにつながると考えることができます。普段，認識していない自分を認めることは，自己理解の幅を拡げることであり，自己理解を拡げていけば，ありのままの自分を認めることに近づくからです。言い換えると，自己受容は自己理解の亜種とみなすことができます。そして，この自己理解・自己受容と他者理解は，いずれもその人の人物像や価値観，信条等をより広くかつ深く理解することとして括って捉えてよいのではないかと思われます。このように考えると，自己理解と自己受容，そして他者理解は構成的グループ・エンカウンターの6つの機能のうち，個人のあり方を理解するという出会いの本質的部分を軸として成り立つ中核的機能群と捉えることができるでしょう。

これに対して，感受性は心の感度を高めるということであり，他者とのかかわりをより繊細なレベルで捉え直すこととみることができます。また，信頼体験は他者を信頼して自らを預けるという行為を通して自己と他者とのかかわりのあり方を捉え直し，深める活動です。この感受性と

信頼体験はその中身は異なっていますが，いずれも他者とのかかわりのあり方を問い直すことが主眼であり，他者の人となりや価値観，信条等の理解を含まずに成り立つ機能であると言え，このような点において感受性と信頼体験は，自己理解，自己受容，他者理解とは異なるかかわりに関する機能群と捉えることができます。

　他方，これらとは別に自己主張というもう1つの機能がありますが，この自己主張については上記の点と関連しながら今一度検討することが必要です。自己主張は自分の本音を表現することですが，構成的グループ・エンカウンターのワークの中で，自己主張に関しては代表的なワークとして2つのタイプがあります。

　1つは**結婚の条件**（p.156）に代表される個人の価値観をテーマとしたワークです。結婚の条件とは，自らの結婚相手に求める条件を小グループで議論し，コンセンサスを得るワークです。これらのワークでは，まさに個々のメンバーがもつ価値観が主役であり，各メンバーがそれぞれの価値観と価値観をぶつけ合うことになるワークです。

　これに対して**月世界（NASA）**（國分，1996）や**無人島SOS**（國分，1996）に代表される科学的判断に基づくワークがあります（本書未収録）。月世界（NASA）とは月面で遭難したという設定のもとで地球に帰還するために必要な道具について順位をつけるというワークであり，無人島SOSとは無人島に漂着して生き延びるために大切なものを選ぶというワークで，両者共最終的にはメンバー間のコンセンサスを得ることになります。しかしながら，これらのワークでは，個人の価値観は直接関係なく，それよりもむしろ科学的・客観的基準に照らして何が適切で合理的かを考えることになります。結婚の条件には正解はありませんが，月世界（NASA）や無人島SOSには正解がある点も異なるところです。

　これらの自己主張のワークでは，結婚の条件のような価値観依存的テーマか，あるいは月世界（NASA）のような価値観フリーなテーマに関して個々人が意見を戦わせる際に生じるさまざまなダイナミックスそれ自体がテーマです。そこでは，最終的な議論の勝敗ではなく，個々人の意見・考えを戦わせるプロセスにおいて生じる新たな気づきが問い直されます。

　そして，構成的グループ・エンカウンターには含まれていませんが，この自己主張に近いテーマとして自己表現があります。グループワークにおける自己表現は他者とのかかわりにおいて自己の考えやアイディア，発想を形にしていく活動ですが，これは個人の理解，価値観ともかかわっており，かつ他者とのかかわりのあり方を捉え直す活動ともかかわっています。このような意味において自己主張はその中に自己表現を含み，自己理解，自己受容，他者理解という一群の機能群と，感受性・信頼体験の機能群の中間に位置する機能と捉えることができるのではないかと考えられます。

　これらの考えを図示すると図4-2のよ

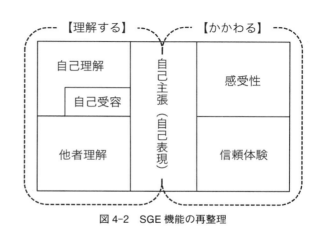

図4-2　SGE機能の再整理

うな形になります。自己理解・自己受容と他者理解はいずれも「理解する」というカテゴリーで括ることができ，かつこれが構成的グループ・エンカウンターの本質部分であると言えます。これに対して，感受性と信頼体験はいずれも他者と「かかわる」ことを目的としており，そこでは自己や他者に関する理解は含まれません。そして両者をつなぐ接続部分に自己主張があり，これは自己理解や他者理解に基づく自分のホンネを他者とのかかわりの中で主張していくという意味で，両領域に跨がる活動であると言えます。

このように考えると構成的グループ・エンカウンターの6つの機能は理解することと主張（表現）すること，かかわることの3つに集約できると考えることができます。

グループワーク・トレーニングとインプロ

グループワーク・トレーニングが正解に向かって集団内で協働を進める活動であることについては第2章で述べました。グループワーク・トレーニングはそのような限定的な目的に向かって動機づけを高めて取り組みを促す面では非常に強力な効果を生み出しますが，他方，自分や他者を理解するという働きについては構成的グループ・エンカウンターと重複が少なくありません。

他方，インプロは他者と密接にかかわりつつ，創造力を育てる活動で，特にそれを楽しく笑顔で実践するという非常に大きな可能性を秘めた活動ですが，自分や他者を理解するという側面はほとんど含まれていません。インプロの一般的なワークショップでは，相互に面識のない参加者が告知を見るなどして集まってきて，ワークショップが終わればそれぞれの生活に帰っていきます。またワークショップでは通常インプロネーム（ペンネーム）を名乗るので，ワークショップでよく会うメンバーでも，実際のところ本名も職業も知らないということはよくあることです。

このように構成的グループ・エンカウンターとグループワーク・トレーニングとインプロは，それぞれ独自の領域をもつ活動であり，子どもたちの心の発達への支援に活用する場合は，相互に補完し合う形で活用することが求められます。

以上，これまで述べてきた諸点を整理したいと思います。

まず，構成的グループ・エンカウンターは現在のところ，「出会い」というその本来の目的とは異なった形で用いられることが増えてきています。中には，結果的に構成的グループ・エンカウンターの本質自体が誤解されている場合も見られるようです。

また，この構成的グループ・エンカウンターには6つの機能があるとされますが，構成的グループ・エンカウンターの現場への普及の現状をみると機能が6つあるというのはやや多いように感じられますし，果たしてその6つの機能がきちんと理解された上で実践されているのか疑問の余地がない訳ではありません。構成的グループ・エンカウンターの機能については理解する側面とかかわる側面の2つに大別してとらえることが適切ではないかと考えられます。

さらに子どもたちを取り巻く社会の現状は，「出会い」から「かかわり」，そして「表現」へと変化しています。日本の社会は成長型社会から成熟型社会へ変化しており，その中で，人と人とのかかわりの問題や自己表現への希求といった課題の重要性が増してきています。グループワークにおいては，従来，構成的グループ・エンカウンターにおいて主目的とされていた「出会い」

から，その前提となっていた「かかわり」に重心が移り，それと平行して「表現」への希求が，新たに生じてきているのです。そして，なおかつ，これらの活動はすべて他者とかかわることによって成り立っているのです。

3つの基本コンセプト

上記のような変化と併せて子どもたちの心を見据えた上での学校現場での実践を考えた場合，以下の諸点が考慮されなければなりません。

まず，心に関する活動はインスタントな効果は望めないので，繰り返し実施する必要があります。繰り返し実施するには，コンセプトを明確にする必要があります。一定の効果を期待して繰り返し実施する場合は，何のために，なぜそれをするのかということを明らかにする必要があります。そうでないと実施の効果を高めることもできませんし，子どもたちにも，これは何のためにやっているのだろうか？　という疑念を招く恐れがあります。そして，この時，コンセプトがあまり多いと状況が複雑化し，混乱する恐れがあります。精選された少数のコンセプトが必要です。

以上の諸点を踏まえて，本書ではグループワークにかかわるコンセプトを以下の3点に集約・整理して，提案したいと思います。

1．かかわる：相互に働きかけ，反応し合いながら心の繋がりを深めていきます。
2．理解する：他者や自分自身との出会いを通して，自己や他者への理解を深めていきます。
3．表現する：他者とかかわり合いながら，創造力と想像力を発揮して，自己を表現していきます。

この3者の関係を図示すると図4-3になります。

他者とかかわることは全ての基本であり，グループワークにおいてはすべての機能は他者とのかかわりにおいて成り立ちます。この意味において，かかわりは大きな楕円で示され，そして，その中に理解することと表現することが包含されます。

そして，他者とかかわることにより，そこで他者と出会い，他者との出会いを通して自分と出会います。これが理解であり，従来，主に構成的グループ・エンカウンターで扱われてきた領域です。

また，他者とかかわることでそこでさまざまなインスピレーションを受け，新しい可能性を育む側面もあります。これが表現であり，主にインプロで扱われてきた領域です。

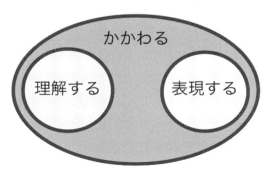

図4-3　3つの基本コンセプト

そして，他者とかかわりつつ，理解することも表現することも含まない領域も存在します。例えば，先に挙げた人間知恵の輪は他者とかかわるワークです。他者と手をつなぎ，輪を解くためにかかわりますが，そこでは理解するワークのように自己や他者に対する理解は生じませんし，新しい表現が生まれることもありません。これは，主として構成的グループ・エンカウンターやインプロのウォーミングアップで活用されてきた領域やグループワーク・トレーニングで扱われてきた領域です。これが，大きな楕円のうち，2つの小円を除いた残りの部分です。

　このように各種の活動は，かかわりという大きな枠組みに包摂されながら，従来，主に構成的グループ・エンカウンターで扱われてきた理解という領域を含みつつ，表現という新しい領域を加えて概念化することができます。言い換えるとシンプルなのにより豊か，という特徴をもったコンセプトということができます。

　以下，さらに各領域について詳しくみていきます。

かかわる

　かかわりはグループワークにおける基本です。すべてはメンバーがかかわり合うことから始まります。このかかわりの成り立ちを機能的側面と方法的側面の観点から整理して図示すると表4-1のようになります。

　まず機能的側面において，他者とのかかわりを伝える働きと受け取る働きの2側面からとらえることができます。他方，かかわりの方法的側面では言語的方法と非言語的方法の2側面からとらえることができます。これらの組み合わせにより4つのかかわりを規定することができます。

　1つは言語的に伝えるかかわりであり，すなわち「言う」です。言葉で他者に何かを伝えることです。他方，言語的に受け取るかかわりが「聞く」です。他者の言葉に耳を傾け，情報を受け取ります。

　また，身体言語により他者に何かを伝える働きが「する」です。身振り手振りを使うことが中心ですが，顔の表情を媒介とすることも含まれます。そして，他者の身体言語から何かを受け取る働きが「よむ」です。意図的なメッセージを受け取る働きも含まれますし，非意図的なメッセージを受け取ることも含まれます。また，明確には規定し難い，いわゆるその場の「空気」を読みとることも含まれます。

　そして，これらの働きすべてにかかわることが「見る」ことです。すべてのかかわりには他者や他者の目を「見る」ことが含まれます。

　たとえば，「挨拶」という状況を考えた場

表4-1　かかわりを支えるもの

	伝える	受け取る
言語	言葉で考えや気持ちを相手に伝える いう	言葉を聞いて相手の考えや気持ちを理解する きく
非言語	行動や表情で相手に考えや気持ちを伝える する	行動や表情から相手の考えや気持ちを読み取る よむ

合，まず相手を見ることが前提です。そして「こんにちは」などと声をかけるでしょう。お辞儀などの動作がこれに加わることもあります。相手と視線を交わし，そして相手の応答を聞きます。その際，相手の表情や仕草や声などから「元気そうだな」とか「今日は調子が悪そうだ」などといった発話以外の情報を読み取ります。そして，相手に「暑いですね」とか「調子はどう？」などという言葉を返します。

インプロにおいてはこれらの諸点は特に重要です。相手をよく見，相手の言うことをよく聞いて，相手の状況・意図などを読み取って，イエス・アンドをして相手にリアクションを返します。そして，そのリアクションは相手に対してのオファーとなります。

いう，きく，する，よむ（iksy）

正保・葉山（2014）は「見る」を除く上記の4つの機能の測定尺度を作成し，iksyと名付けました（iksyは巻末の別表を参照）。iksyとはいう（<u>i</u>u），きく（<u>k</u>iku），する（<u>s</u>uru），よむ（<u>y</u>omu）の各ローマ字表記の頭文字をとったものです。本来ならば，「見る」も含めることになりますが，「見る」ことは他のすべての活動と重複する活動なので，ここでは独立して取り上げることはしていません。

言う，聞く，する，よむの4つの機能はさまざまな対人スキルの基本要素です。どんな複雑なスキルもこれらの4つの組み合わせによって成り立っています。言い換えると，この4つの基本スキルをきちんと身につけることが，さまざまな人間関係をこなしていくことのベースとなっており，いわば人間関係の基礎体力と言えます。iksyはそれらの多様なスキルが，個人においてどのように獲得・活用されているかを客観的に示すことができます。

このiksyは自己評価によって施行することもできますし，教師や級友，または保護者などの他者評価によって施行することもできます。ただし，自己評価で施行する場合は，特に評価対象が発達途上の小中学生や高校生の場合，評価者の主体自体が変化することの影響が少なくありません。具体的に言うと，基本的スキルが未発達の状態では，その未発達な状態を基準として自己評価を行うことになるため，評価結果は甘めに出ることがしばしばあります。これに対して，成長・発達が進むにつれ，基準がより明確化され，かつより厳格になることにより，評価結果はよりシビアなものになる傾向があります。言い換えると，結果的に評価が低い方がスキルは高いという逆説的な状況が生まれます。このため，このiksyの活用においてはその特性を考慮し，目的に応じて自己評価と他者評価を使い分けて実施することが望まれます。

理解する

ここには他者とのかかわりにおいて，自己そして他者の人となりや価値観を理解することが含まれます。本来の構成的グループ・エンカウンターの多くの働きがこれに重なります。

二人の人間がかかわりをもっている状況を考えて見ます（図4-4）。その中で一人が他者について印象をもったり，情報を得たりすることがあるでしょう。これが他者理解です。他者に対し

てイメージを抱いたり，他者の個人的側面を知ったりするのです。そして，自分が得たその内容を他者に伝える活動がフィードバックです。

WANTED！（p.141）というワークを例に考えてみます。このワークは，人物に関するプロフィールが10項目記載されたプリントを用い，2人一組になって相手に対する質問の形で

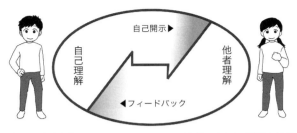

図4-4　自己理解と他者理解

相互のイメージを伝え合うものです。相手は知り合いである場合もありますし，初対面である場合もあります。既知の場合は，過去の交流経験に基づいて質問するかもしれませんし，未知の場合は初対面のイメージに基づいて質問することになるでしょう。いずれの場合においてもその状況で他者に対してイメージを抱くことが他者理解であり，そのイメージに基づいて相手に質問することがここでのフィードバックです。そして，質問された側は好むと好まざるとにかかわらず，自分が他者に与えているイメージに出会うことになります。そこで生じるのが自己理解です。そして，そのイメージが本人にとって意外なものであった場合，それは自分の盲点を知ったことになります。

また，一方の側が自分自身について何かを語った場合，それは自己開示となります。この自己開示に基づいて，他方は他者理解を再確認したり，修正したりすることになります。この構造がまさに構成的グループ・エンカウンターにおけるエンカウンター（encounter）です。

このような関係性を説明する図式としてジョハリの窓があります。ジョハリの窓では，個人に関して自分自身が知っている側面と知らない側面，また他者が知っている側面と知らない側面を考え，両者の関係する計4つの側面から人間を理解しようとします。考案者のラフト（Luft, 1963）はこれを「人間関係についていろいろと考え，自分たち自身で，かかわりについてのさまざまなことを理解するために有効な手がかり」と呼んでいます。

表現する

従来，構成的グループ・エンカウンターやグループワーク・トレーニングなどのグループワークでは，いわゆる表現がテーマとなることはほとんどありませんでした。強いて言えば，絵画療法や芸術療法などのアートセラピーなどですが，それらはグループワークとは直接関係がないものでした。しかし，現代のグループワークにおいて表現はとても重要な存在になっていると言えます。

ここで言う表現とは，他者とのかかわりを通じて正解のない世界でアイディアを形にすることで可能性に挑戦することです。相互にかかわりながら，能力を発揮し，自分の能力を十二分に発揮することでもあります。また，発展的には本来の自分を再発見し，自己実現することとも言えます。

ここで単なるかかわりと2つのタイプの表現を比較しながら示します。

聖徳太子ゲーム（p.102）というワークがあります。3文字（音）の動物の名前などを3人で1文字ずつ同時に発声し，それを聞いた者が何かを当てる，というワークです。伝える3人は自分が担当する文字（音）をはっきりと発音し，伝えることが求められますが，ここでは，創造性を発揮する余地

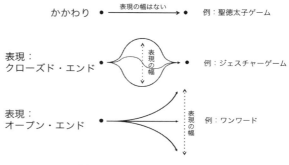

図4-5　かかわりと表現の幅

は全く存在せず，表現の可能性はほとんどありません。

これに対して，**ジェスチャーゲーム**（p.162）というワークがあります。数人程度でグループになり，1人がジェスチャーでおもちゃや家電製品を表現し，残りの者がそのジェスチャーを見てそれが何かを当てる，というものです。このワークにおいて，例えば，扇風機を伝えるのに伝え方はさまざまです。ある人は形で伝えようとするかもしれませんし，他の人は機能で伝えようとするかもしれません。そこには表現の幅があることになりますが，最終的には扇風機という正解を伝えることになります。これはクローズド・エンドな表現です。

さらに，**ワンワード**（p.176）というワークを考えてみます。2人〜数人でグループになり，1人ずつが順に一言ずつを話しながら，皆で物語を創っていくワークです。ここでは，いわゆる正解はありません。どんな物語を創っても良く，表現の可能性は無限大です。そこから生まれる物語はグループのメンバーによって創られたグループの誰もが思いもよらなかった物語です。これはオープン・エンドな表現です。

このように，表現のワークにおいては正解の有無と表現の幅がポイントになります（図4-5）。正解については存在する場合もありますし，存在しない場合もありますが，ない方が表現の可能性は大きく広がります。また，表現の幅はこの活動における最も重要な点です。表現の幅があることによって，個人の創造性が刺激され，新たな可能性が生まれます。われわれの社会，特に学校社会は多くの場合，正解を求めて活動することが当たり前になっています。しかし正解を求めることで得られるものもありますが，それが逆に息苦しさや閉塞感につながっている面も少なくありません。正解のない世界で可能性に生きることを生活の一部として確保し，その可能性の世界に飛び込んでいくことは生活の豊かさを増していくことにつながることになります。

このような表現のワークに取り組む子どもたちの表情はとても活き活きしています。時間に制約のある中で活動を行い，ある程度行ったところで，ワークを止めようとしてもやめないこともしばしばあります。終了後は「楽しかった！」という言葉があちこちから聞かれます。鴻上（2005）は「表現とは，まず，本人が楽しむことが大前提です。楽しければ，放っておいてもそのことを続けるのです。（中略）続けることで，どんどんと表現は上達するのです」と述べています。グループワークの授業においてまさにこのことが実現するのです。

第4章　心を育てるグループワークとは

このような表現をテーマとするワークが，今，求められている背景には，現代社会の変容があるのではないかと思われます。第2章でも述べたように，1990年代初頭にバブルが崩壊し，その後のリーマンショックを経て経済成長は終焉しました。それまでの日本は右肩上がりで伸びていることが当たり前の世界でした。しかし，もう日本社会は右肩上がりの社会ではなくなっています。現代の社会では，今までに築いた蓄積の上に，充実し，成熟していくことが求められています。全員が1つの価値に向かって進むのではなく，一人一人がさまざまな価値を見出していき，そのための力を育てることが求められています。

　劇作家の平田（2006）は，上記のような状況を指摘した上で，1．社会構造の変化，2．産業構造の転換の2点を挙げて，これまで何かに仮託して生きてきたところが，自分で人生の目的を見つけなければならなくなったと述べています。その上で，これからはどれだけ自己を表現する機会をもってきたかということが競争力を高めていくことになると指摘し，表現教育の必要性を強調しています。

　また，平田が指摘するような社会の変化は，われわれの生活のさまざまな局面において現れています。例えば，従来，ジャーナリストや知識人・作家・芸術家などを除いて大多数の人々である一般大衆は，好むと好まざるとにかかわらず情報の受け手の立場に甘んじてきました。しかし，近年，パーソナルコンピューターやスマートフォンが普及し，ネットワークシステムが発展してきました。このような状況の中で，スマートフォンのSNS機能を使って一人一人が社会に向けて情報を発信することができるようになっています。今や，小さな子どもから老人に至るまで，一人一人が社会に向かって情報の発信者となり，表現者となることができる社会になっているのです。言い換えると，現代社会においては，一人一人が容易に表現者になり得るのです。

　コミックマーケット準備会がコンベンションセンターで毎年夏と冬にコミックマーケットを開催しています。このコミックマーケットでは，毎回数十万人以上の参加者があるとされます。コミックマーケットは世界最大の同人誌即売会ですが，その参加者（サークル）の約7割は赤字であるといいます。赤字を出してまでしてなぜ参加するのでしょうか。それは表現への欲求としか言いようがないのではないかと思います。世界に向けて自らの表現を発信していくことが多くの人々にとって現実のものとなってきているのです。

　また，近年，いわゆる「キラキラネーム」が話題になっています。従来はなかったようなオリジナルな名前が最近の子どもたちの間に増えています。かつては子どもの名前は既にあるストックの中から，親が名前を選んで子どもにつけるものでした。しかし，最近は親が世界で唯一の新しい名前を創り出そうとしているように見えます。以前は子どもの名前は選択されるものだったのですが，近年は創造されるものになったのです。これも表現の一種とみることができるのではないかと思います。

　このような，自分の中にあるアイディアを表現し，形にするということは人間に本来備わった基本的な欲求と言っていいのではないかと思われます。それはマズロー（Maslow, A.）の欲求5段階説の自己実現への欲求とも重なるかもしれません。自己実現というと何か人生をかけた大袈裟なことをイメージするかもしれませんが，そうではなくて，その子どもがもっている可能性を開花させるということなのです。眠っている，使っていない能力を使うことは，すなわち表現を

通して本来の自分になるということです。自己表現への現代人の傾倒は，従来の価値が失われた世界の中で，自分の姿を追い求めようとする現代人の心性を表しているのかもしれません。

　繰り返しになりますがかつての日本は右肩上がりで伸びていく成長・発展が前提でした。しかし，もう右肩上がりの社会ではなくなっています。そうではなくて，今までに築いた蓄積の上で，充実し，成熟していくことが求められています。そうすることによって全員が1つの価値に向かって進むのではなく，一人一人がさまざまな価値を見つけていく社会をわれわれは生きているのです。そのような変容しつつある社会の中で，グループワークに求められているものも変わってきているのではないでしょうか。

心を育てるグループワーク

　このように変わりつつある社会の中で，本書で述べるグループワークは，かかわりの力を活用して子どもたちの心と人間関係に関するさまざまな問題への対処を支援することを目的としています。

　第1章でも述べたように，今日，子どもたちが抱える問題は多岐に渡っており，そのような状況の中で，どんな子どもも心と人間関係の問題と無縁ではありません。そして，それらの問題に人間関係がもつ力を活用して対処しようとする場合，働きかけの範囲を拡げ，多人数に働きかける必要があります。

　石隈（1999）は心理教育的援助サービスを1次的援助サービスから3次的援助サービスの3段階に分けています。1次的援助サービスとはすべての子どもが援助の対象とします。これに対して，2次的援助サービスは一部の子どもがもつより大きな教育的ニーズに応える援助サービスです。そして，3次的援助サービスは特定の子どもがもつ重大な教育的ニーズに応える援助サービスとされます。

　この分類に基づくならば，心を育てるグループワークは，すべての子どもを対象とした1次的援助サービスに当たります。今や，すべての子どもがこのような援助サービスを必要としており，かつ，それらの問題に人間関係を活用して対応しようとするならば必然的にすべての子どもを対象にすることになります。

　学校教育機能が心理臨床化している今日，すべての子どもの心や人間関係に対してサポートを行うことが必要とされているのです。そして，その目的をグループワークにおいて達成するには，すべての子どもが受け入れられる形でワークを提供する必要があります。そのためには，従来行われてきたグループワークの枠組みをもう一度再検討する必要があります。本章で扱うかかわること，理解すること，表現することはすべてこのような視点に立って，従来のグループワークを見直したものです。

　以上をまとめて整理すると以下のような内容になります。

1．すべての子どもたちを対象とする。
2．他者とのかかわりを媒介とする。

3．子どもたちの心に働きかける
4．楽しみながら取り組む。

　心を育てるグループワークが対象とするのはすべての子どもたちです。一部の子どもたちや特定の子どものみを対象とするのではありません。恩恵を受けるのは子どもたち全員です。そして，他者とのかかわりがもたらす人間関係の力が原動力となるのであり，その子どもたちを支援する力は他者とのかかわりの力です。一人でトレーニングをしたり，プリント学習をしたりするのではありません。そして，その力によって育つのは，他者とかかわる力そのものであったり，自分や他者を理解する力や，可能性の世界に生きて自己を表現したりする力などの心の資質やスキルに関することです。そして，それらの力はワークや活動を楽しむことによって育つのです。

第5章
グループワークの進め方

　グループワークを実践するには，その特質を理解した上で，子どもたちの心に十分に配慮して進める必要があります。本章ではグループワークの流れを考える際に重要となる主なポイントについてそれぞれ解説を行っていきます。特に，グループワークには枠に嵌めるという特徴と場に対して開いていくという矛盾した構造があることを理解することが重要です。

　その上で，グループワークを進めるために必要なマインドとして，1.子どもたちの中の成長への力を信じること，2.楽しむことによってその力が解発されること，3.そこで起こることをすべて受け入れることの3点を提案します。

グループワークの流れ

　グループワークには事前の準備から，会場（教室）での進行，終了後のケアなど一連の流れがあります。それらの手続きの1つ1つは十分に吟味され，よく理解された上で適切に対処される必要があります。

アセスメント

　会場（教室）に行く前にすることはアセスメントです。子どもたちの状態について情報を得て，準備をします。

　今，子どもたちはどのような状態なのか。どんな思いで毎日を過ごしているのか。子どもたちの人間関係はどのような状態なのか。今，何が必要で，何をしなければならないのか。グループワークをするのは何のためなのか，といったことを考えます。担任の先生等が別にいるのであれば，事前に話を聞いて準備をしておきます。場合によっては，質問紙調査等の方法で情報を集めておくことも必要かもしれません。

　私は，新しい学校・学級に行くときは，図5-1に示す観点に基づいてある程度の準備をしておくことがよくあります。

　横軸は子どもたちの心理的な安定度を表し，右が安定度高で左が安定度低です。他方，縦軸は子どもたちの心のエネルギーを表し，上がエネルギー大で下がエネルギー小です。心理的な安定度とエネルギーの2つの観点の交差により，子どもたちの傾向を大づかみに4パターンに分けて捉えることができます。

　第1グループ（右上）は心理的に安定し，エネルギーもある子どもたちです。このような子どもたちは積極的でグループワークへの適応もいいため，通常は特段の準備をする必要がありません。グループワークに対して抵抗（後述）を示すことも比較的少ないタイプです。

　第2グループ（左上）はエネルギーは大きいのですが，心理的には不安定な子どもたちです。活発で行動力があり，対人的には積極的な反面，情緒的には落ち着かず，周囲の人々を困らせることもあります。いわゆる反社会的問題行動を起こす子どもたちが含まれていることがあります。また，この子どもたちは教師などの「権威」やグループワークの「構成性」に対して拒否的なことがあり，グループワークの活動自体に対する抵抗を示すことがし

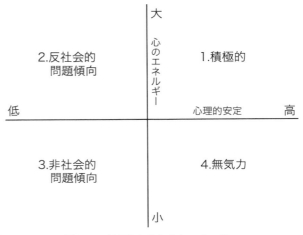

図5-1　心理的安定と心のエネルギー

ばしばあります。気持ちが乗ってくれば積極的になるのですが、その時々の気分の影響を受けやすく、行動にムラがあります。

　第3グループ（左下）は心理的に不安定で、かつエネルギーが乏しい子どもたちです。前に出るより後ろの方に引っ込んでいることが多く、また心理的な揺れ幅も大きく、物事をネガティブに考えがちなところもあります。いわゆる非社会的問題傾向という枠で捉えられることもあります。（元）不登校の子どもたちはその典型です。他者とのかかわりそのものや活動の自由度が高い場面に苦手意識が強く、必然的にグループワークへの積極性も控え目なタイプです。

　第4グループ（右下）は心理的には安定しているのですが、エネルギーがあまり大きくない子どもたちです。いわゆる「無気力」というタイプです。心情的には第3グループの子どもたちに近いのですが、困難な状況に直面してもパニックになったりして混乱状態を呈することはありません。学級集団の中では良くも悪くも目立たないところがあり、ともすると存在を忘れられがちな面があったりもします。

　上記の捉え方はあくまでもおおまかなもので、実際の一人一人の子どもを正確にとらえるものではありません。また多様な子どもをステレオタイプ的に捉えてしまう危うさも抱えており、慎重な判断が求められます。しかし、全く事前の情報や予備知識がない状態で、いきなり集団に向き合うことは大きな危険性を孕んでおり、避けなければなりません。このような情報と視点による見立てに基づいて、その上に、何をしようとしているのか、何を育てようとしているのかを確認することが必要です。

　なお、グループワークへの適応という面に関連して一般的傾向として私が捉えていることですが、第1グループの子どもたちは一般的にグループワークに対して適応的です。特に大きな問題もなく、どんなワークであっても積極的に取り組むことができ、そのプロセスを楽しむことができます。

　これに対して、第2グループの子どもたちはグループワークの構成を嫌います。彼らは構成度の高いワークに対してしばしば抵抗（後述）を示します。より端的に言うと、制約や束縛を嫌います。具体的には、例えば**スゴロク・トーキング**（p.133）のような、内容ややり方が明確に決まっている課題に対して積極的に取り組むことを好みません。また、自らの内面を表現することに対して消極的で、具体的な話題に対して適当な答えを言ってやりすごそうとしたり、あるいはあからさまに拒否したりすることがあります。一方、構成度が低くて制約があまりなく、正解がない課題に対してはより積極的です。例えば、**ジェスチャーゲーム**（pp.162-165）や**秘密のセリフ**（pp.184-187）のような課題に対してとても意欲的に取り組みます。制約を超えて自分の自由な発想の世界に生きることを楽しむことができます。また、対人的に積極的なことが多く、小集団の中で盛り上がったり、雰囲気を楽しむことに喜びを見い出します。

　これに対して、第3グループの子どもたちは正反対の傾向を示します。彼らに自由を与えると、逆に途方に暮れたような表情を見せることがしばしばあります。「好きなようにしていいよ。」「思ったようにやっていいんだよ。」という言葉は、彼らにとって重荷でしかないように見えますし、そのような自由度の高い状況においてより不安傾向が高まることもあります。しかし、そのような彼らは、先の**スゴロク・トーキング**のような構成度の高い課題に対しては安心して取り組

むことができます。席について，やることが明確にわかる課題に対しては，比較的安心して取り組むことができます。そして，そのような課題に対する取り組みを続けることによってグループワークに慣れてくると，徐々に自由度の高い，表現系の課題に取り組むことができるようになります。但し，深い自己開示を求める侵襲性の強い課題や，他者に対して働きかける度合いの強い課題等に対してはアレルギー的反応を示すことがしばしばあります。困難な場面で，自分の殻に閉じこもる傾向があり，そのためワークに参加していてもその内面を察しづらいところがあります。

第4グループの子どもたちは一般的に第3グループの子どもたちに似ていますが，不安傾向を示すようなことはより少ないのです。

注意しなければならないのは，これらの特徴は決して固定的なものではなくて，さまざまなプロセスを経て変化し得るものであるということです。例えば，第2グループに属する子どもたちであっても，制約度の低い表現系の課題にしばらく取り組むうちに，徐々に制約度の高い課題に対して関心を示し始めます。自分の中にあるエネルギーやテーマを表現系の課題によって外に向けて放出してしまうと心が内面を向き始め，自分や他者を理解しようとし始めるかのようです。他方，第3グループの子どもたちは，理解するワークを一定程度行い，周囲のメンバーとの安定した関係性を築くと，徐々に表現系のワークに取り組むことができるようになります。周囲の世界との間に安定した関係性を築くことによって，彼らが外の世界に踏み出すことを促すかのようです。

このように，さまざまなタイプの子どもたちがいますが，エネルギーと心理的安定性の2つの軸が彼らを理解する助けとなってくれます。そして，そのタイプは決して固定的なものではなく，各種の取り組みのプロセスを経て，さまざまに変容し得るものなのです。

オリエンテーション

グループワークを始める前にはオリエンテーションを行います。オリエンテーションで重要なことは，これから何をしようとするのかを伝えることです。一般に学校での教育課程にグループワークは含まれていません。そうした中で一体，何のためにグループワークをしようとするのかを子どもたちに説明します。

そもそもグループワークの授業は点数をつけたり，成績評価を受けたりするものではありません。学校の授業は通常評価がつきます。子どもたちが授業を受けるとき，多かれ少なかれ，そこには評価への意識がついてきます。しかし，グループワークの授業には評価がなく，また，道徳の授業とも異なります。では，評価のつかない授業に何の意味があるのか。何のために，その授業を受けなければならず，その授業を受けることによってどのような学びが期待されるのかを子どもたちに理解してもらう必要があります。

このことは，いわば子どもたちの心の中に専用の引き出しを作ることに例えられます。教科の授業は，社会であれば歴史上の事実を憶えることなどが，また数学であれば公式を憶え，それを使うことなどが含まれます。子どもたちもそういうスタンスで授業に臨み，そこで得た知識や考

え方は子どもたちの心の中のしかるべき場所に収められます。同様にグループワークの授業でも，何が学ばれて，それがどこに収められるのかということが問題になります。収められる場所が明確になることによって，子どもたちの学習効果は高まります。そのためには，オリエンテーションでグループワークの授業がどういうものであり，ファシリテーターは授業で何を目指そうとしているのかを示さなければなりません。

スタートライン

　会場（教室）に行ってみたら子どもたちの状態はどうでしょうか。みんながやる気にあふれていたら問題はないでしょう。しかし，常にそのような状態であるとは限りません。逆に，多くの子どもたちが活動に抵抗を示しているという場合もあります。あからさまに授業に対する反発を示している子もいるかもしれませんし，教室の隅の方でうつむいて小さくなっている子もいるかもしれません。子どもたちが皆，集団での活動に対して積極的で前向きであるということはむしろ少ないのです。

　このような状況を陸上競技に置き換えて言うと，競技の開始直前になっても選手がスタートラインについていないことがあるかもしれません。選手はスタートラインのずっと手前にいたり，ひょっとすると控え室にいたりするかもしれません。そのような状態では競技を始めることができません。かといって選手をスタートラインのところまで引っ張ってくることも難しいかもしれません。そんな時はスタートラインを引き直す必要があります。

　同様に，教室に行ったら子どもたちがまだスタートラインについていないことがあるかもしれません。それでは授業を始めることができません。ここで言うスタートラインとは心のスタートラインのことです。どこかにスタートラインを引かねばなりません。このスタートラインは選手達の前に引くのですが，この時，引き直すスタートラインは，できれば最も後ろの方にいる選手の前に引きます。本来のスタートラインのところに選手たちを引っ張っていくことはしません（図5-2）。また，このときどんなスタートラインを引くかも考える必要があります。その際，前述の子どもたちのアセスメントが参考になるかもしれません。やりたいワークではなく，できるワークをやることが原則となります。これは大きな決断になりますが，中途半端な状態で見切り発車して，後で傷口を広げるよりはよほどましです。

　さて，いざワークを始める際には，まず全員で輪になることが基本です。絹川（2002）は，全員で輪になるということは全員が平等であるということを意味していると述べていますが，正にその通りです。ファシリテーターはワークをファシリテートするという役割がありますから，皆と同じことをす

図5-2　スタートラインを引く

る訳ではありませんが，ファシリテーターとメンバーの違いは役割の違いであり，立場の上下ではありません。みんなで輪になって，お互いの顔を見て，可能ならば今の気持ちなどを一言言ってから始めることで落ち着いてスタートすることができます。

　また，ファシリテーターは，グループワーク開始時には，参加者と心のテンションを合わせることが重要です。参加者の心の状態を見極め，参加者と同じ心のテンションのレベルからスタートすることにより，グループは落ち着いて動き出します。ワークショップやグループワークの開始当初に参加者のテンションが低かった時に，ファシリテーターが「元気がないですね。もっと元気を出しましょう！」などということがあります。絹川（2017）はこのような例について，テンションの低さを「悪いこと」として暗に本人たちに伝えることと参加者に強制的に挨拶を指示することの2点を問題点として挙げ，ファシリテーターがなにかを「やらせる」，参加者が「それに従う」という関係性になってしまう，と指摘しています。ファシリテーターは軽い気持ちで言っているかもしれませんが，であれば尚のこと注意する必要があるでしょう。

　このように，始めは子どもたちの心に配慮をして，無理なく取り組むことができるような準備を整えることが重要です。しかし，上にも述べたように子どもたちが活動に抵抗を示していることがあるかもしれません。そのような子どもが少数であれば，その場で個別に対応をしたり，ワークの内容を少し修正するなどしてワークを進めることができるかもしれません。しかし，そのような子どもが半分以上を占めるような場合ではワークの内容を変更したりすることが必要になるでしょう。場合によっては，ワーク自体を取り止める必要があるかもしれません。

　ちなみに私がよく行うワークショップの入り方はこんな感じです。

　まず，全員で輪になって座ります。簡単な自己紹介を行いますが，項目を3点指示します。まず名前，そして好きなおにぎりの具など，最後に今の気持ち，です。4点以上指示すると「項目を憶えなければならない！」としてメンバーの緊張レベルが高まるので，できるだけ3点以内にします。まず，ワークを始めるにはお互いの名前は必須です。それぞれがお互いのことをどう呼べばいいのか確認します。その上で，簡単な自己開示を行うと，場の雰囲気がゆっくりとほぐれます。好きなおにぎりの具は，ワークとは直接は何の関係もないものですが，日本人であれば，誰しも何らかの好みをもっているものですし，それを言ったからといって特に個人的な深い自己開示を行う訳でもない無難な話題という考えです。味噌汁の具でも果物でもおでんの種でも構いません。

　その上で，今の気持ちを一言言います。ワーク当初は，皆，期待と不安の入り交じった気持ちでいることが多いのです。その心理状態を皆で共有することで安心感が生じ，気持ちが前に向かうようになります。そうすると，皆で気持ちを合わせてスタートすることができるようになります。

インストラクション

　ワークを始める前にはインストラクションを行います。

　インストラクションは長すぎず，短すぎずオプティマム（最適）な長さが求められます。きち

んと説明しなければならない，と意識をしすぎるとインストラクションは長くなってしまいます。きちんと説明することは良いのですが，説明が長すぎるとそのうちに子どもたちは飽きてしまい，ワークへの動機づけを損なってしまいます。かといって短すぎると子どもたちは何をすればいいのか分からず，戸惑ってしまいます。インストラクションは最適な量を見極めることが重要です。

このことに関連して，目的をどう伝えるかということも考慮される必要があります。

しっかり目的を伝えないと，中には何のためにそのワークをするのか分からず，不安になってワークに集中できないという子どもがいます。他方，目的を伝えることによってワークの効果が削がれてしまうことがあります。たとえば，WANTED！というワーク（p.141）は，じゃんけんをしながら他者と質問をし合う中で，他者が抱く自分のイメージに出会う活動です。このワークを効果的に行うには，ワークの最中は相手に対する質問，すなわち相手のイメージに意識を集中して，相手と向き合うことが求められます。そうすることによって相手はよりリアルな自己イメージに出会うことができます。しかし，インストラクションでワークの狙いや成り立ちをアナウンスしてしまうと，メンバーはいろいろなことを考えてしまい，相手に対して純粋なイメージを抱けなくなってしまう可能性があります。それではワークの目的を達成することができません。

他方，なるべく予備知識の少ない状態でワークをやりたい，という子どもたちもいます。いろいろ考えてワークをやるよりも，体当たり的にワークを楽しみたいという子どもたちです。

私なりに子どもたちを分析してみると，好奇心の強い子どもたちは，あまり詳しいアナウンスを受けず，予備知識のない状態でワークに臨むことを好むようです。他方，不安傾向の強い子どもたちは最初に十分なアナウンスを聞いて，安心してワークに臨みたいと願うようです。

どちらのスタイルがいいとは一概には言えず，それなりに意味はあり，要は子どもたちの特性次第ということになります。ただ，不安傾向が強い場合であっても，子どもたちとファシリテーターのリレーションが十分にできていれば，子どもたちの不安を低減することにつながります。また，このことは後述するウォーミングアップとも関連してきます。

もう一点，ファシリテーターがインストラクションを行なう際に重要なことは「語りかける」ことです。子どもたちの目を見て，自分言葉が子どもたちの心に届いているかどうか一言ずつかみくだきながら語りかけていきます。メンバーに対して，「今，ここ」で語りかけるということがファシリテーターとメンバーの間に一体感を生み出し，体験の世界に向かう準備状態を作り出します。このことは簡単なようで案外難しいところがあります。「語りかける」ことの反対は「読み上げる」ことです。予めどこか別の場所で用意された説明文を読み上げることは，メンバーの気持ちを今，ここの世界から別の世界に連れて行ってしまいます。心がここになければ，ワークは形だけのものになってしまいます。

ウォーミングアップ

可能であればワークを実施する前にはウォーミングアップを行うことが望まれます。

ウォーミングアップとはワークに向けた心と体の準備状態を作ることです。「可能であれば」というのは時間的な条件等を考慮してのことです。活動に短い時間しかとることができないのであれば，ウォーミングアップを行うことは難しいでしょう。その場合は，ワーク自体もその時間的制約に応じたものになります。時間的に一定程度の枠があり，流れをもってワークを構成することができる場合，始めにウォーミングアップを行うことが，以後のワークへの入りを考える上でも，またワークへの取り組みを充実させる上でもウォーミングアップを行うことが望ましいのです。あるいは，発想を全く変えて，1年間など一定期間以上の時間的スパンで活動全体を考えることができるならば，最初の2～3回については，それらをウォーミングアップとして捉えることもできるでしょう。ある程度の時間をかけてゆっくりとウォーミングアップを行うことで，その後の活動全体への入りをよくする訳です。

　一定の流れの中でウォーミングアップを行う場合，必然的に，その後に行うワークの内容との関連を考えてウォーミングアップを行うことになります。具体的には，例えば身体活動をメインの活動に予定しているのであれば，ウォーミングアップもそれを見越したものになり，体を動かすことになるでしょう。あるいは，心が内面に向かう活動や自分自身を見つめるものであれば，ウォーミングアップもゆっくりと何かを考えるような内容になります。また，後述する抵抗との関連でもウォーミングアップは重要といえます。

ワークとのりしろ

　本書ではさまざまなワークを紹介しますが，各種のワークは第3章で示したようなかかわるワーク，理解するワーク，表現するワークの3種類に大別されます。そして，それらのワークはさらにいくつかのカテゴリーに分けることができます。

　また，それらのワークをどのように実施するかは実施の条件によります。ここで言う条件とは，目的，時間，時期，人数などです。時間が1時間位とれるときは，ゆっくりとワークを行ったり，いくつかのワークを組み合わせて実施することができるでしょうが，他方，時間が短いときはできることは限られてきます。

　時間がたっぷりあって複数のワークを組み合わせて実施する際は，「のりしろ」を考えると，一連のワークを円滑に実施することができます。「のりしろ」とはワークとワークをつなぐ共通要素＝重なりです。

　例えば，**スゴロク・トーキング**は他者理解を進めるワークですが，類似したワークに**一歩前へ！**があります。両者は共に他者理解を進めるワークです。これらの2つのワークは他者理解という共通目的がありますので，組み合わせに適しています。

　また，一方このー歩前へ！は輪になって行うワークですが，同じく輪になって行うワークに**ボールゲーム**があります。ボールゲームは他者にアイコンタクトを送るワークで，他者理解的な要素は含みませんが，共に輪になって行うという点で重なりがあり，参加者にとって比較的違和感なく続けて行うことができ，その意味で組み合わせに適しています。

　このような「のりしろ」を表5-1に整理してみました。目的や機能，人数，形態などでさまざ

まに「のりしろ」を分類してあります。このような重なりに着目して複数のワークを組み合わせつつ，最終的に何を目的とするかを考えて構成していくのです。

　かかわる，理解する，表現する，というのは目的別に見た分類です。どのような心を育て，力を伸ばしたいのか，ということに深くかかわっています。例えば学年始めの集団形成の初期であれば，互いがかかわる課題を軸に理解を進める課題を取り入れていくことになるでしょう。その際，お互いがまだ面識度が高くなく，不安傾向が強

表5-1　ワークにおけるのりしろの分類

観点	特徴
目的	かかわる／理解する／表現する
機能	体を使う／言葉を使う 言う／聞く／する／よむ
人数	2人一組／小グループ／全員
形態	立って行う／座って行う 輪になる／列になる／ばらばらになる 机を使う／使わない 筆記用具を使う／使わない カード類を使う／使わない
その他	挨拶をする／しない 名前を名乗る／名乗らない

いだろうことを考慮すると，実施形態として，子どもたちにより負担が少ないであろう形態をとるよう配慮する必要があります。表現する課題はまだ早いかもしれませんし，後でいくらでも実施できる可能性があります。逆に年度の途中であれば相互理解を深めるために理解するワークを行うことが望ましいかもしれませんし，表現するワークで可能性に挑戦するのもいいかもしれません。

　また2人ペアになって行う形がいいのか，小集団で行うのか，あるいはみんなで全体で行うのがいいのかも考えます。小集団や全体で行うときは，輪になるのか，列になるのか等も考慮します。そして複数のワークを組み合わせる場合は，のりしろ＝共通要素を重ねるように構成してあげると，子どもたちはとまどいを感じることなく，スムースに次のステップに進むことができます。

　このような「のりしろ」を意識して構成した一連のワーク例を図5-3に示します。これは高校で新学期当初に新しい集団形成を目的として行った際のものです。まず最初に，**手合わせ**（p.84）で心と体をほぐします。最初は2人一組で行い，それから4人一組，8人一組と人数を増やします。8人一組まで進んだところで**人間知恵の輪**（p.86）に移行して，全員で協力してつないだ手をほどく課題に取り組みます。うまくほどけたりほどけなかったりしますが，お互いの協力で人間関係はずいぶん打ち解けてきます。人間知恵の輪終了後は，輪になって立っている状態をそのまま利用して**一歩前へ！**（p.129）に移行します。みんなで輪になって一言ずつ自己開示をし，他者理解を進めます。2〜3周行ったところで，4〜5人ずつ小グ

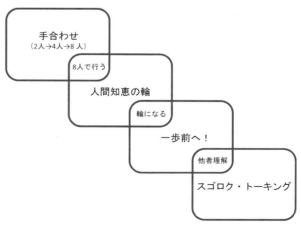

図5-3　ワークと「のりしろ」例

ループに分かれてスゴロク・トーキング（pp.133-137）を行います。ちょうど少し疲れてきたところでもあり，着席し，すごろくを介して少し落ち着いた状況の中で一層の自己開示を進め，相互理解をさらに進めます。総所要時間は小一時間ですが，限られた時間の中で心身ともにお互いが打ち解け，理解し合うことができました。これは「のりしろ」の効果を十分に活用した例です。

1回の授業枠の中でこれだけのワークを行うことは子どもたちにとっても，少々大変な面がありますが，「のりしろ」を意識して構成することでそういった負担を減らすことができます。

他方，このような「のりしろ」とは逆に「はさみ」の働きを考えることもあります。「はさみ」は切断する機能をもちます。例えば，Bang！（p.85）や手合わせ（p.84）のような単純な身体運動を行うワークです。宿泊学習や合宿などのようにまとまった長い時間をとることができる状況で，ある目的に向かって1つのまたは複数のワークを行った後に，方向性を変えて，別の目的に向かってワークをやりたいことがあるかもしれません。しかし，参加者の心には前のワークのイメージが残っています。そのような時，「はさみ」のワークを行うことによって，一旦，気持ちをリセットして，新しい目的に向かって気持ちを切り替えるのです。

抵抗とその対処

抵抗とは活動に対して子どもたちが踏む心のブレーキです。グループワークを実践する場合，子どもたちの抵抗を考えることの重要性はどんなに強調しても強調しすぎることはありません。この抵抗は誰でもあって当たり前です。子どもたちはわれわれ専門家や教師が考えている以上に，グループワークに抵抗を感じるものです。

一般のワークショップは，その活動に関心をもっている人が自発的に，時にはお金を払ったり，休みを潰したりして受けにくるものです。また，教育委員会が開催する研修会や免許状更新講習等の講習会の多くは，先生方が職務として，時には出張手当を受け取って参加するものです。そのようなワークショップではメンバーの高い動機づけが前提となっています。他方，学校で行われるグループワークの多くは授業として行われるものです。授業としてグループワークが行われる場合，子どもたちの動機づけは実にさまざまです。教科の授業とは異なった楽しい時間と受け止める子どももいます。ちょっとした息抜きの時間と受け止める子どももいます。他方，受験の役にも立たないのに余計なことをしてくれると心の中でため息をついている子どももいるかもしれません。他者とのかかわりに困難を抱えている子どもにとっては恐怖の時間かもしれません。そして，このようなさまざまな思惑を孕んで，子どもたちが望むと望まざるとにかかわら

表5-2　参加者の抵抗と対処

抵抗	内容		対処
評価への抵抗	失敗したくない，笑われたくない	ウォーミングアップ	リーダーの演示
変化への抵抗	変わりたくない		適切なオリエンテーション
参加への抵抗	束縛されたくない，好きなようにしたい		エクササイズ選定の配慮

ず，ファシリテーターが教室（会場）に出向いて行うものです。両者の間に大きな隔たりがあることは言うまでもありません。

このようなグループワークにおいて参加者が感じる抵抗を片野・國分（1999）を参考に表5-2に整理しました。それらは大きく分けて，参加への抵抗，評価への抵抗，変化への抵抗の3つです。

参加への抵抗とは，活動を行うこと自体への抵抗です。何かをすることよりも何もしないことを選び，エネルギーを消費することよりも蓄積することを求めます。この参加への抵抗は，「面倒くさい」「かったるい」という言葉でしばしば表現されます。p.52の第2グループの子どもたちにおいてよくみられますが，第1グループや第3，第4グループの子どもたちにとっても，活動への動機づけが適切になされない場合，参加への抵抗が生じます。

評価への抵抗とは，失敗したくない，笑われたくないという気持ちのことです。誰しも人前で失敗したり，笑われたりすることには抵抗がありますが，特に，普段から家庭や学校で評価の圧力を受け続けるなどして親や教師の価値観を強く内面化している場合，この評価への抵抗は大きな足かせとなります。自尊心の傷付きを恐れて他者の視線を意識し，その虜となります。

変化への抵抗とは，いつもと違う行動をし，異なる自分になることへの抵抗です。人は自我の連続性を保つことで安定して生きています。われわれは普段の自分を超えて，新しい自分にチャレンジすることに魅力を感じることもありますが，そのようなチャレンジに恐れを抱く気持ちももっています。第2章でも述べたようにグループワークは構成された課題です。構成された課題に取り組むとき，人は普段の自分とは異なる一面を見せることになります。そのようなチャレンジに対して魅力を感じることもあれば，恐れを抱くこともあります。これが変化への抵抗です。

また，一般のワークショップではワークショップが終われば，メンバーは解散してそれぞれの生活へ帰っていきます。そこでは個人の変化が尾を引くことはありません。しかし，学校でグループワークを実践する場合，グループワークが終わっても子どもたちの人間関係は続いていきます。グループワークを実践するということは，その連続性の中に変化を持ち込むことなのです。結果として，そこには抵抗が生じることになります。さらに，この変化への抵抗に，上に述べた評価への抵抗が加わることもあります。思春期の子どもたちは，子ども心を全開にして無邪気に課題に取り組むことに抵抗を示すことがあります。これは変化への抵抗に評価への抵抗が加わっているのです。

このような各種の抵抗を感じている子どもたちは，空間の中央よりも周辺を好み，立つことよりも座ることを好みます。ファシリテーターの言葉を聞くよりも無視しようとし，時に反発します。積極的にワークに参加するより適当にやり過ごそうとしたりふざけたりします。

また，抵抗を感じている子どもたちは未知の人よりも既知の人を好みます。特に現代の子どもたちは，グループワークへの参加に当たって，誰と一緒のグループになるかということにとてもナーバスになっています。そして，不特定多数のメンバーと緩い構成の中でかかわり合うことに抵抗を示します。グループワークの中で「何をするか」ということよりも「誰とするか」ということが大きな問題なのです。このような人間関係に関するこだわりも変化への抵抗といっていいかと思います。「いつもの」仲の良い友達と一緒であれば，心理的な負担が少なく，安心できる

のです。そうではなくて，いつもと違う，新しいかかわりを形成することに困難がある子どもは少なくないのです。

　先にこのような抵抗のことを心のブレーキと呼びましたが，ファシリテーターや教師としては本当はアクセルを踏みたいのです。アクセルを踏むにはその前にブレーキを解除する必要があります。ブレーキを解除しないままアクセルを踏むと車は壊れてしまいます。学校でこのような抵抗に出会ったとき，しばしば教師はそれを叱ってしまうことがあります。このようなブレーキを踏んでいる子どもたちを叱りたくなる気持ちは分からなくはありませんが，グループワークにおいて子どもたちを叱って得るものは，一瞬の効果を除いて何もありません。逆に先生に叱られることによって子どもたちはより萎縮し，動機づけを失い，時には教師に対する反発の心をもってしまいます。

　ある学校で担任の先生にティームティーチングのT2となってもらって協同で授業をした後，T2の先生から「正保先生はどうして怒らないんだろう？」と言われたことがあります。その授業では生徒たちが意欲的に参加しようとしなかったのです。その先生はそれが気になっていたようでした。また，別の学校ではやはりT2をしている担任の先生から朝，「今日は授業を休んでいいですか？」と言われたことがあります。その授業では生徒たちの消極的で否定的な態度が続いていたのですが，それが先生にとって受け入れ難かったようです。確かに授業を実施する側からみれば，生徒が消極的であるよりは積極的である方が望ましいものですし，拒否的であるよりは協力的である方が嬉しいものです。しかし，どんな子どもたちをも急に積極的にする魔法はありません。時間をかけてねばり強く取り組むしか方法はないのです。

　消極的で拒否的な子どもは教師から見れば，困った子どもです。しかし教育家のニイル（Neill, A.S., 1995）も述べているように「困った子どもは実は不幸な子ども」なのです。第4章でも述べたように，どんな子どもも成長への力を内在した建設的な存在です。その子どもたちが抵抗を示しているということは，ファシリテーターの計画のどこかに問題があるのです。その問題とは，やろうとしている課題のレベルが子どもたちの実情と合っていないのかもしれません。やろうとしている課題の内容が子どもたちが求めているものと違っているのかもしれません。その前の時間に何か困ったことがあって気分が乗らないのかもしれません。グループの他の子どもとの間に問題を抱えているのかもしれません。しかし，それらは子どもたちの責任ではありません。グループワークを行おうとしたら，ファシリテーターがそれらの問題を解決，または回避することが必要なのです。問題を本人の責めに帰すことはしません。小児科医であり精神分析家であったウィニコット（Winicott, D.W., 1979）はプレイセラピーの実践に関して「治療者がなすべきことは，子どもが遊べない状態から遊べる状態にすることである」と述べています。どんな子どもにも成長への力があり，その子どもが力を発揮できないでいるのは，何か原因があるのです。そして，その原因を取り除き，対処するのはファシリテーターや教師でなければならないのです。

グループワークの矛盾とオープン・マインド

　このような考えを突き詰めていくとその結果，ある問題に行き当たることがしばしばありま

す。

　心を込めて丁寧にワークの準備をして教室へ行ったとします。しかし，それでも子どもたちの反応は必ずしもこちらの期待通りとは限りません。つまらなそうにしている子もいれば，いやいややっているような子もいるでしょう。中には教室から出ていこうとする子もいるかもしれません。そのような時，ファシリテーターはどうしたらいいのでしょう。強く指導すればいいのかもしれませんが，そうすると子どもたちのやる気を削ぐことになりかねません。かといって，そのような子どもたちを見なかったことにして見切りで進めることは無責任ですし，そのような子どもたちの態度は徐々に教室全体に伝播していく恐れもあります。ファシリテーターとしては板挟みといっていい状態に置かれてしまいます。

　実は，ここには1つの矛盾があるのです。

　すべてのワークはファシリテーターによって所定の目的と手順をもって構成されており，「枠に嵌める」という本質的な特徴をもっています。ところが，一旦ワークが始まってしまうと，そこで生じることはファシリテーターの手を離れて「その場」のものになるのです。「その場」とは一人一人の子どもと他の子どもたち，そしてファシリテーターとの関係性によって形作られる構成的概念です。グループワークとは皆，多かれ少なかれこのような矛盾を孕んだものなのです。このような対立を含めてグループワークを実施しようとする場合，実施形態としては「枠」に嵌めつつ，「場」に対しては開いて行かなければならないという矛盾した構造がそこにはあるのです。

　このような構造に基づくグループワークは，通常の構造の授業とはずいぶん違ったものになります。通常の授業は，いわゆる本時の目標があり，予定される教師の発問やそれに対する予想される生徒の反応などからなる指導案に基づいて進められます。予想外のことが起こることは基本的に想定されておらず，どのように授業案に沿って授業を展開するかということが教師の腕の見せ所といった側面があります。言い換えると，それは予定調和の世界ということになります。

　これに対して，グループワークは想定外のことが起こることを前提とせざるを得ません。グループワークで対象となるのは子どもたちの心です。そして彼らは個別にそこにいるのではなく，グループの一員としてそこにいるのです。グループのもつ力の大きさは第2章においてみてきたところです。グループワークにおいては，予想外のことが起こることを常に念頭においておくことが必要なのです。

　このようなさまざまな状況に対するのがオープン・マインド（Open Mind）です。オープン・マインドとは，予断をもたずに今，ここにいてあらゆる可能性を受け入れることです。言い換えると，それは何が起こるか分からないリスクを受け入れるということを意味しています。

　そもそも，グループワークにおいて一人一人の子どもが経験する体験に正解や模範解答のようなものはありません。どんなことを感じたとしても，一人一人のメンバーにとっては意味があることであり，それが正解なのです。そして，その意味を見つけることを促すのはオープン・マインドをもったファシリテーターなのです。別の言い方をすると，ファシリテーターが新しい体験との出会いの立会人になる心構えが必要です。

　以前，私がある高校で**人間コピー機**（pp.118-121）をしたときのことです。人間コピー機と

は，数人で協力して，離れたところにある絵を見て，それを憶えて再現する課題です。

　その日の授業では，課題図形としてオートバイの絵（図5-4）を用いました。これに対して生徒たちが描いた絵のほとんどは全く似ても似つかない絵でした。一例を図5-5に示します。生徒たちはほとんど課題の絵を見に行かず，自分たちが面白いと思う絵を描いたようでした。困ったなとは思いましたが，結局，その日の授業は中途半端なまま終わりになりました。

　この絵を見てどう対応するかは一考を要するところです。「真面目にやりなさい！」と一喝することは簡単です。それによって本来の目的に沿った絵を描かせることもできたかもしれません。しかし，それではファシリテーターと生徒たちの関係性は壊れてしまいます。その授業はなんとか終えることができるかもしれませんが，叱られてやったのではこの課題の本来の目的である「協力」を十分に体験することはできないでしょう。また，その次の回の授業はとても困難なものになるかもしれません。

　しかし，この絵が姿を現してきたところで，本来の目的を一旦脇に置いて，この絵を積極的に評価するとしたらどうでしょうか。視点を変えてみるとこの絵はとても豊かな絵でもあります。のびのびしていて，夢が詰まっていて，ユーモアもあります。そういった特徴をもっと生かす形で授業を再構築することも可能だったかもしれません。例えば，「課題の絵を自分たちの理想の姿に作り変えよう！」という課題に変更する可能性もあったかもしれません。当時の対応はオープン・マインドが足りなかったと思います。

　このようなオープン・マインドは，特にインプロにおいては大前提となっています。

　ある中学校の先生からこんな話を聞いたことがあります。その先生は学級経営に積極的にグループワークを取り入れている先生でした。普段の子どもたちの反応はまずまずだったようですが，しかし時には，子どもたちが全然のってこないこともあったということです。そんな時，その先生は心の中で子どもたちに舌打ちをしていたそうです。しかし，インプロを知ってから，そのような気持ちは消えたそうです。そうではなくて，子どもたちの反応が悪いときは，心の中で，「今日の課題はつまらなかったね。」「今の君たちには合っていなかったね。」と考えて心を切り替えるようになったそうです。インプロは表現する活動ですが，叱って表現にいいことはあり

図5-4　課題の絵

図5-5　生徒たちが描いた絵（再現）

ませんから，どんな状態であれ，子どもたちを受け入れるところから始めていくのです。

今井（2001）は，構成的グループ・エンカウンターを例に，指導者が影響力を行使し，自ら意図した方向に集団を誘導するグループ操作の手法を「強制的グループ・エンカウンター」（傍点筆者）と表現していますが，これは教師の自己満足が勝ってしまった例といえます。

このオープン・マインドには，来談者中心療法における無条件の肯定的配慮（unconditional positive regard）が前提条件となっていると言えます。無条件の肯定的配慮とは，ロジャーズ（Rogers, C.R.）が提唱した来談者中心療法におけるカウンセラーの態度の3つの条件のうちの1つで，相手の体験を積極的に受け入れ，その際に条件をつけない，ということです。先に挙げた例のように自分の思い通りにならない子どもたちに舌打ちをするのではなく，その状態を認め，受け入れる所からスタートするのです。そして，その上で子どもたちの状態を観察し，その結果に基づいて新たな対応を模索していくのです。

この開かれた心は，それについて語ること自体は難しくありませんが，それを具体的に理解し，リアルに捉えることはなかなか困難です。概念的に捉えることはできても，では実際のワークの場面でそれを体現していくことはたやすいことではありません。

1つの考え方として，一部にグループワークに積極的に参加しない，あるいは全く参加しようとしない子どもがいても，教室（会場）から出て行かない限り問題はありません。

そのような子どもであっても，ワークに取り組んでいる他の子どもたちと同じ場所にいる限り，心の中に学びは生じています。自らは参加していなくても，心の中では他の子どもたちの活動に関心を寄せ，自分だったらこうするのに，などと想像していることが多いのです。

あるグループワークの授業に参加しようとしなかったある中学校女子生徒は，帰宅後，母親にこう言ったそうです。「今日の授業，すっごく面白かったよ！　○○君がこんなこと言ったんだよ！」実際にはグループワークに参加していなくても，彼女は「心の中で」グループワークに参加していたのだと推察されます。私は，それでも十分ではないかと思います。

表5-3　オープンマインド・チェックリスト

			あてはまる	少しあてはまる	どちらでもない	少しあてはまる	あてはまる	
自分自身に対して	1	自分を隠さない	4	3	2	1	0	自分を隠す
	2	ありのままでいる	4	3	2	1	0	自分を見せかける
	3	リラックスしている	4	3	2	1	0	緊張している
	4	自分に肯定的である	4	3	2	1	0	自分に否定的である
	5	批判を恐れない	4	3	2	1	0	批判を恐れる
場に対して	1	今，ここで起きていることに注意を向ける	4	3	2	1	0	先のことや他のことに気を取られる
	2	メンバーをよく観察する	4	3	2	1	0	メンバーをあまり観察しない
	3	メンバーのペースに合わせる	4	3	2	1	0	自分のペースで進める
	4	その場で起きていることに気づく	4	3	2	1	0	その場で起きていることに気づかない
	5	状況の変化に柔軟に反応する	4	3	2	1	0	状況が変化しても柔軟に反応できない

正保（2016）はワークショップの参加者にそこでの体験についてアンケート調査を行い，ワークショップの参加者およびファシリテーターのオープン・マインドについて検討を行いました。その結果，オープン・マインドは大きく分けて，自分に対してオープンな側面とその場に対してオープンな側面という2つの側面があることが分かりました。研究結果を基にそれぞれの側面についてチェックリストを作成しましたので，セルフチェックに活用することができますし，参加者からの評価を受けることによって自らのファシリテートの振り返りに活用することもできます。また，参加者が自分自身についてチェックして振り返ることもできます（表5-3）。

シェアリング

　ワークが終了した後はシェアリング（sharing）を行います。シェアリングとは分かち合いということです。ワークで得た体験を，参加者相互で共有するのです。このシェアリングには固有性の共有，体験の整理と定着，傾聴的態度の育成などの効果があるとされます（林，1999，國分・片野，2001など）。

　シェアリングをすることはワークで得た体験に形を与えることによってなされます。多くの場合，それは言語化することによって行われますが，ポーズをとるなどして身体化することによって行われることもあります。

　まず第一に，固有性の共有とは個々の体験の違いを全員で分かち合うことで，複眼的思考を持つこととも言われます。同じワークを体験しても，皆が同じことを感じるとは限りません。例えば，**スゴロク・トーキング**（pp.133-137）をして，ある子どもは他者に自分のことを語ることの楽しさを感じるかもしれませんが，他の子どもは人の話を聞くことの楽しさを感じるかもしれません。その個人内の体験の具体像は，シェアリングで言語化されるまでは分からないのです。以前，大学の授業でスゴロク・トーキングを行った後，ある留学生がシェアリングでこんな感想を述べたことがありました。彼が言うには彼はスゴロクをして自分に自信をもったというのです。訝しげにその理由を尋ねたところ，彼の話はこのようなものでした。「自分は日本に留学したが，友だちもいなくて，いつも一人だった。でも今日は日本人の学生が自分の話に耳を傾けてくれた」と。彼にとっては，スゴロクを通して語り，それを日本人の学生が聞いてくれるということはそのような意味をもっていたのです。

　第二に，体験の整理と定着についてですが，個人の体験は一義的には主観的で抽象的なものです。その体験をそのままにしておくと，やがては薄れ，忘れられてしまいます。個人内の体験を掘り下げ，整理して，自分にとってもつ意味を確認し，それを形にするという作業を通して，ぼんやりしていた印象が明確になります。自分の感じたことや考えたこと，行動などについて整理することによって，体験は個人の中に根付き，時間を置いてまた振り返ることができるようになります。

　第三に，シェアリングをすることは，受容と共感の傾聴的態度を育てることになります。他者の気づきや感じ，考えについての語りに耳を傾けることは，他者を受け入れることを前提として成り立ちます。ここで受容とは，自分にとって意外であったり，自分の考えとは異なる内容で

あっても，評価や判断を一旦保留して，相手の話に耳を傾けることです。そして，その他者の語りに耳を傾けることにより，自らの思考，感情，行動を拡大することができます。このことは，同時に語る側にとっても意味があります。メンバーの中には，時には，ワークによって自分の中に生じた感情をうまく受け止めきれず，持て余すこともないわけではありません。そのような時に，自分の感情を表現し，それを他者に共感して聞いてもらうことによって得られるいわゆるカタルシスの効果もあります。

　この他，シェアリングをすることは，ワークで得た体験と現実の生活をつなぐことになります。グループワークでの体験は日常生活に汎化しやすいと言われます。集団のかかわりの中で得た体験は日常生活の状況に似通っていることが多く，類似性が高いのです。1人で本を読んで学んだことや，プリント学習によって得たことなどより，よほど実生活に近い学びがあるといえます。しかし，だからといってワークで得た体験・認識をそのまま日常生活に適用することには危険が伴います。既に述べたようにワークは一定の条件設定やさまざまな構成によって成り立っています。そしてそこで得られた体験は，それらの設定に基づいたワークであったからこその体験である側面が少なくありません。しかし，日常生活はそのような枠組みのない，言い換えればカオスな状況です。グループワークの中で得られた体験はワークのメンバーとのかかわりの中で得られた体験ですが，他のメンバーも同じワークを行っているので，そこで得た体験を共有する素地があると言えます。しかし，日常生活で出会う他者にはそのような共通の素地はありません。もし，そこでワークで自分が得た体験を，一方的に相手に対して提示したらどうなるでしょう？相手は戸惑い，場合によってはトラブルの元になるかもしれません。そのようなカオスな状況の日常世界とワークの成果を繋ぐものとしてシェアリングがあります。シェアリングによって，ワークで得た体験を再度吟味し，その本質を捉え直すことによってその体験を日常生活に応用する手がかりが見えてくるのです。

　このシェアリングにはさまざまなやり方があります。最も基本的なものは，全員で輪になって感想を話し合うものです。1人の体験を一度に全員が共有できるので，最も効果的ですが，全員が話をするには時間がかかりますし，話す人が受けるプレッシャーも大きくなります。

　その逆は2人一組のシェアリングです。2人一組でそのワークで感じたことを話し合います。この形ならより気楽な形で話をすることができますし，大きなプレッシャーを感じることもありませんが，体験の共有の広がりという点では限界があります。

　その間に位置するのがグループでの話し合いです。人数は3人から最大でも6人以内が望ましいでしょう。自分以外の複数の一から感想をきくことができ，かつ，1人1人が一定時間話すことができます。

　また，プリント等に感想を記入する形でのシェアリングもあります。文章で記入することで，自分の体験を今一度振り返ることができます。その場で小グループで回し読みをすることもできますが，この場合は，できれば後で，記述内容をまとめるなどして，全員での共有を図ることが望まれます。そうすることによって，他者の体験について，時間を置いてから落ち着いて共有を図ることができます。

　第7章で紹介してあるN中学校の例では，この形で4クラスの学年全体でシェアリングを行

いました。1クラスの人数が30名以上と人数が多かったことに加えて，学年が中学校1年生と比較的低年齢であったためこの方法を取りました。この形ですと，記述した内容がみんなで共有されるのは次回授業時になってしまうというタイムラグの問題が生じます。このことは，シェアされる体験のリアリティが薄まってしまうというデメリットもあります。他方で，4クラス分の感想をまとめてシェアすることで，自分が参加していない他のクラスでの体験まで共有できるというメリットもあり，一長一短といったところです。

　同じ第7章で紹介してあるK特別支援学校の例では，終了時に全員で輪になってシェアリングを行いました。人数が10名程度と少なく，学校の先生も数名参加されていてサポートがあったからです。このやり方では，終了した直後のホットな感想を共有することができ，また表明された感想に対して，その場でさらにフィードバックを行うことができるというメリットがあります。実際，深みのある感想や意外な感想にはその場で「おお！」とか「へぇ〜」という反応が返っていました。

シェアリングの落とし穴

　このようにシェアリングはグループワークにとって重要なステップです。このため，多くの人がシェアリングの重要性を説いてきました。例えば，「（体験のみで楽しく終わってしまうのは）学習という点から言えば，それは無に等しい」（星野，1992）とか「エクササイズはシェアリングを伴って，はじめてエクササイズと呼べる」（河村，1996），「ふりかえりを甘くすると，GWTがレク・ゲームになってしまう」（日本学校グループワークトレーニング研究会，2016；坂野，1989）などという指摘がなされてきました。このようなシェアリングの重要性については疑いの余地はありません。

　しかし一方で，ある高校教諭は雰囲気が重苦しく，生徒が皆口をつぐんでしまう「お通夜のようなシェアリング」の例を報告しています。それは，仕方なくやっているような活気のないワーク（エクササイズ）に続いて行われたものでした（山下，2004）。このような場合はどうしたらいいのでしょうか。

　また，私は，ある中学校教諭の知人からこんな話を聞いたことがあります。授業で構成的グループ・エンカウンターを実施し，生徒たちがとても盛り上がったそうです。ワークが終わったところで，「はい，それまで。では，みんなでシェアリングを…」と声をかけたところ，ある生徒が「あーあ，これさえなければ楽しい授業なのに…」とつぶやいたというのです。このことをどう受け止めたらいいのでしょうか。

　私はシェアリングの重要性は認めるにやぶさかではありませんが，従来の「シェアリング必要論」にはいくつか見過ごされてきた点があると思います。

　第一に，前者の例に関連して，シェアリングを行うには，シェアしたくなるような体験がなければならないという大前提があることです。このことを誰かと共有したい，分かち合いたいという思いがあって，それをシェアするのです。個々のメンバーにそのような体験があれば，シェアリングの時間になった時，さまざまな思いがそこで語られるでしょう。

例えて言うと，バケツの水にタオルを浸すイメージです（図5-6）。タオルにはたっぷりと水が含まれます。この水がシェアされる体験です。このタオルを持ち上げれば，何もしなくても水が滴り落ちるかもしれません。これはワークでの体験を言いたくてたまらない状態です。そのタオルを軽く絞ればさらに水が流れ落ちるでしょう。もしそのような水がなくて，乾いたタオルだったらどうでしょうか。乾いたタオルをいくら絞っても水は出ません。タオルの生地を傷めるだけでしょう。「シェアリング必要論」でシェアリングを行った場合，この乾いたタオルを絞るような状況が生じていることが少なくないのではないかと危惧されます。

シェアリングにはまずシェアされるべき体験が必要です。シェアしたくなるような体験があって，それを他者と共有することがシェアリングなのです。では，その体験の有無はどうやって見極めたらいいのでしょうか。それは子どもたちの表情や眼の輝き，グループの雰囲気などから判断するのです。子どもたちの様子を

図5-6　シェアリングのイメージ

見ていて，これはシェアした方がよさそうだな，と思えばシェアリングをしますが，どうも今日は子どもたちにはピンと来ていないようだ，と思えばシェアリングの機会を設けないことも1つの選択肢です。

第二に，後者の例に関連して，シェアリングの仕方も重要です。前述の例では生徒は「楽しい授業」と言っていますから，授業ではそれなりの体験があったようです。しかし，シェアリングを単なる話し合いと捉えていることが少なくないのではないでしょうか。「さあ，話し合いましょう」という指示は多くの子どもたちにとって意外に負担が大きいものです。

ワークでの体験は構成があったから得られたものです。所定の目的をもち，準備があり，手順に則って行われたワークだからその体験が得られたのです。ところが，シェアリングを単なる話し合いととらえて子どもたちに投げかけていることがあるのではないでしょうか。これは子どもたちの立場からみると，構成されたワークで二階に上がったら，突然ハシゴを外されてそこで何か話しなさい，と言われているような状態なのではないかと思います。もちろん，その状態でもシェアリングができる子どもたちもいるでしょうが，全員がそうできるとは限りません（図5-7）。

では，どうしたらいいのでしょうか？　シェアリングも構成することが必要なのです。シェアリングをする際にも枠組みを大事にし，シェアリングの仕方を適切に指示するということです。例えば，**スゴロク・トーキング**が終わった後のシェアリングではこのように指示をします。

「はい，話をやめましょう。それではこれから，今，みんなと話し合って感じたことを話し合ってもらいます。まず，私が合図をしたらみんな軽く目を閉じましょう。そして，目を閉じている間に，今日，このメンバーと〇分間，スゴロクをしながら話し合って感じたことを振り返りましょう。グループのメンバーの話を聞いて，どんなことを感じたでしょうか。グループのメンバーに自分のことを話してみて，どんな気持ちになったでしょうか。時間は30秒間です。それ

では目を閉じて。……（30秒後）はい，目を開けてください。それでは，次に話す順番だった人から時計回りに全員，今，目を閉じていた間に考えていたことを話しましょう。一人一言話した後，みんなでさらに話し合いをします。ではどうぞ。」

　これはあくまでも1つの例ですが，ここでは，シェアリングの内容，時間，発表の方法などをそれとなく指示しています。スゴロク・トーキングは活動の内容，メンバー，方法，時間などの要素をきちんと構成して行う活動で，構成的側面が高い活動です。その活動で得た体験を表現する際にも同様の枠組みを作ることでシェアがしやすくなるのです。

図5-7　不安なシェアリング

　第三に，そもそも必ずしもシェアリングをしなくても学びはあります。第3章でも述べたように，本書で紹介しているグループワークには，学びの要素が予め盛り込まれています。そして，そのグループワークを楽しむことで学びの要素は多かれ少なかれ自然に体得されていきます。もちろん，そこで体験したことを言語化するなどしてシェアすることでさらに学びは一層確かなものになります。しかし，そのままでも大部分の学びの要素は体得されているのに，無理に言語化させようとすることによって，子どもたちの動機づけを損い，以後の活動への意欲を失わせるようなことをしてまでのメリットがあるとは思えません。例えば，よくできたワークであれば，ワークを行うことで7割から8割の効果が得られるでしょう。そして，シェアリングをすることによってさらに残りの2割から3割の効果を追加することができるかもしれません。しかし，状況があまりよくないのに残りの2割から3割のシェアリングに拘って本来の体験を損なうことがあっては本末転倒でしょう。

　最後に，シェアリングをする際に「学び」の側面に無意識のうちにバイアスをかけてはいないかということを考える必要があります。学校で実施するということで，実施する側も参加する子どもたちの側も，無意識のうちに「学び」に寄せた話し合いをしているとしたらそれは本来のシェアリングではありません。シェアリングではどんなことであれ，本音を言えなければ意味がありません。何か学びを見つけなければならない，前向きでポジティブなことを言わなければならない，授業の狙いに沿ったことを言わなければならないという暗黙の了解の元でシェアリングを行っているとしたらそれは本来のシェアリングではありません。シェアリングはそのような予定調和の世界にはなじまないものです。

　私のワークショップでは，条件にもよりますが，可能であれば終了時に全員で輪になって一人一言感想を言うことを基本としています。感想は，どんなことでも構いません。その日の活動に対する否定的感想でも批判でも構いません。どんな感想であっても拍手を送ります。拍手は，感想の内容に対してではなくて，自分の考え，感じたことを自分の言葉で表明したことに対するリスペクトの拍手です。

グループワークを支えるマインド

　このようなグループワークを実践するために必要なマインドとして以下の3点の重要性を強調したいと思います。マインドとは心とか精神のことですが，ここではさらにそこに「哲学」という意味を込めて使いたいと思います。

1．子どもたちの中の成長への力を信じる。
2．楽しむことによってその力は解発される。
3．そこで起こることをすべて受け入れる。

　子どもたちの中の成長への力を信じるとは，子どもたちの心の本質を建設的な方向性をもったものと見なすということです。どんな子どもにも成長を目指した力があり，本質的には子どももそれを求めていると考えることです。このことは，同時に子どもたちの存在に敬意をもつということも意味しています。ワークに関わる子どもたちの行動を承認し，子どもたちを受け入れることを意味しています。外から何かをもってきてそれを子どもたちに教え込んだり，注入したりといったこととは真逆の立場ということになります。
　さらに，子どもがもっているその成長への力は楽しむことによって発揮されます。人は笑顔になって楽しんでいるとき，もっている力を十二分に発揮します。歯を食いしばって頑張ることによって得られる力もありますが，グループワークにおいては楽しむことが重要です。そして，楽しむワークの中に予め学びの要素を忍ばせておくのです。ことさらに学びを強調するのではなくて，学びの要素が含まれているワークを用意して，それを楽しむのです。ですから，同じワーク・活動であってもどうすればそれが楽しくできるかをよく考えることにエネルギーを割きましょう。
　そして，グループワークでは何が起こるのか予想がつかない不確定な要素が増します。複数の人がかかわるということは可能性の世界が広がるということでもあり，同時に想定外のことが起こる可能性が高まるということでもあります。そうした中で行われるグループワークは，よく準備をして臨むという点で枠に嵌めるという特徴をもちつつ，起きたことは躊躇なく受け入れるという矛盾した構造があります。グループワークにはこの矛盾を前提とした上で取り組む必要があります。そのためには，予断をもたずに今，ここにいて起きたことは受け入れるという開かれた心が重要です。
　このようにグループワークは人間関係や心の問題に対応するために非常に有効な方法ですが，単なるツールではありません。それは，それを実践する人のマインドとセットになって初めて有効になるのです。その重要性はどんなに強調しても強調しすぎることはありません。
　このことをSF作家の星新一の「ボウシ」という短編小説を例に考えてみたいと思います。
　お話のあらすじは以下のようなものです。
　「あるところに一人の奇術師の老人がいました。彼にできるのはボウシの中からウサギやハト

や旗などを取り出す手品だけです。そんな彼が家で練習をしていると、新しい発見を求めて地球にやってきたミーラ星人が外からその様子を見て『なんでも出てくる装置だ』と驚きました。ボウシが欲しくなった彼らは老人からボウシを奪ってミーラ星へ帰っていきました。」

後で、ミーラ星人たちは何も出てこないボウシにさぞがっかりしたことでしょう。本当に価値があったのはボウシではなく老人の技だったのです。

私はグループワークもこのお話に似たところがあるのではないかと考えています。

さまざまな書籍で多くのグループワークが紹介されています。それらのワークを実践すると

図5-8 「ボウシ」

子どもたちが喜んだり、盛り上がったりということがあるでしょう。そんな様子を見て、グループワークの力を認めた方も少なくないのではないかと思います。

しかし、ここで私はグループワークの力について一旦立ち止まって考える必要があるのではないかと思います。すなわちここでボウシは各種のワークに相当します。他方、奇術師の技はグループワークを実践する人のマインドです。老人の手品で大事なものはボウシではなくて技でした。同様にグループワークで重要なのは、ワークよりもファシリテートをする人のマインドだと私は思います。同じワークでも、実施する人のマインドによって子どもたちの成長への力を活かすことになれば、損なうことにもなり得ます。

いろいろなワークショップに参加していると、中には勘違いをしているのではないかと疑いたくなるような指導者がいない訳ではありません。そのような人たちは、ワークをやっている参加者よりも、ワークをファシリテートして、メンバーを「盛り上がらせて」いる自分たちのことの方が重要のようです。言い換えると、グループワークの参加者を介して自分たちの価値を高めようとしているように見えます。しかし実は、彼らは自己愛に操られて、自分たちの見せかけの力に酔っているだけなのです。

そんな極端な例でなくても、ボウシが目的になっている人、ボウシさえあれば安心だと思っている人、ボウシがすべてだと思っている人は少なくありません。ボウシはもちろん重要ですが、ボウシだけではまだ半分なのです。

まずは子どもの中の成長への力を信じること。そして子どもが楽しいと思える形でワークをファシリテートすること、そしてそこで起こることをすべて受け入れ、開いていくことで、グループワークは完結するのです。

グループワークはそれを行うのに特に資格が必要であるとか、免許がなければならないとかいうことはありません。しかし、その中身は子どもたちの心に関わることであり、集団を対象とすることですから、それなりの心構えと準備は必要です。そうでないと、子どもたちが喜んで受け

入れる時間を作ることはできません。また，教師にとっても，ただでさえ忙しい学校内に厄介な仕事がもう1つ増えたことになっては意味がありません。グループワークを実践することで，新しい子どもたちの側面が見えるようにならなければならないと考えます。そのためには，前記のグループワークの3つのマインドを意識して子どもたちに向き合うことが求められていると思います。

グループワークの進め方・まとめ

1. アセスメント
   心理的安定と心のエネルギーの２面から子どもたちの状態をアセスメントします。

2. オリエンテーション
   グループワークでの体験を受け止める心の引き出しを作ります。

3. スタートライン
   子どもたちのいるところがスタートラインです。そこから全ては始まります。

4. インストラクション
   最適な長さで，語りかけます。

5. ウォーミングアップ
   心と体の準備状態を作ります。

6. ワークと「のりしろ」
   ワークは，かかわる，理解する，表現する，の３つから成ります。ワークとワークをつなぐときは重なり＝共通要素としての「のりしろ」を考えます。

7. 抵抗
   抵抗はあって当たり前です。すべての活動は抵抗を前提に考えます。

8. グループワークの矛盾とオープンマインド
   枠に嵌めつつ開いていくというグループワークの矛盾に対応するオープンマインドが重要です。

9. シェアリング
   シェアリングは有効ですが必須ではありません。構成を心がけます。

10. グループワークを支える３つのマインド
    信じる，楽しくする，開く，の３つのマインドを意識してワークの場に臨みます。

第6章
心を育てるグループワーク
i-Work

「かかわる」「理解する」「表現する」の3つの観点から，さまざまなワークを紹介します。

すべてのワークはかかわり（interaction）によって成り立っており，楽しく（interesting）て，学び（instructive）があります。そしてそれらは，「かかわる」「理解する」「表現する」という3つの機能を包含した1つの概念の元に統合（integrated）されています。

本章の内容について

○ワーク名
　できるだけ一般的な名称を用いていますが，一部のワークや新たに開発したものについてはオリジナルな名前がついています。

○準備
　「カード」とある場合，特に大きさの指定が無い場合は9センチ×5.5センチの名刺大の厚紙で作ったものとします。ブランクの名刺用紙はホームセンター，印刷屋さん等で入手可能ですが，自作で構いません。

○人数
　多くのワークは小グループで行います。ワークを行うのに適した人数を記載してありますが多少の幅をもたせることはできます。少人数で始めて，その後大人数に移行するワークもあります。広い空間が必要な場合はその旨記載してあります。

○時間
　原則としてアナウンス・教示の時間を含まないワークのみの時間とします。実際に実施する場合は，その他の準備の時間なども含めて数分間程度余計にかかります。
　また，特にかかわるワークと表現するワークについては人数に応じて数回繰り返し実施するものがあります。その分，時間がかかりますので注意が必要です。

○進め方
　ワークを進める際の手順を簡潔に記載してあります。比較的長いアナウンス（教示）については，具体的な表現で記載してあります。メンバーに合わせて適切な形で伝えてください。

○一口メモ
　ワークを実施する際の留意点について解説してあります。

○関連ワーク例
　目的・効果が関連していて，前後に実施するのに適しているワークを紹介してあります。
　| 準備 | 事前に準備として実施しておくとやりやすくなります。
　| 類似 | 目的・効果が似ていて併せて実施するとより効果的です。
　| 展開 | その次に実施すると発展的な展開ができます。

○その他

　対象年齢については特に記載してありませんが，どのワークも基本的に小学校高学年から高校生，成人まで適用可能です。一部，小学校中・低学年でも実施可能なワークもあります。ワークの難易度を★印の数で示してあります。

かかわるワーク

【挨拶】
グループ開始初期に挨拶や握手をしたりします。

1. ミーティング＆グリーティング	★	お互いに名前を呼び合って挨拶をします。
2. 握手渡り	★	みんなと握手をしながらその間を渡っていきます。

【身体運動】
体を動かし，他者とのかかわりを活性化し，心と体のウォーミングアップを進めます。

3. 風船ゲーム	★	風船を使ったバレーボールです。心と体をほぐします。
4. 手合わせ	★	拍手と互いの掌を合わせることを交互に続けていきます。
5. Bang!	★	2人で向かい合って両腕を上下左右に振り，一致する瞬間を見つけます。
6. 人間知恵の輪	★	輪になって手をからめ，それを協力してほどきます。
7. オオカミとヒツジ	★	みんなで協力しながらオオカミから仲間を守ります。
8. ビビリビビリバ！，ロバ！	★	かかわりあいながら，瞬間的にアクションをします。
9. ランバージャック	★	全員で輪になり，木と木こりになってアクションをします。
10. エレファント，トースター，壊れたトースター	★	かかわりあいながら，瞬間的に役割をとってアクションをします。
11. 空いたイス取りゲーム	★★	空いたイスに座ろうとするオニを協力して邪魔します。
12. お助けオニ	★★	助け合いながら逃げるオニごっこです。
13. 木とリス	★	木やリスなどの役割をとりながら，集合と離散を繰り返します。
14. 拍手回し	★	隣の人に順に拍手を回していきます。
15. 1-7 サークル	★	1-7の数字をアクションと共に回していきます。

【アイコンタクト】
ゲームの中で他者と視線を交わします。

16. ボールゲーム	★	輪になってアイコンタクトを受け渡しながら，ボールを投げ合います。
17. 私あなた	★	アイコンタクトをして，相手にメッセージを送ります。
18. 目が合ったらジャンプ！	★	相手とアイコンタクトを交わして一緒にジャンプします。
19. ゾンビゲーム	★	アイコンタクトを介してメンバーの名前を呼び合います。

| 20. ウィンクキラー | ★★ | ゲーム的雰囲気の中でアイコンタクトをしながら相互にかかわり合います。 |

【発声・傾聴】
声を出すことと聞くことを促します。

21. 聖徳太子ゲーム	★	動物の名前を1音ずつ同時に発声し，聞いて当てます。
22. ボリュームアップ！	★★	1つの言葉を繰り返しながら少しずつ声を大きくしていきます。
23. 声合わせ	★★	大勢で同時に1つのテーマについて叫びます。
24. ノイズ	★★	目を閉じたパートナーを合言葉によって誘導します。

【信頼】
ボディワークを通じて他者に対する信頼感を育てます。

25. 握手当て	★★	目を閉じて握手をして自分のパートナーを探します。
26. トラストウォーク	★★	目を閉じたパートナーを誘導します。
27. ロボットウォーク	★★	目を閉じたパートナーを後ろから誘導します。
28. トラストフォール	★★	倒れる仲間を協力して後ろで支えます。
29. トラストサークル	★★★	倒れる仲間を輪になって支えます。
30. チョコレート・パフェ	★★	合言葉を決め，目を閉じて歩いてパートナーを探します。

【かかわり総合】
他者とのさまざまなかかわりの要素を総合して，課題に取り組みます。

31. 電話でSOS	★	図形を言葉で伝えることを通して，コミュニケーションについて学びます。
32. 数字合わせ	★★	感受性を高めて他者とかかわり合い，自分と他者のイメージの世界の違いを理解します。
33. 人間コピー機	★	協力して模写課題に取り組むことを通して，協力することと責任を果たすことの重要性を学びます。
34. 絵合わせ	★	情報が分散された課題に取り組むことを通して，協力することと責任を果たすことの重要性を学びます。
35. 初めてのお使い	★★	言葉で道順を説明することを通して，コミュニケーションについて学びます。

★マークは難易度を示しています。

1. ミーティング＆グリーティング ★

ペアになって互いに名前を呼び合い，握手をします。組織的に関係を構成することで全員がかかわり合い，握手することを促します。

準備
特にありません。

人数
数人～10数人程度。

時間
10分～20分間程度（人数によります）。

一口メモ
- 全員が同時に同方向に移動するので，相対的には2人分ずつずれることに注意が必要です。しかし，人数が偶数の場合は固定席が，奇数の場合は1回休みの席があるので最終的には全員と挨拶することができます。
- 人数が7，8名～最大20名に適していますが，それ以上になると時間がかかるためあまり効率的ではありません。
- 他者との身体接触に抵抗がある場合は，握手の代わりにグータッチをすることもできます。

進め方
人数が奇数の場合と偶数の場合でやり方が少し異なります。

【偶数の場合】
1. 全員がA・Bの2列になって向かい合って立ちます。このとき，隅を1つ固定席としておきます。
2. まず，A列のメンバーがB列の相手に向かって「鈴木です」などと自分の名前を名乗ります。
3. 続いて，B列のメンバーも「中村です」と自分の名前を名乗ります。
4. 次は，A列のメンバーが「中村さん」とB列の相手の名前を呼びかけ，続いてB列のメンバーも同様にします。互いが名前を呼び合ったら「よろしくお願いします」と言って握手をします。
5. その後，全員左方向に1人分立ち位置を移動し，同様の挨拶をし，これを続けます。固定席のメンバーは移動せずに挨拶のみ行います。

【奇数の場合】
1'. 2列になって向かい合って立ちます。このとき，両列の間に1回休みの席を設けます。1回休みのメンバーは移動はしますが挨拶はしません。
2'. その後のやり方は偶数の場合と同じです。

関連ワーク例
|類似| 握手渡り
|展開| ゾンビゲーム，人間知恵の輪

移動図

移動の仕方

偶数人数の場合

A列　B列

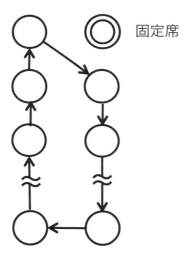

固定席

固定席のメンバーは挨拶はしますが、移動はしません。

奇数人数の場合

A列　B列

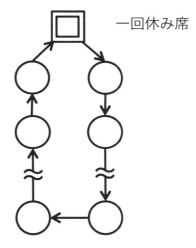

一回休み席

一回休み席のメンバーは移動はしますが、挨拶はしません。

←：移動方向

2. 握手渡り ★

みんなと握手をしながらその間を渡っていきます。

準備
特にありません。なるべく広い場所で行います。

人数
何人でも。

時間
数分間程度。

一口メモ
・握手をするときはアイコンタクトをすることも忘れないようにします。

関連ワーク例
|類似| ミーティング＆グリーティング，目が合ったらジャンプ！
|展開| 人間知恵の輪，ゾンビゲーム

進め方
1. 全員で自由に歩きます。
2. 誰かとすれ違う際，相手と握手をします。
3. その手を離さずにもう一方の手で次の誰かと握手をします。
4. 次の誰かと握手をしたら，はじめにつないだ方の手は離します。
5. その次に握手をする相手を探して，空いた手で握手をします。これを続けます。

3. 風船ゲーム ★

風船を使ったバレーボールです。心と体をほぐします。

進め方

1. 大きめの輪になって立ちます。
2. 風船を使ってバレーボールをします。そのとき言葉を言いながら風船をヒットします。
3. 数字や「あいうえお」などを順に言いながらするとよいでしょう。慣れてきたら指定したカテゴリーのものの名前を言いながら風船をヒットします。カテゴリーは動物，野菜，お店，料理，お菓子の名前などです。
4. 同じものの名前は言わないこととしてしばらく続けるとだんだん残り少なくなるので，頃合いを見計らってカテゴリーを替えます。
5. 言葉に詰まったときは，無理をせず，「わからない！」「パス！」などと叫んでも構いません。

準備

風船。数人から10数人に1つ程度。

人数

数人～10数人。

時間

10分間程度。

一口メモ

- 誰しも小さい頃に風船で遊んだ経験があるものです。風船を使うことで円滑な心理的退行を促し，活動への抵抗感をなくします。同時に体を動かすことで，以後の活動へのウォーミングアップにもなります。風船の予測不能な動きも場を和ませてくれます。
- 言葉がなくなってくると，ファシリテーターの介入が待ち遠しくなってきます。

関連ワーク例

展開 ロバ！，エレファント

4. 手合わせ ★

拍手と互いの掌を合わせることを交互に続けていきます。体のウォーミングアップになるとともに，徐々に人数を増やしていくことで集団としての一体感を高めることができます。

準備
特にありません。

人数
2人一組から始めて徐々に人数を増やします。

時間
10分間程度。

一口メモ

- 体を動かすことを通じて心をほぐすと同時に，「みんなで取り組む」「みんなで心を合わせる」というイメージを全員で確認し，共有していくという，儀式的側面も含まれています。
- 人によって反応速度が異なります。ゆっくりな人に合わせることが必要です。

関連ワーク例
| 類似 | Bang! |
| 展開 | 人間知恵の輪 |

進め方

1. 2人で向かい合って立ちます。
2. まず，各自の両掌を合わせて拍手を1つします。
3. その後，その両掌を向かい合って立つ相手の両掌と合わせます。これを交互に続けていきますが，その際，拍手の回数は1回から5回まで1回ずつ増やして行きます。この間，掌を合わせるのはそれぞれ1回ずつです。
4. 拍手が5回になったら今度は1回まで徐々に減らしていきます。途中で間違えたらはじめからやり直します。
5. 当初は2人一組で行いますが，慣れたら4人，8人，16人と人数を徐々に増やして行き，可能であれば最後は全員で輪になって行うと一体感が味わえます。3人以上で行う場合，両掌を両隣の人と合わせる際，掌を目視することはできないので，最初に掌が合う位置を身体感覚で憶えておいて「身体の記憶」に基づいて行うことになります。
6. 途中で少なくともどちらか一方が間違えたらどの段階であれ最初に戻ってやり直すのが基本ルールですが，必ずしもこだわる必要はありません。

5.Bang! ★

2人で向かい合って両腕を上下左右に振り，一致する瞬間を見つけます。リズムよく腕を動かす中で，とっさの状況判断と対応を併せて行ないながら，心と体をほぐしていきます。

進め方

1. 2人で向かい合って立ちます。
2. 2人は両手の親指を立てて揃え，それぞれ両腕を同時に上下左右の任意の方向に動かします。
3. 「1，2，1，2…」と声をかけて行います。この時「1」で指は上下左右のどちらかに移動しており，「2」で体の正面に戻っています。
4. これをリズムよくそれぞれ任意の方向に向けて続けていきますが，時々，2人の腕の動きがそろうことがあります。その時は，「2」の後に体の正面で両手をピストルの形にして，互いに相手に向けて「バン！」と撃つポーズをします。その後，それまでと同じように「1，2，1，2…」を続けます。
5. 実際にやってみると2人でリズムを合わせることで一体感が生まれることもあれば，2人のタイミングがなかなか合わなくて笑いが生じることがあります。そのようなプロセスを経て心と体をほぐしていきます。

準備

特にありません。

人数

2人一組。

時間

5分間程度。

一口メモ

- 活動のはじめにウォーミングアップとして行うのに適しています。
- 逆に，一連のワークを続けて実践している際，ワークとワークの合間などに実施すると，流れを切断する効果があり，頭の切り替えを促します。

関連ワーク例

類似 手合わせ
展開 人間知恵の輪，ビビリビビリバ！，ロバ！

6. 人間知恵の輪 ★

互いが手を絡め，それを協力してほどきます。全員で協力して取り組むことで，身体をほぐすと共に集団としての一体感を作り出します。併せて活動の中で自然な形でスキンシップを促します。

準備
特にありません。

人数
8人が適当ですが，7人または9人でもできます。6人以下では少なすぎて簡単になり，10人以上では多すぎてそもそも手をつなぐことが難しくなります。

時間
10分間程度。できれば2～3回繰り返します。

一口メモ
- 1回の試行は3分間が適当です。3分間かかってもほどけなかった場合，それ以上時間をかけてもほどける可能性は非常に低くなります。
- 最終的に①輪がほどけて1つの輪になる場合，②ほどけるが2つの輪になる場合，③ほどけない場合，のいずれかの結果になります。
- 他者との身体接触に敏感なメンバーがいる場合は，ヒモ等で作った10センチ程度の輪を介してつなぐよう配慮します。

進め方
1. まず，8人程度で小さな輪を作り，立ちます。
2. 「右手をバンザイしてください」の指示で全員が右手を上げ，それから反対側の人と右手をつなぎます。
3. 次に「左手をバンザイしてください」の指示で全員が左手をあげ，それから反対側の人と左手をつなぎますが，このとき右手と左手はそれぞれ別々の人とつなぐこととします。人数が奇数（例えば7人）の場合は，最初に右手をつなぐときに1人は誰とも手をつなぐことができませんが，左手をつなぐときに両手をつなぐことができます。
4. 全員が手をつないだら（余っている手がなくなったら）「皆さんは今，1つの輪になっていると思います。これからみんなで力を合わせて1つの輪に戻ってください」とアナウンスして，絡めている手をほどき始めます。関節の状態などにより手を握り直すことはできますが，原則として手を離すなどしてつなぎ変えることはできません。
5. メンバーはさまざまに体を動かしながら輪をほどくよう試みます。場合によってはつないだ手をくぐったり，跨いだりしなければならないこともあります。

関連ワーク例
準備 ミーティング＆グリーティング，握手渡り，手合わせ
展開 一歩前へ！

7. オオカミとヒツジ ★

みんなで協力しながらオオカミから仲間を守ります。

進め方

1. 1人のオオカミ役とその他のヒツジ役に分かれます。
2. ヒツジ役は1列になり，前のメンバーの肩に手をかけます。先頭が親ヒツジで，残りは子ヒツジです。
3. オオカミは最後尾の子ヒツジにタッチしようとし，親ヒツジとその他のヒツジたちは，列を保ったまま協力してオオカミから最後尾の子ヒツジを守ります。
4. オオカミが子ヒツジにタッチしたら，オオカミは最後尾に移動し，親ヒツジが次のオオカミになります。

準備

特にありません。なるべく広い場所で行います。

人数

5〜6人1グループ。

時間

10分間程度。

一口メモ

- 短時間の間に息が切れてきます。
- グループワーク冒頭のウォーミングアップに適しています。寒い季節に行うと体が温まります。

関連ワーク例

[類似] お助けオニ

8. ビビリビビリバ!, ロバ! ★

かかわり合いながら,瞬間的にアクションをします。とっさの反応をする中で120％の自分を感じながら,失敗を受け入れていきます。

準備
特にありません。

人数
1グループ7,8人～20人程度。

時間
10分間程度。

一口メモ
- ウォーミングアップに適しています。
- 「うまく」やることにこだわる必要はありません。むしろ間違えることを楽しみながら状況にチャレンジすることが重要です。
- ある程度行なったら,エレファントやトースターに移行します。

関連ワーク例
|展開| エレファント,トースター,ランバージャック

進め方
1. 全員で大きめの輪になって立ち,中にオニが入ります。

【ビビリビビリバ!】

2. オニは輪の中の1人を指して「ビビリビビリバ!」と言います。
3. 指された人は,オニが「ビビリビビリバ!」を言い終わる前に,「バ!」と言います。
4. 間に合わなかったらオニと交代します。

【ロバ】

2'. オニは輪の中の1人を指して「ロバ!」と言います。
3'. 指された人は,手でロバの耳の形を作ります。
4'. 間に合わなかったらオニと交代します。
5'. またオニは「ロバ!」の代わりに「ロボット!」「ロケット!」などと言うこともできます。このときはメンバーは何もしません。
6'. 耳を作るのが遅れたり,「ロボット!」「ロケット!」などに反応して体が動いたりした場合などもオニと交代します。

9. ランバージャック ★

全員で輪になり，木と木こりになってアクションをします。予測できない状況の中で，瞬時に判断して行動します。

進め方

1. 全員で輪になって立ちます。
2. 1人が「木」になり，両腕を高く掲げ，頭上で両掌を合わせて「ウォッシュ！」と言います。
3. すると木の両隣のメンバーはやはり「ウォッシュ！」と言いながら，「木こり」となってその木を木こりがオノを振るようにして，両隣から同時に切ります。
4. 切られた木は，揃えた両手で輪の中の他のメンバーを指しながら上半身を倒れかけます。このとき指先が向かっていたメンバーが次の「木」です。
5. 次の「木」になったメンバーは，再び「ウォッシュ！」と言って，両腕を高く掲げ，その両隣のメンバーは左右から「木」を切ります。これを続けます。

【発展編】

6. 慣れてきたら，間違えたメンバー（反応が遅れた，しなくていいことをしたなど）は，その場にしゃがんで抜けていくことにします。メンバーは徐々に遠い立ち位置のメンバーと連携することになっていきます。

準備

特にありません。

人数

1グループ7,8人～20人程度。

時間

10分間程度。

一口メモ

・ランバージャック（Lumberjack）とは木こりのことです。

関連ワーク例

類似 ビビリビビリバ！，エレファント，トースター

10. エレファント, トースター, 壊れたトースター ★

かかわり合いながら,瞬間的に役割をとってアクションをします。とっさの反応をする中で120％の自分を感じながら,失敗を受け入れていきます。

エレファント

準備
特にありません。

人数
1グループ7,8人～20人程度。

時間
10分間程度。

一口メモ
- ウォーミングアップに適しています。
- 「うまく」やることにこだわる必要はありません。むしろ間違えることを楽しみながら状況にチャレンジすることが重要です。

関連ワーク例
類似 ビビリビビリバ！, ロバ！

進め方
1. 全員で大きめの輪になって立ち,中にオニが入ります。

【エレファント】

2. オニが輪の中の1人を指さして「エレファント！」といいます。
3. 指された人がエレファント（象）の鼻になり,その両隣りの2人はそれぞれ耳になります。「鼻」は片方の指で自分の鼻をつまみ,そのとき腕によって作られた輪に他方の手を通すことによって作ります。「耳」は,大きく手を広げて「鼻」の左右から象の耳を形作ります。
4. 動作が遅れたり,間違えたらオニを交代します。しなくてもいいのにした場合も同様です。

【トースター,壊れたトースター】

2'. オニが輪の中の1人を指さして「トースター！」または「壊れたトースター！」と言います。
3'. 指された人はトースターのパン役になり,両隣の人はトースター役になって左右から両腕でパンを挟みます。
4'. トースターに挟まれたパンは「焼けて」ジャンプします。壊れたトースターの場合は,パンはジャンプせず,トースター役の2人がジャンプします。
5'. 動作が遅れたり,間違えたらオニを交代します。しなくていいのにした場合も同様です。

トースター

壊れたトースター

11. 空いたイス取りゲーム ★★

1つ余ったイスに座ろうとするオニを，皆が協力して邪魔します。いわゆるイス取りゲームとは異なって，少しずつ先を読みながら全員で連携することがポイントです。

準備
人数分のイス。なるべく広い場所で行います。

人数
7，8人〜10数人。

時間
10分間〜20分間。

一口メモ
- 空いているイスの隣に座っている人が移動するとオニはすぐに新しく空いたイスに座ってしまいます。できるだけ遠くの人が邪魔に入ることがコツです。
- このゲームのポイントは，イスを取り合うことではなく，メンバーの協働を促すことにあります。オニが敢えてゆっくり歩いて協働の輪を拡げていくことがポイントです。ファシリテーターが一度やってみせるとよいでしょう。
- 人数が多い（20人以上）ときは，2グループに分けて，半分は観察チームにすることもできます。他のメンバーの動きを俯瞰的に観察することもよい体験になります。

進め方
1. イスを1メートル位ずつ離してランダムに置きます。
2. 1人がオニになり，空いたイスから離れた所に立ちます。
3. オニがそのイスに座ろうと，歩き出します。このとき，オニは走らないこととします。
4. 他のメンバーはオニが座ろうとするイスに先回りして座ります。
5. 1人が移動するとそれまで座っていたイスが空いてしまうので，別の誰かがそこを埋める必要があります。この動きはどんどん連動することになり，周りの状況を読みながら自ら判断して行動することが必要になります。

関連ワーク例
類似　お助けオニ

12. お助けオニ ★★

助け合いながら逃げるオニごっこです。状況の中で自分が何をなすべきか判断します。

進め方

1. 通常のオニごっことは少しルールが異なるオニごっこです。
2. オニにタッチされたら交代しますが、誰かと向かい合って肩を組んでいるとオニはタッチできません。
3. 肩を組むことの効力は「5秒間」なので、オニが5カウントし、カウントが終わったらタッチされて交代となります。
4. 5カウントが終わりそうな頃に誰かが助けに行って新たに肩を組めば、効力はさらに5秒間延長されます。これを繰り返せばいつまでも逃げ続けられることになります。
5. オニは追いかけるか、5カウントするか考えながら進めます。

関連ワーク例
類似 空いたイス取りゲーム

準備
特にありません。なるべく広い場所で行います。

人数
数人～20人程度。

時間
10分間程度。

一口メモ

・実際にやってみると、大勢で逃げているうちに周りの雰囲気にのみ込まれて逃げることで頭がいっぱいになりがちです。そんなときは、一旦ワークを止めて、「頭の中を逃げること半分、助けること半分にしよう！」とアナウンスして、再度実施するとよいでしょう。
・人数が多すぎると混乱しますし、衝突などの危険性も増すので注意します。
・10分間もすると息が切れてきます。

13. 木とリス ★

木やリスなどの役割を取りながら，小グループで集合と離散を繰り返していきます。体を動かし，楽しい雰囲気の中で，他者とかかわることを続けます。

準備
特にありません。なるべく広い場所で行います。

人数
7人～多数。

時間
10分間～15分間程度

一口メモ
- 一度にルールを全部説明してから始めようとすると，内容が多くて混乱します。はじめは「オオカミ」だけから始めて，少しずつ「木こり」「嵐」を入れていくとよいでしょう。
- 次から次へと2人組，3人組を新たに作り続ける課題です。子どもたちの人間関係が可視化される課題でもあります。

関連ワーク例
類似 空いたイス取りゲーム

進め方
1. オニと残りのフィールドプレイヤーに分かれます。基本的にオニは1人で行いますが，2人で行うこともできます。
2. フィールドプレイヤーは3人一組になり，2人が木の役割を，1人がリスの役割を取ります。2人の木が手をつないで屋根の形を作って立ち，その下にリスが入ってしゃがみます。
3. オニが「オオカミが来たぞ！」と叫ぶと，リスは木の下を逃げ出して他の木の下に移動します。その際にオニがどこかの木の下に潜り込むと，押し出されて余ったリスが次のオニになります。オニが2人の場合は2人で同時に叫びます。
4. オニが「木こりが来たぞ！」と叫ぶと，リスはそのままで，木が他のリスの上に移動します。2人の木は必ずしもペアで移動する必要はないのでオニはうまく紛れ込めます。余った人が次のオニです。
5. オニが「嵐が来たぞ！」と叫ぶと全員が新しいグループを作り直します。

『対人関係ゲームによる仲間づくり――学級担任にできるカウンセリング』
（田上不二夫（編）金子書房，2003年刊）「3. 木とリス」（pp.145-155）より転載

14. 拍手回し ★

隣の人に順に拍手を回していきます。単純な動きで構成されていますが,「今,ここ」をリアルに感じることができます。

進め方

1. 全員で大きめの輪になって立ちます。
2. 1人が隣の人の方を向いてアイコンタクトをして拍手を1つ送ります。
3. 拍手を受けた人はさらにその隣の人に拍手を1つ送ります。テンポよくこれを繰り返すと拍手は輪を回ることになります。
4. 少しずつスピードを速めます。
5. 慣れてきたら逆回りも行います。

【発展編1】

6. その後,さらに随時拍手の方向を変えてよいこととします。方向を変えるには拍手が来た方向に再度拍手をします。このルールの下では先の読めない状況の中で,拍手を回すことになります。
7. 輪が大きい場合は,慣れてきたら2つの拍手を同時に回すこともできます。左右から拍手がくることもあるので,集中力を高める必要があります。

【発展編2】

8. 隣り合う2人が向かい合って同時に拍手をすることによって拍手を回すこともできます(同時拍手回し)。落ち着いて相手と気持ちを合わせることがポイントになります。

準備

特にありません。なるべく広い場所で行います。

人数

数人～20人程度。

時間

10分間程度。

一口メモ

- 離れた任意の人に拍手を「飛ばす」こともできます。拍手の仕方は同じですが,アイコンタクトが重要になります。
- 間違えることも多くなりますが,こだわる必要はありません。
- 拍手を「する」「しない」という単純な動きを通して,「今,ここ」を可視化してリアルに感じることができます。
- 1-7サークルの前に行うとよい準備になります。

関連ワーク例

展開 1-7サークル

15. 1-7 サークル ★

1〜7の数字をアクションと共に回していきます。「今，ここ」で瞬間的に反応することが求められると同時に，ゲーム性も高く，楽しくかかわり合うことができます。

準備
特にありません。なるべく広い場所で行います。

人数
8人〜20人程度。

時間
10〜15分間程度。

一口メモ
- 隣の人にアクションを送るという点で，前述の拍手回しと似ていますが，数字のコールとアクションを同時に行うことで難易度は少し高くなります。
- 実際にやってみると，次々に「間違い」が発生し，その度に笑いが起きます。逆に誰も間違えないと，延々と同じことの繰り返しになり，場が白け出します。間違いを恐れず，状況に飛び込んでいくことが重要です。そうすることによって思わず「我を忘れる」状況の中で，楽しみながらメンバーの意外な表情を見ることもできます。

進め方
1. 全員で大きめの輪になって立ちます。
2. メンバーは1から7の数字を順にコールしながら，同時にアクションを行います。1から6の場合は，片方の手で他方の肩口を軽く叩きます。7の場合は頭の上に片方の手をかざします。
3. どちらの場合も，右手または左手のどちらを使っても構いませんが，そのとき，手の指先が向いている側が次の順となります。
4. はじめは片方の手だけを使って同一方向へ2〜3周回し，続いて反対側の手を使って逆方向に2〜3周回します。慣れてきたら好きな方向に回します。
5. メンバーは隣のメンバーがどちらの手でアクションをするかによく注意していて，自分の方にアクションが回ってきた時のみに反応をし，アクションが回ってこなかった場合は何もしません。

【発展編】

6. さらにメンバーが慣れたところで，間違えた人はその場に座って輪から抜けていくことにすると，ゲーム性がより高くなります。
7. 残り3人になるまでやることができます。

関連ワーク例
準備 拍手回し

16. ボールゲーム ★

輪になってアイコンタクトを受け渡しながら，ボールを投げます。

進め方
1. 全員で大きめの輪になって立ちます。
2. 1人がボールを向こう側のメンバーに投げます。その際，アイコンタクトで相手に「これから投げるよ！」というメッセージを伝えてから投げます。こうすることによって相手はボールを受け取りやすくなります。
3. ボールを受け取ったメンバーは同様に，別の誰かにアイコンタクトを送ってからボールを投げます。これを繰り返します。
4. 慣れてきたらボールを2個，3個～と増やします。

【発展編】

5. 慣れてきたら，ボールなしパターンに挑戦します。
6. 架空のボールを手に持ち，アイコンタクトをしてから向こう側のメンバーに投げます。この時，「青いボール！」などとボールを「命名」しておきます。
7. 架空のボールを受け取った人は「青いボール」と言って確認し，それから同様に，「青いボール！」と言いながら誰かにボールを投げます。
8. さらに「赤いボール」「黄色いボール」などと増やしていきます。また「子猫」「槍」「時限爆弾」などボール以外のものを増やしていくこともできます。

関連ワーク例
[類似] 私あなた，眼が合ったらジャンプ！
[展開] ゾンビゲーム，ウィンクキラー

準備
ボール数個（ボール有りパターンの場合）。大きめのボールの方がやりやすいでしょう。なるべく広い場所で行います。

人数
数人～何人でも。

時間
10分間程度。

一口メモ
・アイコンタクトの受け渡しが重要です。ファシリテーターは「見てから，投げる」を合い言葉に注意を促し続けるとよいでしょう。
・メンバーが年少の時は実際にボールがある方が，イメージを共有しやすいでしょう。他方，ボールを意識しすぎると単なるボール遊びになってしまう場合があり，見極めが重要です。
・ボールなしパターンの場合は，ボールの大きさなどのイメージも伝達・共有することがポイントです。

17. 私あなた ★

アイコンタクトをして，相手にメッセージを送ります。さらに移動を加えることで集団に動きを生み出します。動きが連動することで集団の一体感を味わうこともできます。

準備
特にありません。なるべく広い場所で行います。

人数
数人〜20人程度。

時間
10分間程度。

一口メモ
・動きを入れた際，指された人は焦ってそのスペースを空けようとすることがあります。焦らず，落ち着いて次の人を指してから，動き出すよう促します。

関連ワーク例
類似 ボールゲーム，目が合ったらジャンプ！
展開 ゾンビゲーム，ウィンクキラー

進め方
1. 全員で大きめの輪になって立ちます。
2. 1人が自分の胸に手を当てて「私」と言い，続いてその手で誰かを指して「あなた」と言います。
3. 指された人は，同様に自分の胸に手をあてて「私」と言い，続いて誰かを指して「あなた」と言います。これを続けます。

【発展編1】

4. 慣れてきたら2人同時に行うこともできます。1つの輪の中を「私」「あなた」が2つ同時に飛び交います。

【発展編2】

5. さらに慣れてきたら，「あなた」と言った後，指した相手の方に向かって歩きます。指した人が到着する前に，指された人は同様に「私」，「あなた」と言って歩き出し，スペースを空けます。メンバーの動きは次々と連動することになり，全員が一体となった動きが生まれます。

18. 目が合ったらジャンプ！ ★

離れた相手とアイコンタクトを交わしながら一緒にジャンプします。視線を介して他者とかかわることと体の動きを連動させ，一体感を味わいます。

進め方

1. 全員で自由に歩きます。歩きながら誰かと目が合ったら一旦立ち止まって2人でタイミングを合わせてジャンプします。
2. ジャンプしたら，また自由に歩きます。

【発展編】

3. はじめは近くの相手とアイコンタクトをしますが，慣れてきたらだんだん遠い相手とアイコンタクトをするよう促します。

準備

特にありません。なるべく広い場所で行います。

人数

何人でもできます。

時間

10分間程度。

一口メモ

・自分から積極的にアイコンタクトの相手を探すことがポイントです。

関連ワーク例

準備	握手渡り
類似	ボールゲーム！
展開	ゾンビゲーム，ウィンクキラー

19. ゾンビゲーム ★

アイコンタクトを介してメンバーの名前を呼び合います。グループ形成の初期に行うと，名前を憶えることもでき，お互いの親密性が高まります。

準備
特にありません。なるべく広い場所で行います。

人数
数人～20人程度。

時間
15分間程度。

一口メモ
- お互いの名前を憶えることにも適しています。
- アイコンタクトを送られていないメンバーが名前を呼んだ時は無効です。
- このゲームの隠れたポイントは「失敗する」ことです。誰も失敗せずにゲームを続けていると，同じ人が延々とゾンビを続けなければならなくなり，やがて空気が白け出します。しかし，誰かが失敗することで，笑いが起き，場がリセットされて再び動き出します。
- 「成功」に拘らず，大らかな心で楽しみながら取り組むことで，寛容な空気を作ると共に，こだわりから解放される側面もあります。

進め方
1. 全員で大きめの輪になって立ちます。
2. 相互に面識がない場合は，全員の名前を確認します。
3. 輪の中央にゾンビが立ちます。ゾンビは円の中心からターゲット（獲物）を決め，両手を前方に突き出して歩いてタッチしに行きます。
4. ゾンビに狙われた人が助かるためにはアイコンタクトで誰かに助けを求め，自分の名前を呼んでもらわなければなりません。
5. ゾンビがタッチする前に，ターゲットの名前が呼ばれたらゾンビはタッチすることはできなくなり，一旦，円の中心に戻って別のターゲットにタッチしに行きます。
6. ターゲットがゾンビにタッチされると，ゾンビは交代します。ゲーム的な雰囲気の中で場を和ませると共に，お互いの名前を憶えるという副次的要素もあります。

関連ワーク例
|準備| ボールゲーム，目が合ったらジャンプ！
|展開| ウィンクキラー

20. ウィンクキラー ★★

ゲーム的雰囲気の中でアイコンタクトをしながら相互にかかわり合います。楽しみながらアイコンタクトに慣れていきます。

進め方

1. はじめにみんなに分からないようにキラーを決めます。全員で輪になって目を閉じて立ち，ファシリテーターがこっそり誰かの肩を叩いてキラーを指名したり，トランプのカードを配ってジョーカーを引いた人がキラーになるなどします。
2. その後，全員で自由歩行をしますが，すれ違うときはうつむいたりせず，相手とアイコンタクトを交わすこととします。
3. その際，キラーが誰かにウィンクすると，ウィンクされた人は「殺された」ことになり，心の中で5つ数えて（5秒後に）「やられた〜」と叫んで倒れます（できるだけ派手に死ぬと盛り上がります）。残り1人までやっつければキラーの勝ちです。

【発展編】

4. ゲームが進んでいる間，他のメンバーは密かにキラーを探し，キラーが分かったらウィンクされる前にキラーに向かって舌を出して逆襲します。
5. それが当たればキラーの負けです。キラーは今までにキラーに「殺された」人と同様に，心の中で5つ数えて「やられた〜」と叫んで倒れます。キラーを倒した人が次のキラーになります。
6. 当たらなかった場合は5つ数えた後，「自爆」ということで舌を出した人が「やられた〜」と倒れます。ウィンクと舌が同時の場合は舌の勝ちです。

準備

特にありません。なるべく広い場所で行います。

人数

数人〜30人程度。

時間

10分間程度。2〜3回くり返します。

一口メモ

- 5秒後に「死ぬ」のは，誰がキラーかわからないようにカモフラージュするためです。
- 一度にルールを全部説明すると憶えきれず混乱します。はじめに基本ルールで一度体験してから，発展編の逆襲パターンに進むとよいでしょう。

関連ワーク例

|準備| ボールゲーム，目が合ったらジャンプ！，私あなた，ゾンビゲーム
|類似| トランプステイタス

21. 聖徳太子ゲーム ★

動物の名前を1音ずつ同時に発声し，それを聞いて動物を当てます。

準備
動物の名前を書いたカード。

人数
4人一組（3音の場合）。

時間
15分間程度。

一口メモ
- 2音課題の場合は，3人一組で行います。
- 小学校高学年以上であれば3音課題で行います。
- 言う側ははっきり発声する必要があり，聞く側は注意深く聞く必要があります。ゲーム感覚で人間関係の基本要素を体得します。
- 「聞く」側を2人にして行うこともできます。

関連ワーク例
類似 ジェスチャーゲーム
展開 声合わせ，ボリュームアップ！

進め方
1. 「言う」側と「聞く」側に分かれます。3人が「言う」側，1人が「聞く」側です。
2. カードを引き，そこに書かれた動物の名前を1音ずつ分担して「せ〜の」で同時に発声します。聞く側はそれを聞いて動物を当てます。
3. 当たるまで何度も繰り返すことができます。当たったら1人ずつ順番に交代していきます。

【発展編】

4. 数人〜10人程度ずつでA・B 2グループに分かれ，2列になって向かい合って立ちます。
5. A列のメンバーに，「好きな花の名前」などのお題を出します。
6. A列のメンバーは，各自が思いついた言葉を「せ〜の」で全員で同時に発声します。
7. B列のメンバーは，誰が何を言っているか当てます。
8. 一度ではなかなか当たらないので，何度も繰り返します。両グループが少しずつ近づいてもいいでしょう。

〈課題動物例・3音〉

アシカ，アヒル，イタチ，イナゴ，イモリ，イルカ，イワシ，インコ，ウサギ，ウズラ，ウツボ，ウナギ，カエル，ガチョウ，カツオ，カモメ，カラス，キツネ，キリン，キンギョ，クジラ，クジャク，クラゲ，コアラ，コブラ，ゴリラ，サザエ，スズメ，ダチョウ，タヌキ，ツバメ，トカゲ，ナマズ，ドジョウ，トンボ，ネズミ，バッタ，パンダ，ヒグマ，ヒツジ，ヒバ

リ，ヒヨコ，ヒラメ，ホタル，マグロ，ミミズ，ムカデ，メダカ，モグラ，ヤモリ，ラクダ，ラッコ

〈課題動物例・2音〉

アリ，イヌ，ウシ，ウマ，カニ，カバ，カメ，キジ，クモ，クマ，コイ，サイ，サル，サメ，シカ，ゾウ，セミ，タカ，タコ，チョウ，チータ，ツル，トキ，トド，トビ，トラ，ネコ，ハエ，バク，ハチ，ヒョウ，フグ，ブタ，フナ，ヘビ，ヤギ，リス，ロバ，ワシ，ワニ，

〈発展編お題例〉

・花，動物，色，食事，飲み物，駅名，スポーツチーム，タレント，歴史上の人物，諺，四字熟語など。

〔発展編〕

22. ボリュームアップ！ ★

1つの言葉を繰り返しながら少しずつ声を大きくしていきます。

準備
特にありません。

人数
数人〜20人程度。

時間
10分間程度。人数によります。

一口メモ
・言葉にアクションをつけることもできます。アクションも段々と大きくしていきます。

関連ワーク例
[準備] 聖徳太子ゲーム
[類似] 声合わせ，ノイズ

進め方
1. 全員で大きめの輪になって立ちます。
2. 最初の1人が小さめの声で適当な言葉を言います（例えば，「やったー！」など）。
3. 隣の人は最初の人より少し大きな声で同じ言葉を言います。このとき，急に大きな声を出す必要はありませんが，みんなが聞いて「前より大きい」と感じることができることが大事です。
4. そのまた隣の人はさらに少し大きな声で同じ言葉を言います。
5. これを順に繰り返し，輪を一周して最初の人に戻ったときにボリュームが最大になるようにします。最初の人は，最初に自分が言った言葉を最大ボリュームで叫びます。
4. 次の隣の人は再び小さな声で別の言葉を言い，同様に繰り返していきます。全員が一度体験できるといいでしょう。

23. 声合わせ ★★

大勢で同時に1つのテーマについて叫びます。最初はバラバラですが，強く自己主張するかまたは他の声に「乗り換えて」いくことにより，最終的に全員の声を1つにしていきます。

進め方

1. ファシリテーターが「お題」を出します。お題は「動物園の人気者と言えば？」「秋の味覚と言えば？」などです。
2. メンバーはそれぞれ，心の中で自分の「答え」を一旦決めます。
3. それからみんなでタイミングを合わせて，一斉に各自の「答え」を言います。当然はじめはバラバラです。
4. 一斉に言うことを何度か繰り返しながら，最終的に1つの「答え」にまとめます。過程の中で，自分の「答え」を強く主張したり，他の「答え」に乗り換えたり，という方略が求められます。
5. 全員の声が1つに揃ったら完成です。
6. 2グループ以上で実施する場合は，対抗戦形式とし，早く声が揃ったチームを勝ちとします。

〈お題例〉
・動物園の人気者と言えば？，秋の味覚と言えば？，運動会の種目と言えば？，国民の祝日と言えば？，遊園地のアトラクションと言えば？，おでんの具と言えば？，ファミリーレストランのメニューと言えば？，など。

準備
特にありません。

人数
1グループ5～10人程度。

時間
5分間程度。何回か繰り返します。

一口メモ
・ゲーム感覚で大きな声を出していきます。

関連ワーク例
|準備| 聖徳太子ゲーム
|類似| ボリュームアップ！，ノイズ

24. ノイズ ★★

目を閉じたパートナーを合言葉によって誘導します。単なる身体接触とは異なる日常性を越えた関係性の体験を促します。

準備
特にありません。なるべく広い場所で行います。

人数
2人一組。

時間
5分間程度。交代して繰り返します。

一口メモ
・目を閉じて実施するので、不安を感じるメンバーに配慮します。
・他のペアとぶつかったりしないよう配慮が必要です。

関連ワーク例
類似 声合わせ，ボリュームアップ！，チョコレート・パフェ

進め方
1. 2人でペアを作り，Aさん・Bさんとなります。2人で「ピヨピヨ」「ポンポン」など適当な「合言葉」を決めます。
2. それからAさんは目を閉じ，Bさんは少し離れた場所で「合言葉」を言います。
3. Aさんは「合言葉」の声を頼りに，目を閉じたまま，声のする方向へ歩いて行きます。
4. Bさんは少しずつ場所を移動しながら「合言葉」を続け，Aさんはその方向へ向かい続けます。声が聞こえなくなったら止まります。他のペアや障害物等がある場合は，衝突等に気をつけながら行います。必要に応じて「ストップ！」と声をかけます。
5. 数分間続けた後，目を開けます。感想を話し合ってから，役割を交代します。

25. 握手当て ★★

目を閉じて握手をして自分のパートナーを探します。ゲーム的なかかわりの中で自然にスキンシップを促します。

進め方

1. まず，4人～8人ずつ同人数でA・Bの2列になって向かい合って立ちます。
2. 向かい合う両者がパートナーとなり握手をしますが，このときA列のメンバーは目を閉じて，B列の自分のパートナーの手の感触を憶えます。握手の時間は30秒程度です。
3. 一旦手を離した後，A列のメンバーは目を閉じたまま，握手する手を前に出して立ちます。
4. B列のメンバーは相手をランダムに変えながらA列のメンバーと握手をします。
5. A列のメンバーは，目を閉じた状態で自分のパートナーが再度握手してきたと思った場合は，「この人！」と言って手を握ります。違うと思った場合は「違います」と言って手を離します。
6. 全員のパートナー探しが一段落したところで，目を開けて相手を確認します。一旦終了したら，立場を代えて再度実施します。

関連ワーク例

類似 トラストウォーク，握手渡り，ミーティング＆グリーティング

準備

特にありません。

人数

8人～16人程度。偶数人数で実施します。

時間

5分間程度。交代して繰り返します。

一口メモ

- 「パートナーを見つけた！」と思った瞬間に反射的に目を開けてしまうことが多いので，全員がパートナーを見つけ終わり，ファシリテーターが「目を開けてください」と指示するまで目を閉じているよう注意を促すことが必要です。
- ファシリテーターがメンバー2人程度とデモンストレーションを行うとわかりやすくなります。

第6章　心を育てるグループワーク i-Work

26. トラストウォーク ★★

目を閉じたパートナーを誘導します。

準備
特にありません。なるべく広い場所で行います。

人数
2人一組。

時間
3～10分間程度。交代して繰り返します。

一口メモ
- 安全第一で実施します。
- ふざけたりしないようよく注意し，必要に応じて随時介入します。安全な実施が難しい場合は，中止も視野にいれておきます。
- トラストフォールの準備に適しています。
- 同性同士で行うことが多いワークですが，【発展編】のように誘導者が順次交代することで男女混合の形に移行することもできます。

進め方
1. 2人一組になり，Aさん（誘導する人），Bさん（誘導される人）とします。
2. AさんはBさんの半歩前に立ち，Bさんは目を閉じてAさんの肘付近または袖を軽く握ります。
3. Aさんが歩き，BさんはAさんについて行きます。
4. 階段がある場合は，Aさんは階段の手前で一旦立ち止まり，「階段です」と言い，上がるのか，下がるのかを伝えます。
5. 狭いところを通るときは，「これから狭いところを通りますから，私の後ろに入ってください」と言って，Aさんは自分の腕を背中に回し，BさんはAさんの後ろに入ります。
6. 時間がきたら合図をして終了し，感想を話し合ってから交代します。

【発展編】

7. 肘を握る代わりに，互いに掌を上下に重ねることで誘導することもできます。
8. さらに誘導している間に，他のペアとこっそり誘導者を交代することもできます。

関連ワーク例
|類似| 握手当て
|展開| ロボットウォーク，チョコレート・パフェ，トラストサークル，トラストフォール

27. ロボットウォーク ★★

目を閉じたパートナーを後ろから誘導します。

進め方

1. 2人一組になり、Aさん（誘導する人）、Bさん（誘導される人）とします。
2. 目を閉じたBさんが前に立ち、その後ろにAさんが立ちます。
3. AさんはBさんの両肩を軽く後ろから押し、Bさんは圧を感じたら前方に歩きます。
4. Bさんが歩き出したら、Aさんは手を離し、一歩遅れてついていきます。
5. 止まるときは、AさんがBさんの両肩をポンと叩きます。
6. 方向を変えるときは、Bさんが立ち止まった状態で、AさんがBさんの両肩を持って向きを変え、方向が決まったら、またBさんの両肩を軽く押します。
7. 時間が来たら合図をして終了し、感想を話し合ってから交代します。

準備

特にありません。なるべく広い場所で行います。

人数

2人一組。

時間

5〜10分間程度。交代して繰り返します。

一口メモ

- 安全第一で実施します。
- トラストウォークと似ていますが、誘導する側が相手から離れて後ろにいるところが異なります。その分、誘導される側は不安になりがちです。どのようにして信頼感を作るかがポイントです。

関連ワーク例

| 準備 | トラストウォーク |
| 類似 | トラストフォール，トラストサークル |

28. トラストフォール ★★

倒れる仲間を協力して後ろで支えます。

準備
特にありません。なるべく広い場所で行います。

人数
4人一組で実施します。

時間
1回あたり3分間程度。交代して繰り返します。

一口メモ
- 安全第一で実施します。
- 常に3人で力を合わせて受け止めます。
- ふざけたりしないようよく注意し，必要に応じて随時介入します。安全な実施が難しい場合は，中止も視野にいれておきます。
- メンバーはパスすることもできます。
- トラストサークルの準備に適しています。

関連ワーク例
準備　トラストウォーク
展開　トラストサークル

進め方
1. 4人一組になり，倒れる人（Aさん）と支える人になります。
2. Aさんが一歩前に立ち，支える人は3人で横に並んで，両足を前後に開き，腰を落として，両手をAさんの背中の後ろに添えます（安全姿勢）。
3. Aさんはゆっくりと後ろに倒れ，3人が後ろでAさんを支えます。
4. 少しずつ間隔を広げながら数回繰り返します。
5. 終了したらAさんは感想を話してから交代します。

29. トラストサークル ★★★

倒れる仲間を輪になって支えます。

進め方

1. みんなで輪になって立ち，その中央に1人（Aさん）が立ちます。
2. 輪のメンバーは両足を前後に開き，腰を落として，両手を前に出して構えます（安全姿勢）。
3. Aさんは胸の前で両腕をクロスさせて立ちます（ミイラのポーズ）。眼鏡は予め外しておくとよいでしょう。
4. Aさんはゆっくり後ろに倒れ，倒れるAさんを後ろのメンバーが3人程度で力を合わせて一旦受け止め，その後ゆっくりと反対側へ押し返します。
5. 今度はAさんは前方に倒れることになり，そのAさんを前側の3人でゆっくりと受け止め，同様に反対側へ押し返します。これを繰り返します。
6. 倒れてきた人を受け止めるとき，すぐに押し返そうとせず，一旦「タメ」を作って間をとることがコツです。
7. 1分間たったら合図をして終了します。Aさんは感想を話してから交代します。
8. Aさんは周囲が力を合わせて受け止めてくれる感じを体感し，また周囲のメンバーは他者を支える体験を味わうことになります。他者を尊重する気持ちと信頼する気持ちを全員が共有できたとき，深い一体感を味わうことができます。

準備

特にありません。なるべく広い場所で行います。

人数

9人一組が最適です。

時間

1人当たり1分間。人数分繰り返します。

一口メモ

- 常に3人以上で力を合わせて受け止めます。
- 落ち着いて実施できる心理的・物理的環境を整えることが重要です。
- ついふざけてしまうことがあるワークですので，随時介入します。
- メンバーはパスすることもできます。
- トラストフォールの後に実施すると効果的です。

関連ワーク例

準備 トラストフォール，トラストウォーク

30. チョコレート・パフェ ★★

合言葉を決め，共に目を閉じて歩いて，パートナーを探します。

準備
特にありません。なるべく広い場所で行います。

人数
2人一組。

時間
5分間程度。

一口メモ
- 人数が多い場合は，周辺にサポート役を置きます。サポート役は集団から外れそうだったり，壁にぶつかりそうなメンバーの方向を修正します。

関連ワーク例
準備	トラストウォーク
類似	ロボットウォーク，ノイズ
展開	トラストサークル

進め方
1. 2人一組になり，合言葉を決めます。合言葉は，「山・川」「チョコレート・パフェ」「横断・歩道」などの一対の言葉，合成語などとします。
2. パートナー同士は部屋の離れた場所で目を閉じ，両腕を胸の前で車のバンパーのように組みます。
3. ファシリテーターの合図で各メンバーはゆっくりと歩き出します。誰かとぶつかると小声で互いに合言葉を言います（大きな声で言うと，声でパートナーの居場所がわかるため）。
4. 合言葉が合えば，目を開けて確認し，邪魔にならない場所へ移動します。
5. 歩いているメンバーが残り少なくなったら，ファシリテーターが歩く方向を調整するなどして，パートナーを見つけやすくします。
6. 全員がパートナーを見つけたら終了です。

31. 電話で SOS ★

図形を言葉で伝えることを通して，コミュニケーションについて学びます。併せて自分の言動が相手に与える影響について体験することを通して，共感能力を養います。

進め方

1. グループに分かれます。
2. 誘拐された被害者が窓から見えるビルの屋上に見える広告看板の絵を警察に伝える，という設定で実施します。
3. 被害者役（1人）と刑事役（2人ないし3人）を決めます。役割は順番に交代します。
4. 教示を行います。
   「あなた（被害者役）は悪者に誘拐されてしまいました。どこかのビルの一室に監禁されています。窓から外を眺めることができますが，見えるのは向かいのビルの屋上の看板だけです。幸いポケットには携帯電話があるので，警察に電話をかけて，看板の図形を伝えることにしました。刑事さんが優秀なら，あなたが監禁されているビルを割り出して助けに来てくれるでしょう。ところが携帯電話の電池は残り3分間しかありません。3分の間にあなたは図形を正確に伝えなければなりません。電話なので，身振りや手振りは使えないし，相手の手元を見ることもできません。言葉だけを使って，正しく図形を刑事さんに伝えて下さい。」
   <u>身振り・手振りが使えないこと</u>，<u>相手の手元を見ることができないこと</u>を強調します。
5. 刑事役に書き取り用紙を配ります。半分に折って上半分を垂直に立てて，手もとを隠します。
6. 被害者役に課題図形を配ります。
7. 30秒程度の"作戦タイム"をとり，被害者役が説明方法を考えてから一斉に開始します。

準備

課題図形（3種類＋予備1種類），書き取り用紙（A4），筆記用具，タイマー，イス，机。

人数

3人一組。誘拐事件被害者役1人，刑事役2人に分かれます。4人一組でも実施可能です。この場合は刑事役を3人とします。

時間

1試行あたり3分間。交代して繰り返します。

一口メモ

・必要に応じ，時間を調整します。
・はじめにファシリテーターが予備図形を使って全員を対象にデモンストレーションしてみるのもよいでしょう。
・被害者役が複数の場合，同じ説明を聞いても，皆が同じように聞き取るとは限りません。結果が分かれた場合，なぜそうなったのかを考えてみます。

関連ワーク例

類似 初めてのお使い

8. 制限時間がきたら，結果を確認して，感想を話し合います。
9. 以下同様に交代して実施します。全員終了したら，グループで感想を話し合います。可能ならば全体で振り返りをします。

電話で SOS 課題図形

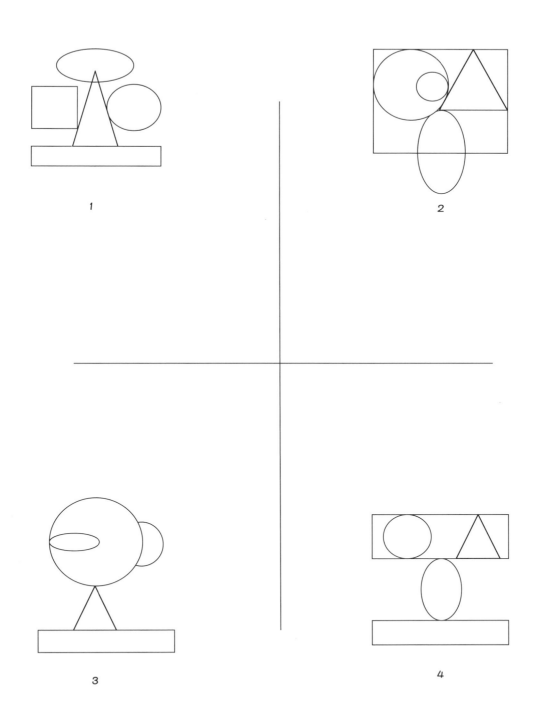

第6章 心を育てるグループワーク i-Work

32. 数字合わせ ★★

感受性を高めて他者とかかわり合い，自分と他者のイメージの世界の違いを理解します。

準備
1〜50の数字を書いたカード。参加人数によりカード枚数を調整します。

人数
10人〜50人。

時間
10分間程度。2〜3回繰り返します。

進め方
1. 1〜50のカードを使って，イメージを使ったゲームをします。最初は予め1と50のカードを抜いておきます。
2. メンバーにカードを裏向きにして配り，カードの数字を自分だけが確認するよう指示します。数字を他のメンバーに教えたり，カードを見せたりすることはできません。
3. その上で以下の教示を行います。
「これからみなさんは動物をイメージしてください。」
「今配ったカードの数字はあなたの動物の相対的な大きさを表しています。1のカードはとても小さな動物です。（と言いつつ予め抜いておいた1のカードを示しながら）ここに1のカードがあります。これを仮にアリだとします。それから50のカードはとても大きな動物です。（と言いつつ予め抜いておいた50のカードを示しながら）ここに50のカードがあります。これを仮にゾウだとします。みなさんは，それぞれ自分のカードの数字を元に自分の動物を想像して決めてください。」
4. 全員が自分の動物を決めたことを確認したら，ワークを始めます。
5. メンバーは2人でペアになり互いに自分の動物を紹介し合いながら，自分と数字の近そうな相手を探します。相手の動物を聞いて，互いに自分の数字に近いと感じたら2人でペアになります。カードの数字が離れていると感じたら別れて，次の相手を探します。
6. 話し合いは原則として2人一組で行います。場合により3

人一組でも可としますが，それ以上で集まることはできない旨アナウンスします。
7. 少しずつペアが誕生していきますが，残ったメンバーは徐々に妥協することになります。
8. 全員がパートナーを見つけたら終了し，お互いの数字を確認します。数字が近かったペア，遠かったペアなどの確認をするとよいでしょう。

【発展編】
9. 再度実施する場合，2回目以降は別カテゴリーとして，最初から1～50のカードで開始して構いません。この場合，カテゴリーのみ提示し，1と50のカードが何を指し示すかは各自の判断に委ねます。

〈カテゴリー例〉
・工場で作っているもの…1：小さなもの～50：大きなもの
・趣味…1：おとなしい趣味～50：活動的な趣味
・歴史上の人物…1：古代～50：現代（日本史または世界史）
・海外旅行…1：近い海外の都市～50：遠い海外の都市
・音…1：小さな音～50：大きな音

一口メモ

・必要に応じ，1～50の数字は相対的な大きさを表すものであり，センチメートル等の物理的な大きさを表すものではないことをアナウンスします。
・犬などの場合は大きさの範囲が大きいので犬種も考えるよう指示します。
・グループ初期において自己紹介を兼ねて人間関係形成を行うことができます。
・数字が近いと思った相手でも実際は異なっていることがしばしばあります。ここから自分と他者の判断基準の違い等について気づきが得られ，ひいては他者の心の世界の存在について示唆が得られます。
・ある程度以上の判断能力が必要です。
・参加者が50人以上の場合は数字カードを複数セット使います。

関連ワーク例

|準備| ミーティング＆グリーティング
|類似| WANTED！

33. 人間コピー機 ★

協力して模写課題に取り組むことを通して，協力することと責任を果たすことの重要性を学びます。

準備
課題図形（A3に拡大コピーして使います），A3白紙，筆記用具，タイマー，掲示用の磁石，イス，机。

人数
3人〜4人一組が適当ですが，2人一組，5人一組でもできます。

時間
10分間（進行状況により調整することがあります）。

一口メモ
- 他のメンバーが描いた線を消すことに躊躇するメンバーもいます。消しゴムの使用をためらわないようはじめにアナウンスするとよいでしょう。
- A3サイズの用紙を使用することにより，複数メンバーの協同作業がしやすくなります。

関連ワーク例
類似 絵合わせ

進め方
1. グループに分かれて着席します。
2. 次の教示を行います。
   「これから絵を見て来て写す課題を行います。○○（廊下，ホワイトボードの裏など）に絵を貼りました。その絵を見て来て写してもらいます。」「①絵を見に行けるのは1グループから一度に1人だけです。②絵を見に行く人は何も持たずに行きます。③絵は順番に見に行きます。」
3. このルールを守っていれば，1人が何回でも見に行けます。その他，大きさも同じにすること，消しゴムは使ってよいこと，定規類は使ってはいけないことなども指示します。
4. 時間は進行状況を見ながら，必要なら10分間〜15分間の間で調整します。終了3分前，1分前に予告します。
5. 終了後は各グループの絵を黒板に貼り出すなどして比較しますが，絵の巧拙よりもグループの協力へ関心を向けるようにします。メンバーの力を足し上げるだけでなく，相互作用の力を活用することが重要です。

人間コピー機　鉛筆

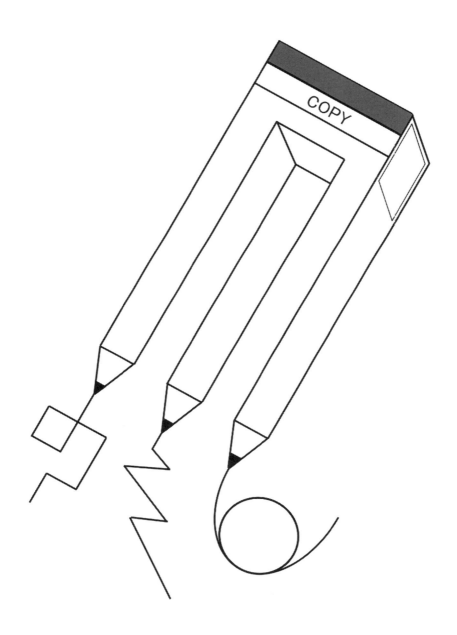

人間コピー機　サイコロ

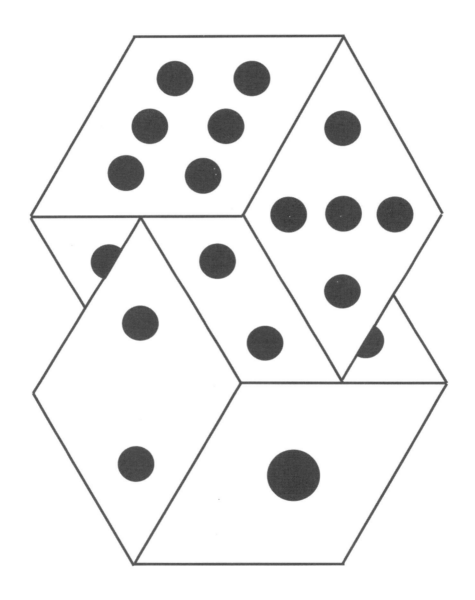

人間コピー機　展望台

第6章　心を育てるグループワーク i-Work

34. 絵合わせ ★

情報が分散された課題に協力して取り組むことを通して，協力することと責任を果たすことの重要性を学びます。

準備
課題カード6枚1セット，記録用紙，筆記用具，イス，机。

人数
5人ないし6人（5人の場合は右端のカードを1枚除きます）。

時間
数分間〜20分間程度（進行状況によりそれ以上かかることがあります）。

一口メモ
- グループによって進行状況が大きく異なってくる可能性があります。各グループの状況を見て，少しずつヒントを出して進行状況を調整する必要が生じることもあります。ヒントは，端のカードから順に情報を提示していくといいでしょう。

関連ワーク例
類似 人間コピー機

進め方
1. グループに分かれて着席します。
2. 各グループに課題カードを1セットずつ配り，カードをシャッフルして裏返しの状態でメンバーに1枚ずつ配ります。このカードを他の人に見せたり，渡したりすることはできません。課題カードには標準バージョン（概ね小学生〜中学生向き）とチャレンジバージョン（概ね高校生以上向き）の2タイプがあります。
3. 各メンバーは絵の特徴を言葉で伝達して情報を交換・共有し，絵の順序を推測し，記録用紙にひらがなで順序を控えます。
4. 完成したと思ったら，リーダーを呼び，答え合わせをします。
5. 正解だったら終了です。カードを表向きにして並べて確認します。間違っていたら再度続けます。

標準バージョン

チャレンジバージョン

第6章 心を育てるグループワーク i-Work 123

35. 初めてのお使い ★★

言葉で道順を説明することを通して，コミュニケーションについて学びます。

準備
課題図形（説明用4パターン），書き取り用の白地図（共通），筆記用具，タイマー，イス，机。

人数
3人一組。親役（1人）と子ども役（2人）に分かれます。4人一組でも実施可能です。この場合は子ども役を3人とします。

時間
1回あたり5分間〜8分間。交代して繰り返します。

一口メモ
・子ども役が複数の場合，同じ説明を聞いても，みな同じように聞き取るとは限りません。結果が分かれた場合，なぜそうなったのかを考えてみます。
・子ども役の正解数を合算して親役のポイントとすることもできます。

関連ワーク例
類似 電話でSOS

進め方
1. グループに分かれます。
2. 親が子どもたちにお使いの行き先と道順を電話で説明するという設定で行います。
3. 全員に白地図を2枚ずつ配ります(3人一組の場合)。白地図は半分に折って，上半分を垂直に立てて，手もとを隠します。
4. 親役に課題図形を配ります。
5. 親役に以下の教示を行います。
「外出中に急な用事ができて，今日中に行かなければならないお店へ行くことができなくなってしまいました。子どもたちにお使いを頼みたいと思いますが，お店はたくさんあるので，電話で道順を教えたいと思います。子どもに電話をかけて，ちゃんとお使いができるように説明してあげてください。」
6. 親役は，課題図形を見ながらAのスタート地点から順に道順を説明します。電話での説明なので，親役は身振りや手振りは使えないこと，子ども役の手もとを見ることはできないことを強調します。
7. 子ども役は親役の説明を聞きながら，道順とお店の数字を鉛筆で白地図に記していきます。親役に聞き返すことはできます。
8. 制限時間になったら答え合わせをして何か所を正しく伝えることができたか確認し，感想を話し合います。
9. 親役を交替して，B地点から同様に実施します。

- 用紙の上半分を折って立てて、相手に自分の手もとが見えないようにしてください。

- 電話を受けて、お店の場所を順に書き取ってください。お店は全部で8軒あります。

- 道順も地図に書き込んでください。

- 相手に聞き返すことはできます。

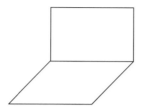

・・・・・・・・・・・・・・・・・・・（谷折り）・・・・・・・・・・・・・・・・・・・

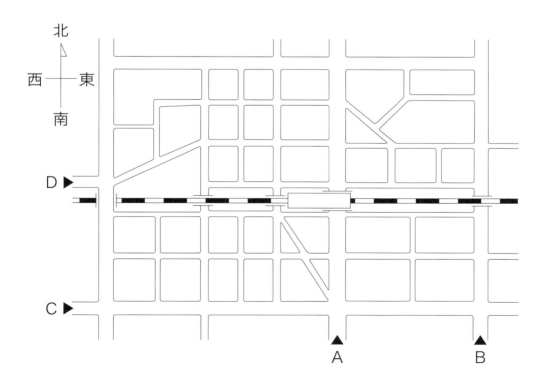

第6章 心を育てるグループワーク i-Work　125

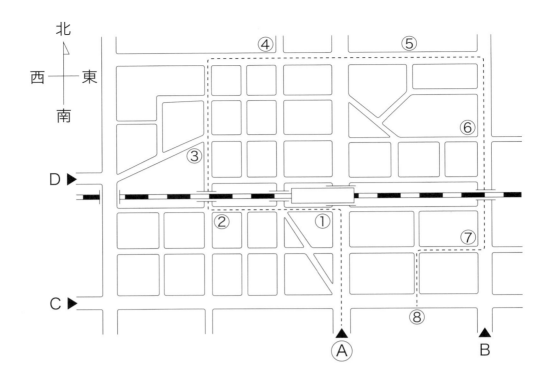
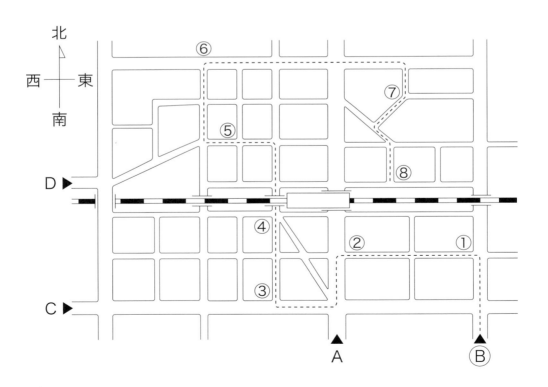

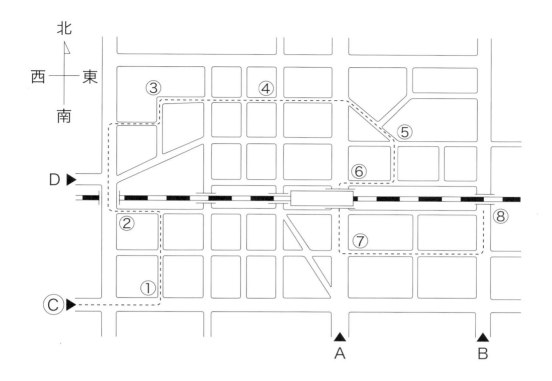

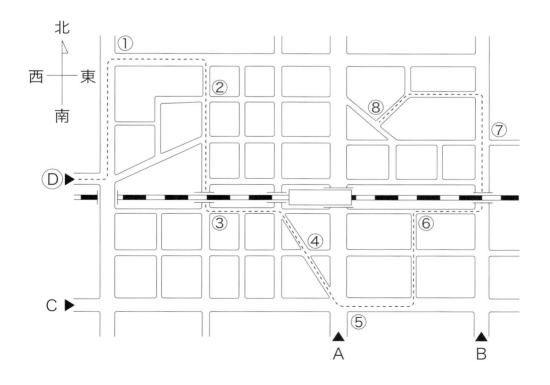

第6章 心を育てるグループワーク i-Work

理解するワーク

【他者理解】
他者を理解し，その人物像に迫ります。

36. 一歩前へ！	★	輪になって一言ずつ自己開示をしながら，お互いの共通点を見つけていきます。
37. 共通点探し	★	2人一組で話し合って，お互いの共通点をたくさん見つけます。
38. ウソ1つ	★★	3点の自己紹介を聞いてどれがウソかを見破ります。
39. サイコロ・トーキング	★	サイコロを振って，目に割り振られた話題を話します。
40. スゴロク・トーキング	★	スゴロクをしながら会話を楽しむことを通して，相互理解を深めます。
41. Who am I?（私は誰？）	★	匿名のプロフィールシートを見て，それが誰かを推測します。

【自己理解】
他者とのかかわりを通して自分自身を理解します。

42. WANTED!	★	他者の視線を通して自己イメージについての理解を深めます。
43. 連想ゲーム	★★	自分が作製した連想リストに対する他者の印象を通じて他者から見た自分のイメージに出会います。
44. あなたはきっと	★★	5つの項目について，互いの印象を語り合うことを通じて他者から見た自己イメージに出会います。
45. 噂話	★★★	自分の長所について他者が語り合うのを聞き，ありのままの自分について理解します。
46. 私は実は	★★★	個人の短所を支援ツールを使って長所に読み替えます。
47. ネガポ人生相談室	★★★	匿名状況で自らを含めて短所を長所に読み替えるリフレーミングをします。

【自己理解・他者理解】
自己理解と他者理解を併せて進めていきます。

48. 究極の選択	★★	二者択一の話題に関するスゴロクをして，自己理解と他者理解を深めます。
49. 結婚の条件	★★	結婚相手に求める条件について、グループでコンセンサスを求めます。

★マークは難易度を示しています。

36. 一歩前へ！ ★

輪になって一言ずつ自己開示をしながら，お互いの共通点を見つけていきます。

進め方

1. 全員で大きめの輪になって立ちます。
2. 1人ずつ，自分の特徴を言って一歩前に出ます。その際，外見上の特徴は除きます。特徴例は，「○月生まれです（誕生月）」「長男です（きょうだいの順位）」「○○市に住んでいます（住所）」「○○が好きです」「○○をしたことがあります」「○○を飼っています」などです。
3. 輪の中に同じ特徴をもつ人がいたら，その人（たち）も一歩前に出ます。一歩前に出た人たち同士でお互いを確認したら，元の輪に戻ります。
4. 時計回りにこれを繰り返していきます。または，順番ではなく自由に出てもいいでしょう。

【発展編】

5. 2～3周回ったら，「自分以外に1人だけいそうな特徴」に挑戦してみます。自分のオリジナルな特徴とは何かを考えることが求められます。

準備

特にありません。

人数

数人～20人程度。

時間

10分間程度。

一口メモ

- 意外な共通点が見つかることがあります。
- ゲーム的な雰囲気の中で全体としての一体感を味わうこともできます。
- 【発展編】は自分と他者の違いを深く考えることにつながります。

関連ワーク例

準備	風船ゲーム，手合わせ，人間知恵の輪
類似	共通点探し，ウソ1つ
展開	スゴロク・トーキング

37. 共通点探し ★

2人一組で話し合って，お互いの共通点をたくさん見つけます。

準備
タイマー。

人数
2人一組。

時間
30秒～1分間。ペアを替えて2～3回繰り返します。

一口メモ
・あまり深く考え込む必要はありません。短時間の間にたくさん見つけようとすることで，頭を柔らかくし，発想を柔軟にする効果があります。
・3人一組で実施することもできます。

関連ワーク例
類似 一歩前へ！，ウソ1つ

進め方
1. 2人一組になります。
2. 話し合って2人の共通点を見つけます。外見上の特徴は除きます。
3. 制限時間内でできるだけたくさん見つけます。「質より量」が重要です。
4. 終了後，何個共通点が見つかったか確認します。
5. 相手を代えて繰り返します。

38. ウソ1つ ★★

真っ赤なウソを含めた3点の自己紹介を聞いて，どれがウソかを見破ります。

「私の休みの過ごし方」

進め方

1. グループに分かれます。
2. 自分について3点紹介します。そのうち1点は全く事実と反すること（ウソ）です。
3. 他のメンバーは，自己紹介を聞いて，どれがウソかを考え，当てます。
   〈自己紹介例〉
   ①「私は動物が大好きで家ではネコを3匹飼っています。」
   ②「小学校の頃，算数が得意でテストはいつも100点でした。」
   ③「好きな食べ物はラーメンで，なかでも味噌ラーメンが大好きです。」
   正解：「①がウソ。実は動物は大の苦手です。」
4. ウソは「真っ赤な」ウソであることが重要です。例えば「本当はネコを2匹飼っています」というのは事実とは異なるかもしれませんが，2匹と3匹の違いはわずかな違いですので，適切ではありません。
5. 「答え合わせ」をした後は，「本当の自分」を巡るやりとりが活性化します。

準備

特にありません。

人数

2人一組～4人一組。

時間

3分間程度。交代して繰り返します。

一口メモ

・自己紹介にウソを交えることでゲーム性を高め，相互理解を一層深めます。
・他者の話を聞く際の集中力を高める効果もあります。

関連ワーク例

類似 共通点探し，一歩前へ！

39. サイコロ・トーキング ★

サイコロを振って，目に割り振られた話題を話します。

準備
サイコロ，話題リスト，机，イス。

人数
4〜5人一組程度。

時間
10分間程度。

一口メモ
- 一度話した話題に当たったら，サイコロを振り直します。
- 話題リストを複数枚用意しておき，順次交換しながら進めることもできます。
- スゴロク・トーキングに比べてワークの進行状況のコントロールが比較的容易です。
- 任意の数字をフリーナンバーとして話題を自由に選べるようにしてもよいでしょう。

関連ワーク例
類似 スゴロク・トーキング，究極の選択

進め方
1. 話題リストを配るか黒板等に書き出します。
2. サイコロを配ります。
3. サイコロを振って，出た目の話題を話します。
4. 順に交代して話します。

〈話題リスト例〉（※40.スゴロク・トーキングと一部重複します）

【日常編】
1. 今朝起きた時間。
2. タベ寝た時間。
3. 昨日帰宅した時間。
4. 昨日の夕食。
5. この間の週末にしたこと。
6. よく見るテレビ番組

【一番編】
1. 今までに行った一番遠い所。
2. 今までに行った一番高い所。
3. 今までに負った一番重い怪我。
4. 今までで一番怖かったこと。
5. 一番面白かった映画。
6. 一番古い記憶。

【非現実編】
1. タイムマシンがあったら。
2. 生まれ変われるとしたら。
3. 占い師が何でも教えてくれるとしたら。
4. 世界一の金持ちになったら。
5. 地球最高の権力者になったら。
6. 明日が地球最後の日だとしたら。

40. スゴロク・トーキング ★

スゴロクをしながら会話を楽しむことを通して,相互理解を深めます。

進め方

1. グループに分かれ,スゴロクシートを配ります。
2. 次の教示を行います。
   「これからみなさんでスゴロクをしてもらいます。①サイコロを振って止まったマスに書いてある話題を話してください。②カエルのマスに止まったら通りすぎた好きなマスの話題を選んで話してください。③話したくない話題はパスすることもできます。また,他の人の話に対して質問することもできます。『スタート』にコマを置いてください。最初に話す人を決めたら,その人から順に時計回りに話してください。」
3. サイコロを配って会話を始めます。
4. ゴール後も自分の番が来る度にスゴロクシート全体から好きなマスの話題を選んで話します。
5. 全員がゴールするか制限時間(30分間程度)が来たら終了します。事前に「あと○分で終了です」「次の人が話したら終了とします」等のアナウンスをするとよいでしょう。
6. シェアリング(例)
   「今,みんなでスゴロクをしながら○○分間話をしました。今まであまり知らなかった人ともいろいろな話ができのではないでしょうか。それでは皆さん,その場で楽な姿勢をとって軽く目を閉じてください。今,グループのメンバーと話をしながらどんなことを感じていたでしょうか。話をしながら自分が感じていたことを振り返ってください。時間は30秒ほどです(30秒待つ)。目を開けてください。

準備

スゴロクシート(A3サイズに拡大コピーして使います),サイコロ,スゴロクのコマ,イス,机。

人数

5人一組程度。

時間

30分間程度。

一口メモ

- グループの初期に行うとお互いの面識度を高めるのに役立ちます。
- 最初に話す人を決めるのに以下の方法を参考にすることもできます。〈一番○○(そう)な人から〉遠くから来た,朝早く起きた,誕生日が近い,○○な服装の,髪の長い,体育会系の…。
- 最初の人を決めたら,後は時計回りにします。
- サイコロを後から配るのは教示への集中力を高めるためです。
- 英語版は英語学習の他,外国人との異文化交流にも活用できます。

関連ワーク例
[準備] 一歩前へ！，共通点探し
[類似] サイコロ・トーキング，究極の選択

それでは，次に話す番だった人から，今目を閉じている間に考えたことをグループの人に話してください。」

【発展編】
7. スゴロク・トーキング・プラスのプリントを配ります。
8. 話題を一旦話した後，再度サイコロを振ります。プリントを見てプリント上のサイコロの目の数字の言葉を最初に言い，それに続けてアドリブで話を続けます。スゴロク・トーキングに即興の要素を加えることで，さらなる会話の展開を促します。

〈展開例〉
（今朝何時に起きた？）「5時です。」
（再度サイコロを振る→③）「というのも，今日は宿題をやってなかったので，早起きをして宿題を終わらせたからです。」

〈スゴロク・トーキング・プラス〉
①くわしく言うと
②特に
③というのも
④できれば
⑤ここだけの話だけど
⑥それはさておき

スゴロクシート

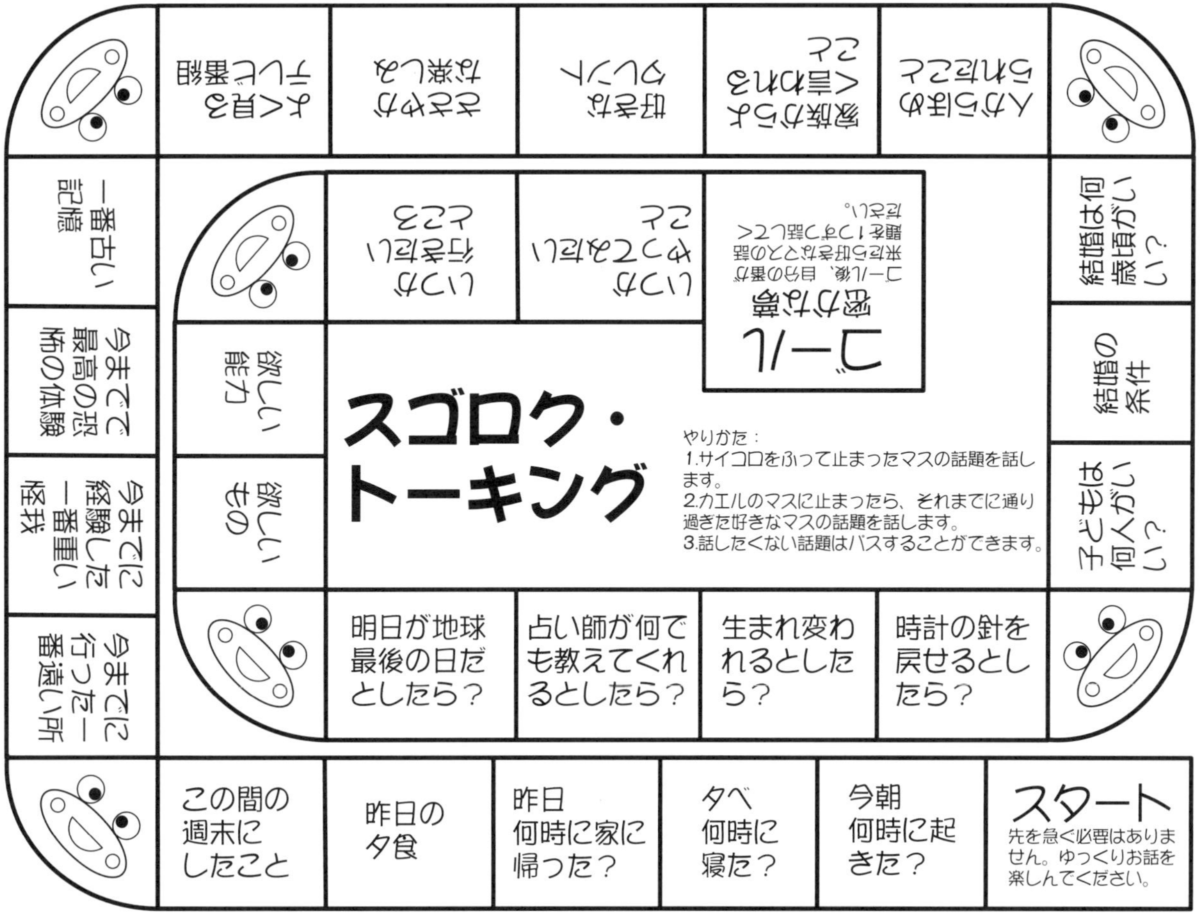

スゴロク・トーキング

やり方：
1. サイコロをふって止まったマスの話題を話します。
2. カエルのマスに止まったら、それまでに通り過ぎた好きなマスの話題を話します。
3. 話したくない話題はパスすることができます。

ゴール
密かな夢
ゴール後、自分の番号が来たら好きなマスの話題を1つずつ話してください。

スタート
先を急ぐ必要はありません。ゆっくりお話を楽しんでください。

盤面のマス：
- 将来の夢は何？
- 最近の興味は何？
- 何が一番したい？
- 今朝何時に起きた？
- 昨夜何時に寝た？
- 昨日何時に家に帰った？
- 昨日の夕食
- この間の週末にしたこと
- 時計の針を戻せるとしたら？
- 生まれ変われるとしたら？
- 占い師が何を教えてくれるとしたら？
- 明日が地球最後の日だとしたら
- いつか行きたいところ
- いつかやってみたいこと
- 欲しいもの
- 欲しい能力
- 今までに行った一番遠い所
- 今までに経験した一番重い怪我
- 今までで最高の恐怖の体験
- 一番古い記憶
- よく見るテレビ番組
- ささやかな楽しみ
- 好きなプレゼント
- 家族からよく言われること
- 人からほめられたこと

第6章　心を育てるグループワーク i-Work

スゴロク・キッズ

スゴロク・トーキング キッズ

スタート
先を急ぐ必要はありません。ゆっくりお話を楽しんでください。

ゴール ひそかな夢
ゴール後、自分の好きなマスが来たら1つずつ話してください。

やりかた：
1. サイコロをふって止まったマスの話題を話します。
2. カエルのマスに止まったら、それまでに通り過ぎた好きなマスの話題を話します。
3. 話したくない話題はパスすることができます。

マスの内容（時計回りに、スタートから）：
- スタート
- 今朝 何時に起きた？
- タイムマシンがあったら？
- どこでもドアがあったら？
- 占い師が何でも教えてくれるとしたら？
- 明日が地球の最後の日だとしたら？
- 昨日の夕食
- 昨日 何時に家に帰った？
- ゆうべ 何時に寝た？
- この間の週末にしたこと
- よく見るテレビ番組
- よくする遊び
- よく行くお店
- 家でよく言われること
- のぼせていること
- 大事にしているもの
- 楽しいこと？
- 好きなイベント
- ひそかな自慢
- 人からほめられること
- 今まで一番幸せだったこと
- サイフに入っている一番高いお札
- サイフに入っている一番低いお札
- 欲しいもの
- 欲しい能力
- いつか行きたいところ
- いつかやってみたいこと

スゴロク・英語版

SUGOROKU・TALKING!

START! The goal isn't to get to the end first. Take your time and enjoy the conversation!

GOAL! What is your secret dream?

How to play?: If you land on a frog mark, you can answer any one of the questions in the section before it!

- What time did you get up this morning?
- What time did you go to sleep yesterday?
- What time did you go back home yesterday?
- What did you have for dinner yesterday?
- What did you do last weekend?
- What is the oldest memory in your life?
- What is the scariest experience you have ever had?
- What is the worst injury you have had?
- Where is the farthest place you have ever been?
- What is your favorite TV program?
- What is your favorite pastime?
- Who is your favorite celebrity?
- What are you told often by your family?
- What compliments have you received?
- At what age do you want to marry?
- What kind of person do you want to marry?
- How many children do you want to have?
- If you could move the hands of the clock backward, what would you do?
- If you were born again, what would you be?
- If a fortune-teller tells you everything, what would you ask?
- If the world were to end tomorrow, what would you do today?
- What kind of ability do you want?
- What kind of thing do you want?
- What do you want to do in the future?
- Where do you want to go in the future?

第6章 心を育てるグループワーク i-Work

41. Who am I?（私は誰？）★

匿名のプロフィールシートを見て，それが誰かを推測します。

準備
プロフィールシート（予め No. 欄に通し番号を記入しておきます），集計シート，筆記用具，セロテープなど，ラベルシール，イス，机。

人数
何人でも。

時間
30分間程度。

一口メモ
・予め複数の先生・関係者のプロフィールシートを用意しておいて，そのプロフィールシートについて実施することもできます。メンバー同士の人間関係がまだ十分できあがっていないときなどに適しています。

関連ワーク例
類似 スゴロク・トーキング，サイコロ・トーキング，連想ゲーム

進め方
1. 通し番号が記入されたプロフィールシートを配り，各自で記入します。このとき名前は記入しません。プロフィールシートの右下部分はフリーワードです。ファシリテーターが指定してください。
2. 一旦プロフィールシートを回収し，ランダムに壁などに貼り出します。
3. 集計シートを配ります。
4. メンバーは，壁に貼られたプロフィールシートを見て，誰が書いたものかを推測し，集計シートに名前を記入していきます。時間は10～15分間程度とします。
5. 全員が記入するか制限時間がきたら通し番号を手がかりに，順に「答え合わせ」をし，プロフィールシートに名前を記入します。
6. その後，全員の名前が入った状態で，プロフィールシートを再度見て回ります。

【発展編】

7. ラベルシールを1人数枚ずつ配ります。
8. プロフィールシートを再度見て回る際，意外な記述や印象に残った記述にシールを貼るなどして，フィードバックをします。
9. 本人にプロフィールシートを返却します。本人は，第三者によるシールが貼られたシートを見ることで，自己理解が一層深まります。

プロフィールシート

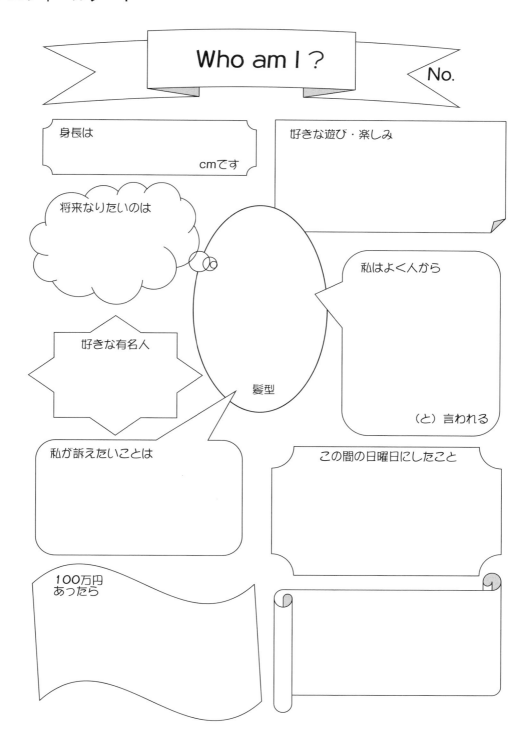

第6章 心を育てるグループワーク i-Work

集計シート

	年　　　組　　　番						
No.	名前	No.	名前	No.	名前	No.	名前
1		11		21		31	
2		12		22		32	
3		13		23		33	
4		14		24		34	
5		15		25		35	
6		16		26		36	
7		17		27		37	
8		18		28		38	
9		19		29		39	
10		20		30		40	
	正解数　　　　　　人						

42. WANTED! ★

他者の視点を通して自己イメージについての理解を深めます。

進め方

1. 全員にプリントを配ります。
2. 教示を行います。
   「これから2人一組になってジャンケンをします。勝った人が相手に対する『質問権』を得ます。質問はプリントの中の10項目の中から相手が『はい』と答えそうな1つを選んで質問します。答えが『はい』だったら質問した人はプリントのその項目に折り目を入れてください。答えが『いいえ』だったらそのままです。その後,それぞれ次の相手を探して,ジャンケンを繰り返してください。同じ相手と2回続けてジャンケンをすることはできません。できるだけたくさん『はい』をもらうようにしてください。全部クリアした人は申し出てください。」
3. 説明後,できれば上記のプロセスをファシリテーターがメンバーとデモンストレーションします。
4. 全員がやり方を理解したのを確認して開始します。誰かが「全部クリアしました」と申し出るか,一定の時間（7分～8分程度）がきたら終了します。
5. 終了後,各自のクリア数を確認します。

【発展編】

6. 項目に折り目を入れず,「はい」をもらった回数だけをカウントします（この場合は,プリント下欄の1～10の数字を使います）。
7. このやり方だと,自分のイメージと無関係な質問を受けることを避けることができます。

準備

プリント。

人数

何人でも。

時間

5分間～8分間程度。

一口メモ

- メンバー同士が初対面の場合等は，必要に応じ，ジャンケンの前に簡単な自己紹介をするとよいでしょう。
- プリントに折り目を入れる代わりに，鉛筆等で線を引いてもよいでしょう。
- このエクササイズは他者からの質問を通じて自己イメージに出会い，自己理解を深めることが主目的です。その意味ではジャンケンに負けた方が得るところが大きいともいえます。
- クリア数確認後，「繰り返し聞かれた質問」を問いかけ，その意味について考えを促すと自己理解が一層深まります。
- 対象者が児童等の場合，ジャンケンを省略して，双方が互いに1つずつ質問しあう形にしてもよいでしょう。

関連ワーク例

|類似| 数字合わせ，連想ゲーム
|展開| あなたはきっと

コラム

WANTED! は性格のBig5（ビッグ・ファイブ）理論を参考にして構成されており，各項目毎に性格の5大特徴を反映しています。

1と6：開放性（1. ジェットコースターが好き。 6. 節穴があるとのぞきたくなる。）

2と7：誠実性（2. 図書館の本は返却日までに返す。 7. 空き缶はリサイクル・ボックスに入れる。）

3と8：外向性（3. 知らない人と仲良くなれる。 8. みんなでカラオケへ行くのが好き。）

4と9：調和性（4.「最後の1つ」には手を出しにくい。 9. 捨て猫・犬を拾ったことがある。）

5と10：神経症傾向（5. テレビや映画を観て泣くことがある。 10. 何かと悩みが多い。）

　一旦実施した後，性格特徴との関連について解説をすることによって，自己についての理解を一層深めることができます。

WANTED！

1.ジェットコースターが好き。

2.図書館の本は返却日までに返す。

3.知らない人と仲良くなれる。

4.「最後の一つ」には手を出しにくい。

5.テレビや映画を観て泣くことがある。

6.節穴があるとのぞきたくなる。

7.空き缶はリサイクル・ボックスへ入れる。

8.みんなでカラオケへ行くのが好き。

9.捨て猫・犬を拾ったことがある。

10.何かと悩みが多い。

1　2　3　4　5　6　7　8　9　10

43. 連想ゲーム ★★

自分が作製した連想リストに対する他者の印象を通じて，他者から見た自分のイメージに出会います。

準備
プリント，筆記用具，イス，机。

人数
何人でも。

時間
20分間～30分間程度。

一口メモ
- 連想は最初の言葉からの連想ではなく，直前の言葉からの連想とすることで「連想の連鎖」を作ります。
- 2人目，3人目の記入時には，既にイメージが記入されている欄は紙を折って見えなくすると影響を避けられます。
- 連想プリントを本人に返却する際，少し混乱することがあります。落ち着いた状況で返却できるよう配慮します。

関連ワーク例
[類似] あなたはきっと，WANTED！

進め方
1. メンバーを同人数ずつ2グループ（または3グループ）に分け，プリントを配ります。
2. ファシリテーターが任意の言葉（単語）を指定し，プリント右上の枠に書き込むよう指示します。
3. メンバーはその言葉から連想する言葉をプリントに順に記入していきます。このとき，連想は直前の言葉からの連想とします。
4. 3分間程度で連想語の記入は終了します。全部書き終わっていなくても構いません。
5. プリントをグループ毎に一旦回収しますが，このとき太枠の中に書いた言葉を憶えておくようアナウンスします。
6. 回収したプリントをシャッフルして匿名のまま他グループのメンバーに1枚ずつ配ります（自分が記入したプリントが戻ってこないようにします）。
7. メンバーはプリントに書かれた連想リストを見て，そのリストを書いた人についてのイメージをプリント下欄①に匿名で記入します。
8. 同グループのメンバー間でプリントを交換してさらに2回繰り返し，②，③の欄にもイメージを下詰めで記入します。
9. ③までの記入が終わったら，プリントを再度回収し，太枠内に書かれたキーワードを手がかりに，連想リスト記入者にプリントを返却します。
10. 連想リスト記入者は，自分の連想に対する3名分のイメージに出会います。

連想ゲーム

③

②

①

44. あなたはきっと ★★

5つの項目について互いの印象を語り合うことを通じて、他者から見た自己イメージに出会います。

準備
プリント（A4サイズ），筆記用具，イス，机。

人数
5人〜6人一グループ。

時間
20分間程度。

一口メモ
・発表対象者は逐一，感想・正誤を言いたくなりますが，そうすると時間が足りなくなるので個別の感想は簡単にするよう指示します。
・安易に実施したり，ふざけたりすると相手に心理的ダメージを与える可能性もあるワークです。注意して実施する必要があります。

関連ワーク例
類似 連想ゲーム，WANTED！

進め方
1. グループに分かれます。
2. プリントを配ります。
3. プリントの名前欄にグループの他のメンバーの名前を記入します。
4. 1〜5の欄にその人だったらそのような状況の時にどうするだろうか推測して，その内容を書き込むよう指示します。その際，後で互いに発表し合うことをアナウンスしておきます。また表現は正確な文章でなくてもかまいません。
5. 記入時間は5分〜10分程度です。途中，必要に応じて全体の記入状況をフィードバックします。
6. 全員の記入が終了したら最初に発表対象者を決めて，その人について隣の人から順に記入内容を発表するよう指示します。

【発表の仕方】
①最初の発表対象者（Aさん）を決めます。
②その隣の人からAさんの「1. ゴキブリ」について発表します。
③そのまた隣の人がやはりAさんの「1. ゴキブリ」について発表し，順に繰り返します。
④「ゴキブリ」が一順したら，「2. 宿題」に移ります。
⑤以下同様にして「5. 宝くじ」まで終えます。全員が発表を終えたらAさんは感想を簡単に述べます。
⑥次にBさんに移り，同様に進めます。全員が終わったら終了です。

あなたはきっと

次のような時、この人だったらどうするだろうか考えて、その答えを枠の中に書いて下さい。答えはあとで互いに発表してもらいます。

名前	さん	さん	さん	さん	さん
1.部屋の中にゴキブリがいるのを見つけたらあなたはきっと、	でしょう。	でしょう。	でしょう。	でしょう。	でしょう。
2.日曜日の夜に宿題がやってなかったらあなたはきっと、	でしょう。	でしょう。	でしょう。	でしょう。	でしょう。
3.公園に子猫が1匹捨てられているのを見つけたらあなたはきっと、	でしょう。	でしょう。	でしょう。	でしょう。	でしょう。
4.街でタレントにスカウトされたらあなたはきっと、	でしょう。	でしょう。	でしょう。	でしょう。	でしょう。
5.一億円の宝くじに当たったらあなたはきっと、	でしょう。	でしょう。	でしょう。	でしょう。	でしょう。

45. 噂話 ★★★

自分の長所について他者が語り合うのを聞き，ありのままの自分について理解します。

準備
特にありませんが，普段からメンバーの良いところを心に留めておくことが重要です。

人数
数人～10人程度。

時間
1人当たり3分間程度。

一口メモ
・誰しも，自分の短所，欠点，問題点等についてのなんらかの自覚を持っているものです。他方，どのメンバーも長所や良いところ，さらに伸ばすべきところも持っています。日常生活では注目されることの少ない後者の諸点を第三者の目を含めて共有していくことによって，「ありのままの自分」に向き合います。

関連ワーク例
[類似] 私は実は，ネガポ人生相談室

進め方
1. グループに分かれて輪になって座ります。
2. 1人のメンバーがカーテン等の陰に隠れます。残りのメンバーは，「カーテンに隠れたメンバーがその場にいない」という前提で，そのメンバーについて気付いた良いところを噂話風に語り合います。
3. しばらく「噂話」を続けた後，カーテンを開けます。
4. 話題になっていたメンバーに感想を聞きます。

46. 私は実は ★★★

短所を支援ツールを使って長所に読み替えます。リフレーミングのワークです。

進め方

1. はじめに紙片を配付し，自分で短所だと思っていることを最大3つ書き出します。このとき，身体的特徴や能力的なことは除きます。
2. グループを作り，「ネガポ辞書」(p.150-151) を各自1枚配付します。
3. 以下の教示を行います。
   「今，皆さんに"自分の短所"を書いてもらいました。でもその短所は見方を変えると長所かもしれません。例えば，『あがる』という特徴は見方を変えると『状況の変化に敏感』という長所かもしれません。今日はみんなで力を合わせて，自分の短所だと思っているところを長所に変えてみたいと思います。」
4. グループ内で最初のメンバー（Aさん）が「自分の短所」を発表します。
5. Aさんに対して，他のメンバーは「ネガポ辞書」を参考にしながら，その「短所」（ネガ語）を「長所」（ポジ訳）に読み替えていき，Aさんは読み替えた長所を書き取ります。大体1件につき1分間程度で終えられるとスムーズに進みます。1人当たり計3分間程度が目安になります。
6. Aさんが終了したら，Bさん以降について順次読み替えを進めます。

準備

B6（約18 cm×約13 cm）程度の紙片を人数分，筆記用具，書き取り用紙，イス，机。

人数

4～6人一組。

時間

30分間程度。

一口メモ

- はじめに，ファシリテーターが自分の短所を自己開示すると効果的です。
- 「若い女性と老婆」の図版（p.246）を提示して，以下のような教示を与えてもよいでしょう。
  「この図を見てください。この図は若い女性にも見えればおばあさんにも見える図です。同じものが見方を変えることによって，全く違うものに見えるのです。」

関連ワーク例

類似 噂話，それはちょうどいい！
展開 ネガポ人生相談所

ネガポ辞書

	ネガ語	ポジ訳
あ	あがる	状況の変化に敏感、体が正直、可愛げがある
	飽きっぽい	好奇心に富む、関心が幅広い、こだわらない
	あきらめが早い	切り替えが早い、無理しない、見切りがいい
	あきらめが悪い	粘り強い、一途な、一本気な、根性がある
	あくどい	損得判断に長けた、冷静な、メンタルが強い
	揚げ足取り	観察力がある、目さとい、機転が利く
	頭が固い	信念を大事にする、伝統を重んじる、→頑固
	甘える	人間関係が上手な、人を頼ることができる
	あまのじゃく	意外性がある、発想がユニーク、視点が独特
	あわてんぼう	即断力がある、機敏な、愛されキャラの
い	いいかげん	無理をしない、融通がきく、おおらかな
	言い訳をする	責任は感じている、相手に気を遣う
	行き当たりばったり	臨機応変の、チャンスを活かす、図太い
	意気地がない	平和的、友好的、穏和な、無理しない
	意志が弱い	控え目な、こねない、あっさりしている
	いじける	自分の世界を大切にする、自分を愛せる
	意地っ張り	たくましい、力強い、ポリシーがある
	意地悪	こびない、遠慮しない、メンタルを鍛える
	いばる	自信がある、自己主張できる、表現力がある
	イライラする	だらだらしない、時間感覚が敏感、率直な
	陰気	落ち着きがある、渋い、無理せずいられる
う	上から目線	自信がある、指導力がある、リーダー的
	受け身	出過ぎない、包容力がある、対応力がある
	疑い深い	だまされない、慎重、全ての可能性を考える
	内気	控え目、奥ゆかしい、平和的、安心感がある
	うるさい	にぎやかな、活発な、周囲を盛り上げる
え	えげつない	はっきりしている、逃げない、→あくどい
	えらそう	自信がある、リーダー的、カリスマ性がある
	往生際が悪い	粘り強い、希望を捨てない、くじけない
	横柄	自信がある、意識が高い、大胆な、強気の
	大げさ	表現力豊か、メリハリがある、わかりやすい
	おおざっぱ	細かいことにこだわらない、おおらか、→雑
	臆病	用心深い、慎重、危い目にあわない
	怒りっぽい	情熱的な、感情表現豊かな、自分に素直な
お	おしゃべり	話し上手な、話題が豊富、言語能力が高い
	おせっかい	親切、思いやりがある、よく気がつく、積極的
	オタク	特殊分野に精通、専門性高い、時代を先取り
	落ち込みやすい	ナイーブな、繊細な、自分に厳しい
	落ち着きがない	バイタリティがある、活発な、機敏な
	お調子者	雰囲気作りがうまい、明るい、気さく
	おっちょこちょい	意外性がある、ゆかいな、楽しい、愛される
	おとなしい	もの静か、控え目、穏やか、安心感がある
	思いやりがない	情に流されない、自立心を育てる
か	我が強い	自己主張できる、自分をしっかり持っている
	がさつ	たくましい、細かいことにこだわらない、素早い
	堅苦しい	まじめな、折り目正しい、律儀な、倫理的な
	勝ち気	反骨精神ある、向上心がある、親分肌の
	勝手	束縛されない、自主性がある、自由な
	変わっている	ユニークな、個性的な、月並みでない、非凡
	考えすぎる	思慮深い、内省力がある、可能性を追求する

	ネガ語	ポジ訳
き	頑固	ポリシーがある、一貫性がある、流されない
	完璧主義な	理想が高い、頼もしい、安心して任せられる
	気がきかない	おっとりした、優雅な、のんびりできる
	気が強い	情熱的な、ファイトがある、くじけない
	気が短い	機敏な、思い切りがよい、即断即決できる
	気が弱い	優しい、穏やかな、威圧しない、平和主義の
	偽善者	（意図はともかく）善いことをする
	きつい	感覚が鋭い、はっきりした、わかりやすい
	厳しい	妥協しない、指導力がある、情に流されない
	気分屋	感性的な、ひらめきがある、会うたび新鮮
	協調性がない	自分の世界を持つ、群れない、天才肌の
	キレる	感性が鋭い、直情的、エネルギーがある
く	空気が読めない	雰囲気に流されない、忖度しない、ロジカル
	口うるさい	親切心がある、人を思いやる、きめ細かい
	口がうまい	表現力豊か、言語能力が高い、説得力がある
	口が軽い	話上手な、積極的な、情報発信力が高い
	口が悪い	嘘がつけない、本音に素直、憎まれ役をとる
	口下手	素朴な、飾らない、本当はもっとすごい
	くどい	念入りな、ていねいな、周到な、親切な
	暗い	味がある、重みがある、落ち着く、→根暗
け	計画性がない	ひらめきがある、臨機応変な、柔軟な
	けじめがない	懐が深い、包容力がある、心の垣根が低い
	けち	経済感覚がある、無駄がない、地球に優しい
	下品	ダイレクトな、飾らない、カッコつけない
	強引	指導力がある、力強い、牽引力がある
	興奮しやすい	敏感な、ノリがいい、エネルギッシュ
	傲慢	存在感がある、力強い、カリスマ性がある
	心が狭い	自分の世界を大切にする、お人好してない
こ	こだわる	信念がある、ポリシーがある、一途な
	孤独	群れない、流されない、自立している
	断れない	相手を立てる、人に優しい、気を配る
	細かい	繊細な、よく気がつく、痒い所に手が届く
	怖がり	慎重、用心深い、無理しない、想像力豊か
	根気がない	こだわらない、あっさりしている、クール
さ	雑	細かいことにこだわらない、おおらか、効率的
	さみしがり	人間関係を大事にする、感受性豊かな
	自意識過剰	自覚が豊か、自分を見つめる、評価に敏感
	自己顕示的	自信がある、アピール力ある、演出力がある
	自己中心的	自分を大切にする、視点がぶれない
	自信過剰	頼もしい、迷いがない、余裕がある
	自信がない	謙虚な、奥ゆかしい、控え目な
	しつこい	ねばり強い、あきらめない、一途な
し	知ったかぶり	向上心がある、意識が高い、弱みを見せない
	地味	控え目な、渋い、無用な主張をしない
	視野が狭い	邪念がない、集中力がある、視点を絞る
	集中力がない	視野が広い、とらわれない、多様性がある
	執念深い	一途、首尾一貫している、記憶力がいい
	主体性がない	周りを大切にする、人を立てる、柔軟
	消極的	てしゃばらない、物欲しがらない、こだわらない
	小心（小心者）	優しい、無理しない、安心・安全な

ここに示してある言葉はサンプルです。みんなで知恵を出し合って最もぴったりする言葉を考えてください。

	ネガ語	ポジ訳		ネガ語	ポジ訳
	神経質	細やかな、感性豊かな、よく気がつく		腹黒い	本音に素直、パラレルワールドを持つ
	心配性	想像力豊か、思いやり、転ばぬ先の杖をつく		反抗的	自立心がある、骨がある、パワーがある
	図々しい	たくましい、天真爛漫な、生きる力がある		悲観的	想像力が豊か、慎重、甘い考えを持たない
す	ずぼら	おおらかな、ゆったりした、→がさつ、雑		非常識	既成概念にとらわれない、ユニーク、天才肌
	ずるい	うまく立ち回る、機転がきく、省エネの		引っ込み思案	思慮深い、内省力がある、出しゃばらない
	世間知らず	素朴な、ウブな、純粋な、教え甲斐がある		人のせいにする	自分を大切にする、うまく立ち回る
せ	せっかち	機敏な、だらだらしない、時間活用がうまい	ひ	人の話を聞かない	自信がある、一途、周りに流されない
	そそっかしい	憎めない、愛される、意外性がある		人任せ	人を使える、抱えない、人に花を持たせる
そ	そっけない	こびない、クール、ストイック、純粋な		人見知りする	繊細な、なれなれしくない、対人距離に敏感
	外面がいい	社交的な、対人関係に優れた、気を遣う		ひとりよがり	満足感がある、自信がある、迷いがない
	高望みする	理想が高い、現状に満足しない、意欲的な		皮肉屋	物事の本質を見通す、別の視点から見れる
	妥協する	融通がきく、話がわかる、足るを知る		ひねくれている	非凡な発想力がある、オリジナリティ豊か
	だまされやすい	人を信じることができる、素朴な、純粋な		ふがいない	高望みしない、欲張らない→意気地がない
	頼りない	警戒されない、脅威がない、守りたくなる		不器用	愛される、かわい気がある、助けてあげたい
た	だらしない	ゆったりした、おおらかな、無理をしない	ふ	ふざける	ひょうきん、楽しい、茶目っ気がある
	他力本願	周りを活かす、人材活用術に長けた		ふてぶてしい	存在感がある、親分肌の、太っ腹の、頼れる
	短気	→気が短い、興奮しやすい		プライドが高い	自信がある、理想が高い、誇りをもつ
	単純	わかりやすい、ストレート、人を信じる		ぶりっ子	演技力豊か、アピール上手、世渡りがうまい
	短絡的	手っ取り早い、直情的、無駄がない	へ	(〜が)下手	チャレンジし甲斐ある、可能性の世界をもつ
ち	中途半端	やりすぎない、余地を残す、中庸の美徳	ほ	ぼんやりした	ゆうゆうとした、マイペースな、なごむ
	調子がいい	ノリがいい、フットワークが軽い、盛り上げる		マイナス思考	控え目、安全運転の、後でがっかりしない
	つきあい下手	裏表がない、素朴な、自分の世界を持つ	ま	周りを気にしない	主体的な、自信がある、実行力がある
つ	つまらない	こびない、飾らない、無理しない、落ち着く		周りを気にする	第三者的視点を持つ、気を配る、空気を読む
	冷たい	クールな、冷静な、理性的、情に流されない		身勝手	自分を大切にする、行動的、→自己中心的
	強がる	向上心がある、頑張る、人を心配させない	み	三日坊主	三日はできる、無駄な努力はしない
	適当	ほどほどで満足できる、→いいかげん		ミーハー	流行に敏感、ノリがいい、周りを盛り上げる
て	てしゃばる	世話好きな、積極的な、存在感がある		むかつく	自分の気持ちに素直な、エネルギーがある
	出不精	家庭的、無駄遣いしない、家に行けば会える		無口	物静かな、うるさくない、落ち着ける
	天然	意外性がある、明るい、なごませてくれる	む	向こうみず	思い切りがいい、大胆な、実行力がある
と	ドジ	愛される、癒される、優越感を与えてくれる		むさくるしい	男っぽい、飾らない、ナチュラル志向の
	とろい	のんびりした、あくせくしない、焦らない		無責任	自由な、自分を責めない、抱え込まない
	(〜がまだ)ない	伸びしろが大きい、可能性大、今後が楽しみ		無頓着	物事にこだわらない、あっさりした
	内向的	心の世界が豊か、自分をしっかり持っている		命令する	リーダーシップがある、カリスマ性がある
	流されやすい	無理しない、空気が読める、他人を立てる	め	目立たない	周囲に溶け込む、てしゃばらない、忍者的な
な	生意気	自立心がある、自信がある、意欲的な		目立ちたがる	アピールできる、自己表現力がある、意欲的
	なまける	無理しない、マイペースな、やればできる		面倒くさがる	無理をしない、おおらかな、やればできる
	波がある	テンションの幅が豊か、→気分屋	も	もったいぶる	演出力がある、イメージをふくらませる
	涙もろい	人情味がある、感受性豊か、思いやりがある		やせがまん	忍耐力がある、誇り高い、気を配る
に	鈍い	ゆったりした、振り回されない、安定した	や	八つ当たりする	内にためない、周囲を活かす、発散上手
ぬ	ぬけぬけしている	度胸がある、肝が座っている、→図々しい		やる気がない	無理しない、やればできる、発展途上
	根暗	心の世界を重んじる、深みある、落ち着いた	ゆ	優柔不断	思慮深い、熟考できる、慎重な、早計しない
ね	ねたむ	感受性豊か、心が正直、人間らしい		融通がきかない	きまじめな、情に流されない、規律がある
	熱しやすく冷めやすい	反応が速い、切り替えが速い、時流に乗る	よ	弱い	優しい、安心感がある、ほっとする
	脳天気	のんびりした、前向き、余計な心配をしない	ら	乱暴な	たくましい、力強い、パワフルな
	ノリが悪い	マイペース、慎重、雰囲気に流されない	り	理屈っぽい	論理的な、理性的な、筋道立てて考える
の	のろい(のろま)	あくせくしない、悠々とした、ゆったりした	る	ルーズ	ユルい、→いいかげん、だらしない
	のんき	ゆとりがある、細かいことを気にしない	れ	礼儀を知らない	形にとらわれない、既成概念から自由な
	薄情	情に流されない、クール、さっぱりしている	ろ	ろくでなし	見栄をはらない、無理しない、あるがまま
は	八方美人	愛想がいい、視野が広い、全方位外交の	わ	わがまま	自分に素直な、自由な、意志が強い
	早とちり(早合点)	頭の回転が速い、直感力がある、面白い		悪賢い	頭がいい、ひらめきを持つ、→腹黒い

47. ネガポ人生相談室 ★★★

匿名状況で自らを含めて短所を長所に読み替えるリフレーミングをします。

準備
B6（約18cm×約13cm）程度の紙片を人数の3倍枚数程度，紙を集める紙袋（または箱），筆記用具，イス，机。

人数
3～4人一組。

時間
30分間程度

一口メモ
- 全体の人数が多いときは，必ず自分が書いた紙片に出会うようグループをブロック化します。
- 発想全体をポジティブモードにしてさまざまな相談に向き合う中で，自分自身の悩みに対してもポジティブシンキングで向き合う姿勢を作ります。

関連ワーク例
準備 私は実は
類似 噂話，それはちょうどいい！

進め方

1. 紙片をメンバーに2～3枚ずつ配ります。
2. 各メンバーはその紙片に相談室に相談したいと思う自分の性格・習慣などの短所と思うことを1つずつ書き込みます。このとき，身体的特徴や能力的なことは除きます。また名前は記入しません。
3. 記入した紙片は折りたたんで袋（または箱）に集めます。
4. 3人または4人一組で相談室を作ります。この相談室は徹底したポジティブシンキングの相談室で，ネガティブなことは全く考えない相談室です。
5. 各相談室に相談内容の紙片をランダムに10枚程度ずつ配ります。
6. メンバーは相談室の相談員となってその相談に答えますが，相談員は紙片の相談を1つずつ確認しながら，すべてについて「こんな相談は相談に値しない。なぜならば，…」とポジティブにその理由を言い合っていき，最終的に相談を「却下」します。このとき，「46. 私は実は」の「ネガポ辞書」（p.150～151）を利用してもいいでしょう。
7. 自分が書いた相談が出てきても，そしらぬ顔をして「相談に値しない」とあしらいます。
8. 相談内容の紙片は「各相談室」を巡回していきます。

48. 究極の選択 ★★

二者択一の話題に関するスゴロクをして，自己理解と他者理解を深めます。

進め方

1. グループに分かれます。
2. サイコロを振って，止まったマスに書いてある二者択一の話題に答えます。
3. グループの他のメンバーは，その理由を尋ねます。最終的にみんなが納得するように話します。
4. カエルのマスでは通り過ぎた好きなマスの話題を1つ話します。
5. ゴール後も自分の番が来る度にスゴロクシート全体から好きなマスの話題を選んで話します。

関連ワーク例

類似 スゴロクトーキング，結婚の条件

準備

究極の選択シート（A3サイズに拡大コピーして使います），サイコロ，スゴロクのコマ，イス，机。

人数

4〜6人一組程度。

時間

30分間程度。

一口メモ

・スゴロク・トーキングでは他者理解が深まるのに対し，究極の選択では自己理解と他者理解の両方が深まります。
・普段あまり考えることのない二者択一問題について考えることは，自分の価値観に向き合うという意味で自己理解に属するものです。
・他方，そのような二者択一に関する他者の判断やその背景の理由を聞くことは必然的に他者理解を進めることにもなります。

究極の選択！

スタート / **ゴール**

やり方：
1. どちらか一つを選ばなければならないとしたら、どちらを選ぶかこたえてください。
2. グループの人がみんな答えるまでその理由を納得いくまでよく聞いてください。
3. カエルのマスでは通り過ぎだけで好きなマスの答えてだらいテーマを一つ答えてください。

- 家族で旅行に行くのに自家用車と鉄道とではどちらがいいですか
- 海と山とではどちらに遊びに行きたいですか
- 平凡な人生と波瀾万丈の人生とではどちらがいいですか
- 運と努力ではどちらが人生を左右すると思いますか

- ジェットコースターとお化け屋敷とではどちらがいいですか
- 高い物を一つ買うのと安いのをたくさん買うのとではどちらがいいですか
- また今の自分に生まれ変わりたいですかそれとも別の自分がいいですか
- 頭がいいふりをして生きるのと悪いふりをして生きるのとではどちらがいいですか

- 有名観光地と秘密がない穴場とではどちらに行きたいですか
- 思わぬ臨時収入があったらとっておきますかぱっと使いますか
- 人を愛することとどんなから愛されるとではどちらが重要ですか
- 一人の親友と百人の友達とではどちらが大事ですか
- 生まれ変わるとしたら男と女のどちらがいいですか

- 夢をもったリーダーと平凡な正社員とではどちらになりたいですか
- お金があるぶん愛してくらすのとないぶんはたらくのとではどちらがいいですか
- 子どもを一人だけ持つたら男の子と女のどちらがいいですか
- 仕事に打ち込むのと家族とのんびり過ごすのとではどちらがいい
- うそのような本当の話とその反対とはどちらに関心がありますか

- 大企業の平社員と中小企業の社長とではどちらになりたいですか
- 尊敬されるけどお金がないのと尊敬されないけど金持ちとではどちらがいいですか
- 子どもがたくさんいるのと十人いるのとどちらがいいですか
- みんなが持っている物を持つのと誰も持っていない物を持つのではどちらを持ちますか

- 映画スターとそのつき人とではどちらになりたいですか
- 団体旅行と一人旅ではどちらがいいですか
- 10代で結婚するのと40代で結婚するのとではどちらがいいですか
- 遊ぶ暇がない生活と暇がない生活とではどちらがいいですか

- 国際スパイと普通のサラリーマンとではどちらになりたいですか
- 学校の先生とラーメン屋とではどちらになりたいですか
- 愛のない豊かな生活と愛にあふれている生活とではどちらがいいですか
- 異性に人気があるのと同性に人気があるのとではどちらがいいですか

究極の選択！キッズ

スタート

ゴール

やり方：
1. どちらか一つを選ばなくてはいけないとしたら、どちらを選ぶか答えてください。
2. グループの人はその理由を「どうして？」とよく聞いてください。
3. カエルのマスは通り過ぎて好きなマスのテーマを一つ答えてください。

- 動物園と水族館ではどちらに行きたいですか
- 海と山ではどちらに遊びに行きたいですか
- タイムマシンに乗るとしたら過去と未来のどちらに行きたいですか
- ウサギとカメではどちらの生き方がいいですか
- 生まれ変わるとしたら男と女のどちらがいいですか
- ジェットコースターとお化け屋敷ではどちらがいいですか
- やさしいけど面白くない先生とこわいけど面白い先生ではどちらがいいですか
- 大きな会社の平社員と小さな会社の社長ではどちらになりたいですか
- 大人になったら親に似た仕事と全く違う仕事のどちらをしたいですか
- アメリカとフランスではどちらに行ってみたいですか
- 10ページの漢字ドリルと10ページの計算ドリルではどちらがいいですか
- 映画スターとプロスポーツ選手ではどちらになりたいですか
- まじめな子とひょうきんな子とでは友だちのどちらになりたいですか
- 大人と子どもではどちらが気楽だと思いますか
- 家族で旅行に行くのに自家用車と鉄道とではどちらにいいですか
- 授業でほめられることと怒られないことではどちらが大事ですか
- お笑い芸人と学者ではどちらになりたいですか
- 一人の親友と百人の友達とではどちらが大事ですか
- 都会の大きな学校と田舎の小さな学校ではどちらに通いたいですか
- 宿題が毎日少しずつ出るのとたまにたくさん出るのとではどちらがいいですか
- テーマパークと公園の係員とではどちらになりたいですか
- きょうだいがもう一人できるとしたら姉と妹のどちらがいいですか
- 飼育係と図書係ではどちらがいいですか
- 給食で好きなものを最初に食べるのと最後に食べるのとではどちらがいいですか
- 通知表があるのとないのとではどちらがいいですか
- 学校の先生とラーメン屋ではどちらになりたいですか
- きょうだいがいるのと十人いるのとではどちらがいいですか
- 図工と体育ではどちらが楽しいですか
- 親に全くしかられないのとしかられてばかりいるのとではどちらがいいですか

第６章　心を育てるグループワーク i-Work

49. 結婚の条件 ★★

結婚相手に求める条件について，グループでコンセンサスを求めます。自分の価値観に気づくとともに，自分の考えを他者に主張し，かつ他者の主張に耳を傾けます。

準備
プリント，集計用紙（B4），筆記用具，イス，机。

人数
5人〜7人一組。

時間
30〜40分間程度。

一口メモ
- 普段あまり自己主張することのないメンバーも，構成された条件の中で，自分の考えの主張を試みます。コンセンサスの形成を求める中で，他者の主張に耳を傾けることにより，自分と異なる考えを受け入れる体験を促します。
- 話し合いを「勝ち負け」ととらえないようにします。他者の話を聞いて「なるほど」と思ったらどんどん新しい考えを取り入れていきます。話し合いのプロセスにおいて自分の中で生じることにフォーカスを当てます。

関連ワーク例
類似 究極の選択

進め方
1. グループに分かれます。
2. 全員にプリント（p.157）を配ります。
3. 「次の項目について，あなたの結婚相手の特徴として大切だと思う順に1〜6で順位をつけてください」とアナウンスします。その際，同順位は記入できません。
4. 記入が終わったら，各グループに集計シート（p.158）を1部ずつ配り，全員が名前と自分の決定を転記します。
5. 転記が終わったら，グループで話し合ってグループとしてのコンセンサスを求めます。その際，以下の「ルール」があります。
   ①多数決で決めたり，平均をとったりしない。
   ②みんなが納得できる理由（アイディア）を見つける。
   ③最初の決定にこだわらない。
6. 話し合いに先立って，各メンバーが順に「自分の決定」について1分間程度で概略を説明します。
7. 話し合いの時間は20分間程度ですが，状況をみて適宜，調節します。時間が来たら終了とします。
8. 黒板等に各グループの決定を書き出します。特徴的な結論があるグループをピックアップして理由を聞くのもよいでしょう。
9. グループとしての結論よりも，コンセンサスに至るプロセスの中で個々人が感じたことを振り返ることがポイントです。

結婚の条件

　次の各項目について、あなたが結婚する相手の特徴として大切だと思う順に1〜6で順位をつけてください。

　　　　　自分の好みの容姿　　　　　（　　　）

　　　　　生活に不安のない収入　　　（　　　）

　　　　　誰からも好かれる人柄　　　（　　　）

　　　　　胸いっぱいの愛情　　　　　（　　　）

　　　　　病気と無縁の健康　　　　　（　　　）

　　　　　人生を豊かにする知恵　　　（　　　）

結婚の条件　集計シート

1. 個人の決定を下の表に書き写してください。
2. みんなで話し合って、グループとしての順位とその理由を決めてください。

　　注意事項：① 多数決で決めたり、平均をとったりしない。
　　　　　　　② みんなが納得できる理由（アイディア）を考える。
　　　　　　　③ 最初の決定にこだわらない。

_____ グループ

特徴＼名前								結論	理由
自分の好みの容姿									
生活に不安のない収入									
誰からも好かれる人柄									
胸いっぱいの愛情									
病気と無縁の健康									
人生を豊かにする知恵									

表現するワーク

【身体表現】
体を使って創造的な表現を進めます。

50. ジェスチャーゲーム／おもちゃ・家電	★		おもちゃや家電製品などをジェスチャーで表現し、伝えます。
51. ジェスチャーゲーム／仕事	★		仕事をジェスチャーで表現し、伝えます。
52. ジェスチャー伝言	★		ジェスチャーによる伝言ゲームです。
53. ナイフとフォーク	★★		2人で相談しないで一対のものを体で表現します。
54. スペース彫刻	★		2人一組で互いのポーズの空きスペースを見つけて、そこを自分の体で埋めていきます。
55. 彫刻ネーミング	★★		2人一組のポーズを彫刻に見立てて、命名していきます。
56. 3枚の絵	★★★		数人で協働して童話や昔話、アニメなどを主要場面3つで表現します。

【言語表現】
言葉を使って創造的な表現を進めます。

57. 知ってるよ！	★★		互いに相手の言うことは全部知っている！という前提で会話をします。
58. いいね！	★★		互いに相手の話にすべてポジティブに対応しながら会話をします。
59. それはちょうどいい！	★★		持ち込まれた困りごとにすべてポジティブに対応します。
60. プレゼントゲーム	★★		架空のプレゼントについて互いにイメージを付け加えて豊かにしていきます。
61. 1・2で俳句	★★		1人が1音か2音ずつつないで俳句を創ります。
62. ワンワード	★★		1人が一言ずつ言葉をつないで物語を創っていきます。
63. シェアードストーリー	★★		1人が一文ずつ言葉をつないで物語を創っていきます。
64. スピットファイア	★★★		ストーリーと無関係に入ってくる言葉を適切に取り込んで物語を創っていきます。
65. ペーパーズ	★★★		予めセリフが書かれた紙片を使って短い即興の劇を演じます。
66. お見立て	★★★		相手を何かに見立てて話しかけ、その様子から何かを推測します。
67. 私は有名人	★★★		お互いを有名人に見立てて会話をし、やりとりを通じて自分が誰かを推測します。

【総合表現】
さまざまなかかわりの力を総動員して表現に取り組みます。

68. 10円玉リレー	★	10円玉をリレーすることをゲーム形式で演じます。
69. トランプステイタス	★★	トランプのカードを頭上にかざして挨拶をしながら歩き，相手の反応から自分の数字を推測します。
70. 秘密のセリフ／Iタイプ・Yタイプ	★★★	2人で定型的なセリフの発話を促す即興のやりとりをします。
71. 秘密のセリフ／Fタイプ	★★★	みんなで協力していろいろなセリフの発話を促す即興のやりとりをします。
72. 私は木です	★★	みんなで協力して役割をとりながらシーンの創造と解体を繰り返していきます。

★マークは難易度を示しています。

インプロ用語解説

　本書で紹介する表現するワークのほとんどはいわゆるインプロゲームからなっています。インプロゲームとはインプロ（ここでは即興演劇）のトレーニングのために用いられるエクササイズのことです。本書はインプロの発想やゲームを子どもたちの心を育てるために活用する応用インプロ（Applied Improvisation）の立場に立っています。

　本書で用いられているインプロ（インプロゲーム）に関する用語や主要な概念は以下のようなものです。

プレイヤー　　インプロを行う人のことです。

シーン　　プレイヤーが演じる場面のことです。

オファー　　シーンの中でプレイヤーがやりとりするアイディアや情報のことです。相手にオファーを行うことによってシーンが動き始めます。言葉のオファー（セリフ）や行動のオファー（アクション）などがあります。

イエス・アンド　　相手のオファーを否定せず，ポジティブに受け入れて（イエス），自分のアイディアを付け加えること（アンド）です。インプロの大原則です。

コントロール　　自分の思い通りにストーリー（物語）を進めようとして，他のプレイヤーの行動を自分のイメージの方向に誘導しようとすることです。インプロではコントロールを「手放す」ことが重要になります。

プラットフォーム　　ストーリーの始まりのことで，登場人物は誰なのか（Who），場所はどこか（Where），何をしているのか（What）などのアイディアや情報です。プラットフォームができることによってストーリーという列車が出発します。

正当化　　オファーやストーリーになぜそうなったのかという理由をつけることです。思いがけないオファーであっても，納得できる理由をつけることでリアリティが生まれます。

リスク　　シーンを演じる際にプレイヤーが感じる危険性や恐れのことです。インプロではリスクを恐れるのではなく，リスクに飛び込むことが重要です。

50. ジェスチャーゲーム／おもちゃ・家電 ★

おもちゃや家電製品などをジェスチャーで表現し，伝えます。それを使ったときの「体の記憶」を思い出します。

準備
課題カード。

人数・グループ
4人程度で一組。

時間
15分間程度。

一口メモ
- おもちゃ・家電は頭で考えようとせず，実際にそれを使ってみるよう促します。それがその場にあるかのようにイメージすることがポイントです。
- どのように表現すれば相手に伝わるのか考えながら，アイディアを形にしていきます。

関連ワーク例
[準備] 聖徳太子ゲーム
[類似] ジェスチャー伝言，10円玉リレー

進め方

1. グループに分かれます。
2. メンバーの1人にカードを渡し，メンバーはジェスチャーでそれを表現します。カテゴリーはおもちゃ・ゲームや家電製品です。音声や言葉を使うことはできません。
3. 他のメンバーは，そのジェスチャーを見て何かを当てます。当たったら順に交代します。
4. 表現の仕方はさまざまあり，どのような表現をするのも自由です。形を表現したり，機能を表現したり，あるは周囲の状況を表現してもいいでしょう。自分が普段どのようにそれと関わっているかという「体の記憶」を思い出すことがカギになります。

【発展編】

5. 慣れてきたら飲食物に挑戦してみます。形の他，食べ方や味覚など表現の幅が広がり，難易度が上がります。

〈おもちゃ・ゲーム例〉

トランプ，剣玉，竹馬，竹トンボ，お手玉，だるま落とし，輪投げ，水鉄砲，折り紙，紙飛行機，紙風船，風車，積木，糸電話，スゴロク，ホッピング，将棋，ジェンガ，オセロ，UNO，黒ひげ危機一発，凧（あげ），チェス，カルタ，フライングディスク，ブーメラン，フラフープ，キックボード，スケートボード，クレーンゲーム，もぐらたたき，ワニワニパニック，パンチングマシーン，エアホッケー，ヨーヨー，人生ゲーム，コマ回し，太鼓の達人，レーシングカーゲーム，ベイブレード，LEGO，ルービック・キューブ，ジグソーパズル，チョロQ，プ

ラレール，ビリヤード，ピロピロ笛，シャボン玉，一輪車，ドミノ（倒し）

〈家電例〉

掃除機，エアコン，扇風機，冷蔵庫，テレビ，ラジオ，食洗機，電子レンジ，携帯電話，パソコン，洗濯機，ドライヤー，電気スタンド，デジカメ，懐中電灯，炊飯器，電気ストーブ，ファックス，保温ポット，ホットカーペット，空気清浄機，ビデオカメラ，DVD プレーヤー，電子辞書，ミシン，アイロン，体重計，電子体温計，マッサージ器，温水便座，こたつ，加湿器，トースター，シュレッダー，ロボット掃除機，電動歯ブラシ，電動鉛筆削り，プロジェクター，目ざまし時計，コピー機

〈飲食物例〉

スイカ，バナナ，ブドウ，イチゴ，トウモロコシ，寿司，おにぎり，納豆，豆腐，梅干し，刺身，ステーキ，チョコレート，キムチ，リンゴ，レモン，ソフトクリーム，ケーキ，餅，ラーメン，スパゲッティ，ピザ，ハンバーガー，タコ焼き，カニ，焼き芋，卵，かき氷，綿菓子，ブラックコーヒー，コーラ，お茶（緑茶），紅茶

51. ジェスチャーゲーム／仕事 ★

さまざまな仕事をジェスチャーで表現し，伝えます。2人バージョンでは相互の協働が必要になります。

仕事ジェスチャー・1人バージョン
演歌歌手

仕事ジェスチャー・2人バージョン
歯医者

準備
課題カード。

人数・グループ
4人程度で一組。

時間
15分間程度。

一口メモ
・ジェスチャーゲーム／仕事・2人バージョンは，2人の協働・連携がポイントになります。2人で互いにサポートし合いながら取り組みます。

関連ワーク例
準備 ジェスチャーゲーム／おもちゃ・家電
類似 10円玉リレー

進め方
1. グループに分かれます。
2. メンバーの1人に話題カードを渡し，メンバーはジェスチャーでそれを表現します。カテゴリーは仕事です。音声や言葉を使うことはできません。
3. 他のメンバーは，そのジェスチャーを見て仕事を当てます。当たったら順に交代します。
4. 表現の仕方はさまざまあり，どのような表現をするのも自由です。姿勢を表現したり，動きを表現したり，あるは周囲の状況を表現してもいいでしょう。

【発展編】

5. 2人一組で2人バージョンの仕事に取り組みます。1人では表現し，伝えることが難しい仕事です。2人で協働して表現することが必要になります。このとき，2人が同じジェスチャーをすることがないよう注意します。
6. 初めのうちは2人で相談してやりますが，慣れてきたら，相談せずに即興で演じることに挑戦します。

〈仕事例：1人バージョン〉

警察官，消防士，大工，パイロット，アイドル歌手，ロック歌手，演歌歌手，オペラ歌手，歌舞伎役者，バスガイド，お坊さん，神主さん，画家，漫画家，チアリーダー，落語家，アナウンサー，俳優（女優），モデル，カメラマン，指揮者，ピアニスト，寿司屋（寿司職人），科学者，シェフ（コック），侍，忍者，政治家，宇宙飛行士，サラリーマン，OL，主婦，マジシャン，泥棒，警備員，清掃員，気象予報士，ピエロ，棋士，バレ

リーナ

〈仕事例：2人バージョン〉

マッサージ師，学校の先生，（動物の）調教師，占い師，客室乗務員（CA），医者，歯医者，獣医，看護師，介護士，漁師，猟師（ハンター），騎手，試食販売員，映画監督，振付師，付き人（マネージャー），（相撲の）行司，（野球の）アンパイヤ，サッカーの審判，スタイリスト，保育士，ウェイター・ウェイトレス，（スポーツの）コーチ，プールの監視員，ライフセーバー，救命救急士，探偵，犬の美容師（トリマー），神父さん・牧師さん，携帯ショップの店員，カウンセラー，ツアーコンダクター（添乗員），コンビニの店員，美容師・床屋さん，タクシー運転手，バス運転手，殺し屋，ネイリスト，本屋さん

52. ジェスチャー伝言 ★

ジェスチャーによる伝言ゲームです。列になってジェスチャーでさまざまなものを伝えていきます。

準備
特にありません。

人数・グループ
1グループ5〜6人程度。グループ数は2グループ〜数グループが適当です。

時間
5分間程度。2〜3回繰り返します。

一口メモ
・答え合わせは全員で声を合わせて正解を言っても良いし、端から順に答えを聞いても良いでしょう。
・ジェスチャーゲームの課題を使うこともできます。

関連ワーク例
[類似] ジェスチャーゲーム、10円玉リレー

進め方
1. グループに分かれます。
2. グループ毎に後ろ向きに1列に並びます。
3. ファシリテーターが最後尾のメンバーを集め、小声で課題を伝えます。メモなどを使ってもよいでしょう。
   〈課題例〉
   ・(食べ物) とうもろこし、スイカ、チョコレート、ケーキ、かき氷など。
   ・(飲み物) コーラ、お茶、ジュース、青汁など。
   ・(その他) 冷蔵庫、掃除機、エアコン、花火など。
4. 最後尾のメンバーは列に戻り、次のメンバーの肩を叩いて振り向かせ、課題をジェスチャーで伝えます。音声や言葉を使うことはできません。
5. この作業を順次繰り返します。
6. 全チームで課題が最後まで伝わったら答え合わせをします。

53. ナイフとフォーク ★★

2人で相談しないで一対のものを体で表現します。

進め方

1. 2人でペアになります。
2. ファシリテーターが1対の課題を言い、2人は体（ポーズ）でそれを表現します。例えば、「ナイフとフォーク！」だと1人がナイフになり、他方がフォークになります。このとき2人で相談して役割を決めることはしません。
3. どちらが何の役割をとるか、また表現する方法は自由です。
4. どんどん課題を指示していきます。

〈課題例〉

- ナイフとフォーク，机といす，鉛筆と消しゴム，はしと茶碗，ホウキとチリトリ，カップとコースター，包丁とまな板，傘と傘立て，花と花瓶
- ラジオとテレビ，デジタル時計とアナログ時計，キーボードとマウス，冷蔵庫と洗濯機，テレビとリモコン
- キツネとタヌキ，犬と猫，ネコとネズミ，パンダとコアラ，ウサギとカメ，アリとキリギリス，ニワトリとタマゴ
- 医者と患者，先生と生徒，警官と泥棒，男と女，大人と子ども，桃太郎と浦島太郎，白雪姫と魔法使い，シンデレラとお母さん，北風と太陽
- すもうとフィギュアスケート，野球とサッカー，バドミントンとテニス，マラソンと100m走，柔道と剣道
- 喜びと悲しみ，希望と絶望，夏休みと冬休み，朝と夜，太陽と月，和風と洋風，和風と中華，パンとご飯，100点と0点，北極と南極，天使と悪魔

準備

一対の課題リスト。

人数

2人一組。

時間

10分間程度。

一口メモ

- 自分が決めてやるか、相手を見てから決めるかがカギです。円滑に主導権の受け渡しができるといいでしょう。

関連ワーク例

[類似] スペース彫刻

54. スペース彫刻 ★

2人一組で互いのポーズの空きスペースを見つけて、そこを自分の体で埋めていきます。

準備
特にありません。

人数
2人一組。または3人一組。

時間
5分間程度。

一口メモ
・「どこが空いているか？」には正解はありません。その人が「ここが空いている」と決めたらそれが正解です。

関連ワーク例
|準備| ナイフとフォーク
|展開| 彫刻ネーミング

進め方（3人の場合）

1. グループに分かれ、Aさん、Bさん、Cさんとします。
2. Aさんが適当な姿勢（ポーズ）で立ちます。
3. Bさんはその姿勢の空いていると思われるスペース（空間）に自分の体を入れてスペースを埋めます。Bさんは姿勢が決まったら「ハイ！」と言います。
4. Bさんの姿勢が決まったらAさんは抜け、CさんがBさんの姿勢を観察し、空いていると思われるスペースに自分の体を入れ、埋めます。
5. 以下、同様に続けます。

55. 彫刻ネーミング ★★

2人のポーズを一対の彫刻に見立てて，命名しています。

進め方（3人の場合）

1. グループに分かれ，Aさん，Bさん，Cさんとします。
2. Aさんが前に出て適当なポーズをとり，静止します。
3. 次にBさんが前に出て，無関係なポーズをとります。
4. Cさんは2人を一組の彫刻と見立てて，タイトルをつけます。
5. 名前がついたらAさんは抜けて，そこへCさんが入って，新しいポーズをとります。
6. Aさんは，BさんとCさんを一組の彫刻と見立てて，同様にタイトルをつけ，Bさんが抜けます。
7. 以下，同様に続けます。

準備

特にありません。

人数

3～5人一組。

時間

10分間程度。

一口メモ

- タイトルには正解はありません。タイトルのつけ方は，両者の関係性に基づくものから，雰囲気によるもの，抽象的なものなどなんでも構いません。
- ポーズをとる人は自分のポーズの意味は考えません。考えるのはタイトルをつける人です。

関連ワーク例

準備 スペース彫刻
類似 3枚の絵，私は木です

56. 3枚の絵 ★★★

数人で協働して童話や昔話，アニメなどを主要場面3つで表現します。

（かぐや姫）

準備
童話，昔話，アニメなどのタイトルを書いた課題カード。

人数
3〜6人一組。

時間
10〜15分間程度（話し合いの時間を含みます）。

一口メモ
・知らないタイトルの場合は，課題カードを引き直します。
・同じタイトルでもどの場面をピックアップするかはアイディア次第です。

関連ワーク例
準備 スペース彫刻，彫刻ネーミング

進め方
1. グループに分かれます。
2. それぞれのグループにカードで童話や昔話，アニメなどのお題（課題）を出します。
3. グループのメンバーで相談して，そのお題（課題）の代表的場面（シーン）3つを選び，それぞれを皆で相談し，協働して立体画として表現します。
4. 場面①から順に場面②，場面③と表現していきます。
5. 他のグループのメンバーは，それを見て，お題（課題）を推測して当てます。途中で分かった場合でも，場面③までは解答しないこととします。
6. 順にグループ毎に発表します。

【発展編】

7. 慣れてきたら，事前の相談なしでチャレンジします。その場でのパートナーのアクションを見て，瞬時に判断して必要なものを補っていきます。

〈課題例〉

浦島太郎，桃太郎，かぐや姫，鶴の恩返し，笠地蔵，白雪姫，シンデレラ，赤ずきん，北風と太陽，ウサギとカメ，その他アニメ作品など。

57. 知ってるよ！ ★★

互いに相手の言うことは全部知っている！という前提で会話をします。相手の言葉に対するイエス・アンドのワークです。

進め方（2人の場合）

1. ペアになり，Aさん，Bさんとします。
2. 適当な「お題」を与えます。
   〈お題例〉
   「公園の池で新種の魚が発見されたよ！」
   「夢の自転車が開発されたよ！」
   「新しい転校生がやってくるよ！」
3. Aさんはその話題に対して「知ってるよ！」と前置きして，さらに自分が知っている（架空の）情報を話します。
4. BさんはAさんの話に対し，同様に「知ってるよ！」と前置きして，自分が知っている関連する（架空の）情報を加えます。
5. 以下，同様に続けます。

〈展開例：「タイムマシンが発明されたよ！」〉
Aさん：「知ってるよ！　今度試乗会が開かれるんだよ！」
Bさん：「知ってるよ！　試乗会は3日後だよ！」
Aさん：「知ってるよ！　男女ペアで招待されるんだよ！」

準備

特にありません。

人数・グループ

2人一組ないし3人一組。

時間

3分間程度。2～3回繰り返します。

一口メモ

- イエス・アンドを体験するのに適しています。イエス・アンドについてはp.22とp.161を参照してください。
- 相手の話に対する質問は自分がそのことを知らないことになるのでしないこととします。
- 一旦言った言葉は互いに取り消すことができません。
- 自分の予想しない展開になっても，慌てず架空の話を続けます。

関連ワーク例

|類似| いいね！，それはちょうどいい！
|展開| プレゼントゲーム

第6章　心を育てるグループワーク i-Work

58. いいね！ ★★

互いに相手の言うことにすべてポジティブに対応しながら会話をします。

準備
特にありません。

人数・グループ
2人一組ないし3人一組。

時間
3分間程度。2〜3回繰り返します。

一口メモ
・「知ってるよ！（p.171）」と同様の構成をもちます。
・一旦言った言葉は互いに取り消すことができません。

関連ワーク例
|類似| 知ってるよ！, それはちょうどいい！
|展開| プレゼントゲーム

進め方（2人の場合）

1. ペアになり、Aさん、Bさんとします。
2. 適当な「お題」を与えます。
   〈お題例〉
   「理想の週末」「理想のお風呂」「理想の別荘」など。
3. Aさんはその話題に対して夢を話します。
4. BさんはAさんの話に対し、「いいね！」と前置きして、さらに関連する自分の夢を話します。
5. 以下、同様に続けます。

〈展開例：「理想の別荘」〉
Aさん：「別荘には暖炉があるといいね！」
Bさん：「いいね！　暖炉のそばにはネコが寝てるといいね！」
Aさん：「いいね！　ネコは白ネコがいいね！」
Bさん：「いいね！　白ネコが幸福を運んでくれるといいね！」
（続けます。）

59. それはちょうどいい！ ★★

持ち込まれた困りごとにすべてポジティブに対応します。発想を転換し，状況に対するリフレーミングを行います。

進め方（3人の場合）

1. グループに分かれます。
2. 社長と社員A・Bに分かれます。
3. 社員Aは「社長，大変です！」と前置きして，社内で発生した困りごとを持ち込みます。
4. 社長はそれに対して必ず「それはちょうどいい！」と前置きして，その困りごとにポジティブに対応します。
5. 社員は社長に対して「さすが社長！」と賞賛します。
6. 次は社員Bが同様に「社長，大変です！」と困りごとを持ち込みます。
7. 以下，同様に続けます。
8. 「立場」をかえて繰り返します。

〈立場例〉
社長，園長，村長，校長，お母さん，神様など。

〈展開例〉
社員A：「社長大変です！　社員が誰も出勤してきません！」
社　長：「それはちょうどいい！　みんな最近オーバーワークだから今日は臨時休業にしよう！」
社員A：「さすが社長！」
社員B：「社長大変です！　廊下が水浸しです！」
社　長：「それはちょうどいい！　最近汚れていたからモップで掃除をしよう！」
社員B：「さすが社長！」

準備
特にありません。

人数・グループ
3人一組ないし2人一組。

時間
3分間程度。交代して繰り返します。

一口メモ
- 理由を考えてから「それはちょうどいい！」と言うのではなく，「それはちょうどいい！」と言い切ってから，その理由を考えます。
- 先の見通しがない世界に飛び込んでいくことがポイントです。

関連ワーク例
準備　いいね！，知ってるよ！
類似　私は実は，それはちょうどいい！

60. プレゼントゲーム ★★

架空のプレゼントについて互いにイメージを付け加えて豊かにしていきます。

準備
特にありません。

人数
数人で一組。

時間
数分間。2〜3回繰り返します。

一口メモ
- プレゼントを受け取ったら，もらったものが何かはっきり宣言します。
- 直前の人のアイディアを大事にして，瞬間瞬間に新しいアイディアを産み出していく感覚が重要です。

関連ワーク例
[準備] いいね！
[類似] 知ってるよ！，それはちょうどいい！

進め方
1. 数人で輪になります。
2. AさんはBさんに架空のプレゼントを贈ります。その際，持ち方や渡し方で大きさや重さを表現します。
3. BさんはAさんの様子から受け取ったプレゼントが何かをイメージし，それが何であるかを具体的に言ってからCさんに渡します。
4. Cさんはそのプレゼントに関する情報を付け加えます。これを順に繰り返します。
5. 一周回ったらBさんがCさんに新しいプレゼントを贈ります。

〈展開例〉
Aさん：「はい，プレゼントあげる！」
Bさん：「わあ〜，かわいいクマのぬいぐるみだね！」（Cさんに渡す）
Cさん：「しかもこのクマしゃべるんだよ！」（Dさんに渡す）
Dさん：「本当だ！『ボクの右手にさわって』って言ってる！」（Eさんに渡す）
Eさん：（クマにさわる）「あっ！ 背中が割れて何かが出てきた！」（Fさんに渡す）
Fさん：「羽が出てきて，羽ばたいてるよ！」

【発展編】
2人組でプレゼントを渡し合います。2人で互いに情報を付け加えながら，イメージを豊かにしていきます。

61. 1・2で俳句 ★★

1人が1音（文字）か2音ずつつないで俳句を創ります。与えられた音に対する「イエス・アンド」のワークです。

進め方

1. グループに分かれます。
2. 最初の1人が俳句の最初の1音（文字）または2音を言います。
3. 次の人はその音に続く1音または2音を言います。
4. みんなで協力して、5・7・5の音（文字）からなる俳句（または川柳）を完成させます。

〈展開例〉
Aさん：はる
Bさん：の
Cさん：あさ
Aさん：ねむ
Bさん：け
Cさん：ざま
Aさん：しに
Bさん：コー
Cさん：ヒー
Aさん：を

【発展編】
1人1音（文字）に限定して行います。

準備

特にありません。

人数

2人〜数人で一組。

時間

数分間。2〜3回繰り返します。

一口メモ

- 「イエス・アンド」を体験するのに適しています。
- うまい句を作ろうとするよりも、なるべく多くの句を作るように促した方が、発想が豊かになります。「○分間以内になるべくたくさんの句を作りましょう」などと促すのもよいでしょう。
- 慣れてきたら季語も入れるようにします。

関連ワーク例

準備 知ってるよ！, いいね！
類似 ワンワード, シェアードストーリー

62. ワンワード ★★

1人が一言ずつ言葉をつないで物語を創っていきます。自分の前の人が言った言葉にイエス・アンドをして、物語を産み出していきます。

準備
特にありません。

人数
2人～数人で一組。

時間
数分間。2～3回繰り返します。

一口メモ
- 「いいね！」「知ってるよ！」などと同じく、前の人が一度言った言葉は取り消せません。自分が予想もしない言葉であってもそれを受け入れて、さらにその先を続けていくことが必要になります。「イエス・アンド」が必要なゲームです。
- 「浦島太郎」などの昔話は、みんなストーリーを知っているのでやりやすい反面、少しずつ記憶の細部が異なるので逆に困難な側面もあります。どこまで自分のストーリーを手放せるかがカギです。

関連ワーク例
|準備| 知ってるよ！、いいね！
|類似| シェアードストーリー

進め方
1. グループに分かれます。
2. ファシリテーターがタイトルを与えます。
   〈タイトル例〉
   「浦島太郎」「学校の秘密」「不思議な手帳」など
3. タイトルについてお話を創っていきますが、1人が一度に話せるのは1語（1文節）だけです。隣の人はその言葉を受けて、次の1語を足してお話を創っていきます。
4. 一回の時間は3～5分間程度です。繰り返す時は、その都度タイトルを適宜指示します。

〈展開例〉
Aさん：「昔々」
Bさん：「あるところに」
Cさん：「おじいさんが」
Aさん：「いました。」
Bさん：「ある日」
Cさん：「おじいさんが」
Aさん：「目覚めると」…（以下続く）

【発展編】
5. 話す順番をランダムにします。一言話した人が次に話す人を指さします。

63. シェアードストーリー ★★

1人が一文ずつ言葉をつないで物語を創っていきます。自分の前の人が言った文にイエス・アンドをして，物語を産み出していきます。

進め方

1. グループに分かれます。
2. ファシリテーターが最初の1文を提示します。
   〈例〉
   ・「カエルのピヨン太は冒険の旅に出ることにしました。」
   ・「サツキが起きると家の前に大きな池ができていました。」
   ・「チハルのクラスに謎の転校生がやってきました。」
3. 次の人はその文を受けてお話を創っていきます。一度に話せるのは1文だけです。
4. 以下，同様に続けます。

〈展開例：「ナツキはネコ語を学ぶことになりました。」〉
Aさん：「今日から学校が始まります。」
Bさん：「先生はミケ子先生です。」
Cさん：「ミケ子先生が教科書を開くように言いました。」
Dさん：「そこにはネコ語文法が書いてあります。」
Aさん：「ネコ語文法には大きな特徴があります。」
Bさん：「その特徴というのは…。」

準備
特にありません。

人数
2人～数人で一組。

時間
数分間。2～3回繰り返します。

一口メモ
・ストーリーは現在進行形で進めます。
・「いいね！」「知ってるよ！」などと同じく，前の人が一度言った文は取り消せません。自分が予想もしない文であってもそれを受け入れて，さらにその先を続けていくことが必要になります。「イエス・アンド」が必要なゲームです。

関連ワーク例
準備 知ってるよ！，いいね！
類似 ワンワード

64. スピットファイヤ ★★★

ストーリーと無関係に入ってくる言葉を適切に取り込んで物語を創っていきます。

準備
特にありません。

人数
2人～3人一組。

時間
3分間程度。交代して繰り返します。

一口メモ
- どんな言葉が出てきても受け入れる正当化のトレーニングです。
- ペーパーズの前に行うといい準備になります。
- 考えすぎると言葉が出てこなくなります。ノー・アイディアでとにかく言葉をはっきりと言って、それから、その言葉を正当化します。

関連ワーク例
準備	知ってるよ！、それはちょうどいい！
類似	ワンワード，シェアードストーリー
展開	ペーパーズ

進め方
1. グループに分かれます。
2. 1人が話をする人になり、架空の話をします。
   〈話題例〉
   「私は消防士です」
   「私はお菓子屋さんです」
   「私はパンダです」
3. 話しながら時々、他のメンバーの肩（または膝）を軽く叩きます。
4. 肩（膝）を叩かれた人は、話と全然関係のない言葉（単語）を言います。
5. 話している人はそこで出た言葉を文頭に使って話を続けます。与えられた言葉を否定しないで使う、という「イエス・アンド」がポイントになります。

〈展開例〉〔　〕内が与えられた言葉
「私は看護師です。毎日、一生懸命仕事をしています。」
〔カサ〕「カサをさして病院にきました。」
〔イス〕「イスに座っている暇はほとんどありません。今日もいつものように仕事をしていたら、突然…」
〔バナナ〕「バナナを先生が食べ出したんです！「先生、どうしたんですか？」って聞いたら先生が、「今年の風邪にはバナナがいい」って言うんです。それで、バナナを買いに行ったら…」
〔テレビ〕「テレビ局が来ていたんですよ。そこでインタビューをされて…」

65. ペーパーズ ★★★

予めセリフが書かれた紙片を使って短い即興の劇を演じます。どんなセリフが出てくるかはわかりませんが、出てきた言葉を正当化してストーリーを創っていきます。

進め方

1. 事前準備として、メンバーに紙片を数枚ずつ配って、適当なセリフを書いてもらい、集めておきます。
2. 2人一組になります。
3. 2人の関係性を設定します（〈関係例〉参照）。
4. 2人の足下にセリフを書いた紙片を折りたたんで6枚〜8枚ほどまきます。
5. 設定された関係に基づいて2人で即興のやりとりを始めます。
6. 最終は挨拶などの一般的なやりとりからはじめ、途中時々、足元の紙を拾い、そこに書いてあるセリフを次に語る最初のセリフとします。どんなセリフが出てきてもいかにも初めから予定されていたかのように正当化しながら演じていくことがポイントです。
7. これを交互に繰り返し、紙が全部なくなったところで適当な「オチ」をつけて終わりにします。

【発展編】

8. プレイヤーと観客に分かれます。
9. プレイヤーは前に出てシーンを演じ、観客はそれを鑑賞します。

〈関係例〉
・親子 ・夫婦 ・先生と生徒 ・先輩と後輩 ・恋人同士 ・昔の恋人同士 ・店長とアルバイト ・刑事と容疑者 ・コーチと運動選手 ・スーパーの試食のおばさんと客 ・占い師と客 ・カメラマンとモデル ・政治家と秘書 ・ペットと飼い主 ・博士と助手 ・天使と悪魔

準備

紙片を数十枚（全体人数×3枚程度）。予めメンバーにいろいろなセリフを書き込んでもらっておきます。

人数

2人一組。

時間

5分間程度。

一口メモ

・事前にスピットファイアを行っておくとよりスムーズにできます。
・説明を聞いただけだと結構大変そうですが、やっていると意外にできるものです。
・慎重になるとかえって難しくなります。スピットファイアと同じく、紙片に書かれたセリフをはっきりと言って、その後で、なぜその言葉を言ったのかを正当化していきます。

関連ワーク例

準備 スピットファイヤ、それはちょうどいい！

66. お見立て ★★★

相手を何かに見立てて話しかけ，その様子から何かを推測します。話しかけられたメンバーは適当に返事をしながら，何に見立てているのか推測し，対応します。

準備
特にありません。

人数
２人一組ないし３人一組。

時間
１分間程度。交代して繰り返します。

一口メモ
- 遠いところから少しずつヒントを出していきます。
- 相手の話に対する「イエス」の感覚が重要です。
- 最初はわからなくても適当に相手に話を合わせることがコツです。相手に対する質問はしません。

関連ワーク例
展開 私は有名人

進め方
1. グループに分かれます。
2. ファシリテーターが見立てる「もの」を指示します。言葉で言うと皆に分かってしまうので，メモなどを使うと良いでしょう。
〈見立て例〉
ボールペン，テレビ，カラス，パンダなど。
3. ＡさんはＢさんを指示されたものに見立てて話しかけ，Ｂさんはそれに応じます。
4. 一般的であいまいな内容から始め，少しずつ具体的・本質的な内容に絞り込んでいきます。

〈展開例：「消しゴム」〉
Ａさん：「しかし君も毎日大変だねえ。」
Ｂさん：「そうだね。」（さっぱり分からない）
Ａさん：「身をすり減らすような日々だね。」
Ｂさん：「まあ，つらいところだね。」（「すり減らす」って何だろう？）
Ａさん：「いつもの相棒とは仲良くやってる？」
Ｂさん：「ぼちぼちだね。」（「相棒」って誰だろう？）
Ａさん：「えーと，あれは鉛筆君だっけ？」
Ｂさん：「そうそう。」（あ，「相棒」は鉛筆か！ すると自分は…）
Ａさん：「まあ君たちは２人で１セットだからね。」
Ｂさん：「そうなんだよ（消しゴムだ！）。本当に毎日，鉛筆君の失敗の後始末に使われてこんなに小さくなっちゃったよ。」

67. 私は有名人 ★★★

お互いを有名人に見立てて会話をし，やりとりを通じて自分が誰かを推測します。はじめは自分自身が誰かはわかりませんが，会話の内容から少しずつ想像していきます。

進め方

1. グループに分かれます。
2. メンバーに有名人の名前が書かれたカードを配ります。このとき自分のカードを見ることはできません。
3. カードを頭上にかざし，お互いに相手の頭上のカードを見て，相手をその人と見立てて話しかけます。
4. 相手に話を合わせてやりとりしながら，自分が誰かを考えます。
5. 自分が誰か分かったら「私は○○です」と言います。あるいは，個人が特定できるようなセリフを言います。

〈展開例：「徳川家康」(A) と「ドラえもん」(B)〉
A（徳川家康）：「ええと，あなたは動物…かな？」
B（ドラえもん）：「まあ，そうですね。」（なんだろう？）
A：「青くて，丸っこくて…，立派な体ですね。」
B：（青くて，丸い？）「その髪型は…ちょんまげですか？」
A：「そうなんです。（侍かな？）今日はお友だちは？」
B：「あ〜，友だちね（誰かな？）今日は一人なんです。あなたと言えば天下分け目のというか…。」
A：（関ヶ原の戦いのことかな？）「そうなんですよ。あなたの例の乗り物で，その時代に行くこともできますね。」
B：（そうか）「タイムマシンですね。（だとすると自分は…？）あなたの作った政府は長く続きましたね。」
A：（江戸幕府かな？）「子孫が代々継いでくれましたので。」
B：「のび太君とタイムマシンで江戸時代へ！」（正解！）
A：「急がなくても鳴くまで待とうホトトギスです。」（正解！）

準備

有名人の名前を書いた課題カードを人数分＋α。イス。

人数・グループ

2人一組ないし3人一組。

時間

数分間。2〜3回繰り返します。

一口メモ

- 自分が誰か分からない間も，素知らぬフリで相手に話を合わせながらやりとりを続けます。
- やり方によっては単なる人当てクイズになってしまう場合があります。相手とのやりとりをリアルに行うことがポイントです。
- 歴史上の人物，芸能人，スポーツ選手などの「ジャンル」を混ぜて実施するとより広がりがでてきます。

関連ワーク例

準備 お見立て

68. 10円玉リレー ★

10円玉をリレーすることをゲーム形式で演じます。

準備
10円玉またはその他の適当な小物，小袋（小物を使う場合）

人数
1グループ5〜7人程度。2〜3チームの対抗形式で実施します。

時間
5分間程度。交代して繰り返します。

一口メモ
- 10円玉をリレーする（しない）という行為を通じて，メンバーは「演じる」ことに取り組むことになります。何かを「演じる」ワークに慣れないメンバーも，比較的抵抗なく「演じる」ことができます。
- 10円玉以外の小物を使って行うこともできます。その場合は，掌に挟むのではなく，小袋を使ってその中に小物を入れてリレーします。
- 成功体験の獲得を考慮して「10円玉を持っていないであろう人」を観察チームから順に指名して，確認していくやり方もあります。

進め方
1. 10円玉をリレーするチーム（演技チーム）とそれを観察するチーム（観察チーム）に分かれ，対抗戦形式で実施します。
2. 演技チームが横一列に並び立ち，10円玉をリレーする「演技」をします。観察チームはそれを観察します。
3. 演技チームの一番端のメンバーに10円玉を渡します。10円玉を受け取ったメンバーは10円玉を両掌の間に挟み，同じく両掌を合わせた隣のメンバーの掌の隙間に上から10円玉を落としてリレーします。
4. これを最後のメンバーまで繰り返しますが，その際，10円玉をリレーするフリだけをして，掌の間に10円玉を留めておくこともできます。この場合，以後のメンバーは必然的に10円玉をリレーするフリをすることになります。
5. 10円玉が最後まで「リレー」された後，観察チームは「誰が10円玉を持っているか」を推測します。リレー後は10円玉の有無にかかわらず，<u>必ず掌は閉じたままにしておきます</u>。一瞬でも両掌を離してしまうと10円玉を持っていないことが簡単にわかってしまうので，必須事項です。
6. 終了後，攻守交代します。

関連ワーク例
[類似] ジェスチャーゲーム，ジェスチャー伝言

69. トランプステイタス ★★

トランプのカードを頭上にかざして挨拶をしながら歩き，相手の反応から自分のカードの数字を推測します。

進め方

1. 全員にトランプのカードを配ります。この時，自分のカードの数字を見ることはできません。
2. カードの数字はその人のステイタス（地位）を表しており，13はステイタスが高く，1は低いものとします。
3. カードを頭上にかざして，他者に会釈をしながら，自由に歩きます。
4. 自分に対する相手の態度から，自分のカードの数字を推測していきます。他者に相手のカードの数字を教えることはできません。
5. 数分間続けた後，1〜13の順になるように円形（または半円形）に並び，そこでカードを頭上から下ろして答え合わせをします。

【発展編】

6. 歩行の途中で立ち止まって2人組で会話をします。会話のテーマは「夕べ食べたもの」や「休日の過ごし方」などに関するワークの世界での架空の話とします。会話のやりとりからヒントを得ます。
   〈展開例〉（ ）内はトランプのカードの数字
   Aさん（13）:「夕べはカレーを食べました。」
   Bさん（4）:「いやいや，あなたならもっと豪華なものを食べるでしょう。私はラーメンでした。」
   Aさん:「なるほど，わかります。」

準備

トランプのカード。なるべく広い場所で行います。

人数

10人程度〜何人でも。

時間

数分間。2〜3回繰り返します。

一口メモ

- 2〜3回繰り返すこととし，はじめに1や2のカードが当ったメンバーには，2回目の時は配慮するとよいでしょう。
- 「数字合わせ」（p.116）で使用する1〜50のカードを使ってもできます。この場合は，ステイタスのステップが細かくなります。

関連ワーク例

| 準備 | ボールゲーム，私あなた |
| 類似 | ゾンビゲーム，ウィンクキラー，私は有名人 |

70. 秘密のセリフ／Iタイプ・Yタイプ ★★★

2人で定形的なセリフの発話を促す即興のやりとりをします。言葉のみならず表情やジェスチャー等も活用して適切な働きかけを行い，相手が思わずそのセリフを口にするような「状況」を創り出します。

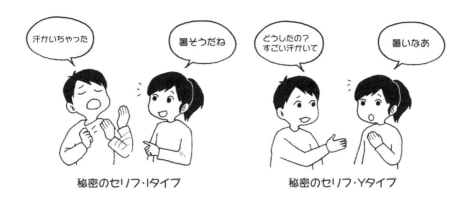

秘密のセリフ・Iタイプ　　　　秘密のセリフ・Yタイプ

準備
セリフが書かれた課題カード。

人数
2人一組。

時間
15分間程度。

一口メモ
- Iタイプ，Yタイプは共に，一定のパターンに基づくセリフです。
- 男女による語尾の違い等は許容します。
- 課題カードは1枚のカードの上段にIタイプのセリフを，下段に対応するYタイプのセリフを書いておくことができます。

関連ワーク例
|準備| お見立て，仕事ジェスチャー
|類似| 私は有名人
|展開| 秘密のセリフ／Fタイプ

進め方

1. 2人でペアになり，Aさん，Bさんとします。
2. Aさんはカードを引き，課題のセリフをBさんが発するようにかかわります。
3. Iタイプの課題のセリフは「自分（I）の状態」に関するもので，語尾は「〜だね」「〜ね」といった形のものが中心です。このことははじめにアナウンスしておきます。

〈展開例：「暑そうだね」〉
自分がどんな状態かを言葉や身振りで表現すると、相手が気づいて言葉をかけてくれます。
Aさん：「うわ〜今日30度もある！」（汗をふきながら）「ふう，汗かいちゃった。」「クーラー入れたいなあ。」
Bさん：「暑そうだね」（暑いと感じているのはAさんです）

【発展編・Yタイプ】

4. Yタイプの課題のセリフは，「相手（You）の状態」に関するもので，語尾は「〜だなあ」「〜だろう（でしょう）」といった形のものが中心です。このことははじめにアナウンスしておきます。

〈展開例：「暑いなあ」〉
相手の状態について情報を与えてあげると、相手が気づいて言葉を発してくれます。
Aさん：「どうしたの？　すごい汗かいて！」「あ〜，今日，30度もあるからねえ。」
Bさん：「暑いなあ」（暑いと感じているのはBさんです）

〈課題セリフ例〉

I（私）タイプ	Y（あなた）タイプ
暑そうだね	暑いなあ
寒そうだね	寒いなあ
楽しそうだね	楽しいなあ
悲しそうだね	悲しいなあ
残念（がっかり）だね	残念（がっかり）だなあ
心配そうだね	心配だなあ
疲れてるね	疲れたなあ
困っているんだね	困ったなあ
痛そうだね	痛いなあ
退屈（ひま）そうだね	退屈（ひま）だなあ
緊張しているんだね	緊張するなあ
気持ち悪そうだね	気持ち悪いなあ
幸せそうだね	幸せだなあ
忙しそうだね	忙しいなあ
くやしそうだね	くやしいなあ
眠そうだね	眠いなあ
惜しかったね	惜しかったなあ
おなかすいているんだね	おなかすいたなあ
おいしそうだね	おいしいなあ
にがそうだね	にがいなあ
まずそうだね	まずいなあ
おもしろそうだね	おもしろいなあ
苦しそうだね	苦しいなあ
さわやかそうだね	さわやかだなあ
気持ちよさそうだね	気持ちいいなあ
うれしそうだね	うれしいなあ
うらやましそうだね	うらやましいなあ
もてるんだね	もてるだろう（でしょう）
かわいいね	かわいいだろう（でしょう）
かっこいいね	かっこいいだろう（でしょう）
えらいね	えらいだろう（でしょう）
上手だね（うまいね）	上手（うまい）だろう（でしょう）
お金持ちなんだね	お金持ちだろう（でしょう）
親切だね	親切だろう（でしょう）
やさしいね	やさしいだろう（でしょう）
頭いいんだね	頭いいだろう（でしょう）
怒っているんだね	腹が立つなあ

71. 秘密のセリフ／Fタイプ ★★★

みんなで協力していろいろなセリフの発話を促す即興のやりとりをします。

準備
セリフが書かれた課題カード。

人数
2人～4人一組。

時間
15分間～20分間程度。

一口メモ
- 秘密のセリフ／Iタイプ・Yタイプより自由度が高く、状況をより具体的に想像しなければなりません。
- 観客はやりとりを見ながら、状況に応じて拍手等でフィードバックをします。
- 状況に応じて登場人物が増えることがありますが、登場人物があまり多いとAさんは混乱します。相手役は1人から最大3人までで行うとよいでしょう。
- はじめに状況や両者の関係性がわかるように働きかけます。「プラットフォーム」（p.161）を意識するとよいでしょう。
- 個人のもっているかかわりの能力を総動員する必要があるワークです。普段眠っている能力をフル活用する自己実現のワークでもあります。

進め方
1. グループに分かれます。
2. 課題のセリフを知らないAさんを決めます。
3. 他のメンバーがカードを引いて課題のセリフを確認し、メンバーで簡単な打ち合わせをします。課題の言葉のタイプはフリー（Free）で特に決まったパターンはありません。
4. Aさんを含む2～3人でやりとりを始めます。状況や場面を設定し、自分や仲間がどんなことを言い、かかわれば相手に状況が伝わり、その言葉が発せられるのか、さまざまなことを考えながらやりとりします。残りの人は観客になります。
5. Aさんから課題の言葉が出たら、成功です。

〈展開例：「エアコン、つけようか？」〉
Bさん：「ただいま〜」（Bさんから働きかけます。子どもっぽく言います）
Aさん：「お帰りなさい」（自分は親のようです）
Bさん：「今日、すっごく暑かった」（状況を伝えます）
Aさん：「冷たいものでも飲む？」（親として対応します）
Bさん：「ありがとう」（飲む…相手の対応を受け入れます）
Bさん：「でもまだ汗が出ちゃう。家の中暑くない？」（飲み物ではないようです）
Aさん：「エアコン、つけようか？」（正解！）

【発展編】
6. 慣れてきたら打ち合わせをしないで、立場・状況の設定も含めて全部「即興」で行います。

〈課題セリフ例〉
エアコンつけようか？
早くお風呂に入りなさい
早く寝なさい
スマホにかえたら？
後で職員室へ来なさい
保健室行ったら？
放課後に体育館の裏で
君の方がきれいだよ
ずっとだましてたのね（たんだね）
お嬢さんを僕にください
待ちくたびれたよ
命だけは助けてください
手をあげて出てこい
あー，怖かった
早まっちゃだめだよ
やっぱり家が一番落ち着くね
ヤッホー！
軽い風邪ですね
ダイエットしなきゃ
きっと君を幸せにするよ
もう一回やらせてください
あなたは命の恩人です
もっと練習しないと
遊園地連れてって
僕（私）と付き合ってください
出来心だったんです
近う寄れ
ほめてつかわす
おぬしも悪よのう
この紋所が目に入らぬか
日本の夜明けだ

関連ワーク例	
準備	秘密のセリフ／Ⅰタイプ・Ｙタイプ，仕事ジェスチャー（2人バージョン）
類似	私は有名人

72. 私は木です ★★

みんなで協力して役割をとりながらシーン（場面）の創造と解体を繰り返していきます。

準備
特にありません。

人数
5人一組程度。

時間
10分間程度。

一口メモ
- 場面に入るものは人だけではなくて，動物や虫だったり，太陽や風だったり，気持ちや概念など何でも構いません。
- 1人が場面に入る度にイメージはその都度少しずつ変化していきます。細かな変化に随時対応していきます。
- イエス・アンドや言語表現，身体表現などさまざまな要素が凝縮されたワークです。

関連ワーク例
準備　ジェスチャーゲーム，スペース彫刻，彫刻ネーミング
類似　シェアードストーリー，ワンワード

進め方
1. グループに分かれます。
2. 1人が前に出て両手をかざして立ち，「私は木です」と宣言します。これで「木が1本立っている」というイメージを創ったことになります。
3. 次の人は木に関する何かになって「私は○○です」と宣言してシーンに入ります。
4. さらに次の人が上記の状況に対応して同様にシーンに入り，これを全員が続けます。シーンに入る順番は自由です。
5. 全員が入ってシーンが完成したら，最初の人（木）がシーンの中から残すものを一つ選んで宣言し，残りの人は全員一旦シーンから抜けます。
6. 選ばれたものから新たに次のシーンが始まります。

〈展開例〉

Aさん：「私は木です。」
Bさん：「私はリンゴです。」
Cさん：「私は白雪姫です。」
Dさん：「私は魔女です。」
Eさん：「私は小人です。」
Aさん：「魔女を残します。」
（A，B，C，Eさんが抜けて新しいシーンが始まります。）
Dさん：（同じ姿勢で）「私は魔女です。」
Cさん：「私は魔女の夫です。」

以下，同様に続けます。前の人（たち）が提示したものを受け入れてイメージを共有しながら，新しいシーンを創っていきます。

第7章
さまざまな実践

　グループワークは単発的に実施するよりも定期的または集中的に行うことによって，よりその効果を上げることができます。

　本章では，中学校，高校，特別支援学校などのさまざまな学校現場での授業実践に加え，親子関係の再構築をめざした家庭裁判所親子合宿の実践例を紹介していきます。

　ここで紹介してある活動内容は，その時その時の判断によって組まれたもので，必ずしもすべてが理想型という訳ではありませんが，どのような状況でどのような活動を試み，その結果がどのようになっていったのかを見ることによって，読者の皆さんが計画を立案するときに参考にしていただければと思います。

M中学校

　M中学校は地方都市の中心部にある1学年4クラスの中規模の公立中学校です。ここで紹介する授業は，2014年度の文部科学省の「対話・創作・表現活動等を取り入れた人間関係形成能力等の育成に資する教育活動に関する実践研究」として，道徳の時間を利用して行われました。授業を実施したのは10～2月で，既に生徒たちの人間関係は一定以上形成されている状況でした。お昼休みをはさんで3～6時限目に4クラス連続して授業を行いました。授業回数は隔週で計10回で，1時限は50分間でした。授業内容は基本的に各クラス同一内容とし，担任の先生も一緒に参加しました。教室はオープン形式の多目的室でフロアはカーペットでした。また，3名の大学生がアシスタントとして参加し，ワークの説明のモデル役になったり，生徒たちのサポート役になりました。

第1回
自己紹介，オリエンテーション，アイコンタクト

　まずスタッフ一同が自己紹介をし，みんな暖かく迎えられました。続いて，プリントを1枚配布して授業についてのオリエンテーションを行いました。オリエンテーションでは，まず，楽しく授業をすることを強調し，その上で，「かかわること」「(友人を)理解すること」「表現すること」を学んでいくことを説明しました。

　今日のテーマは**アイコンタクト**です。

▶オリエンテーションをすることは生徒たちの中に「心の引き出し」を作ることです。この授業で何をやるのか，それがどんな意味をもつのかを分かりやすく説明し，生徒たちが体験をきちんと受け止められるようにします。

手合わせ (p.84)

　最初は2人一組で，次は4人一組，さらに8人一組を経て，最後はクラス全員で行いました。間違える生徒も少しいましたが，大体はできました。但し，掌を使わず，手の甲を合わせる女子生徒もいました。掌を合わせることに抵抗があるようで，しきりにスカートで掌を拭いていました。

▶身体接触に抵抗を示す生徒は一定数存在します。強制することは避けます。手を繋ぐ課題などの場合はヒモで作った輪などを利用することもできます。今回は，そのままとしましたが，「無理しなくていいよ」とか「自分のやりやすいやり方で」という声かけをするのもよいでしょう。

ボールゲーム (p.97)

　10人位で輪になって行いました。クラスによって男女で分かれるクラスと，混合で行うクラスがありました。最初はボール有りパターンで実施しましたが，男子生徒の中には面白半分に力任せに投げつける生徒がいたため，その場合は，一旦止めて，「相手へのメッセージだと思って」と指示して再開しました。その後，ボールなしの「エア・バージョン」で実施しました。「エア・バージョン」だと相手へ

▶特に中学生年代の男子生徒ではワークでふざけることがよくあります。そもそもふざけることのないようなワークの配列を考えることが大事ですが，明らかなふざけが生じた場合は，その都度対応していきます。そこを流していると，少しずつ雰囲気がくずれていきます。

のアイコンタクトによる「メッセージ」がより重要となります。みんな相手をよく見てアイコンタクトを送ってからボールをジェスチャーで投げました。見学に来ていたALTが生徒たちの様子を見て「Wonderful!」と声をかけてきました。

トランプステイタス （p.183）

ボールゲームのアイコンタクトを応用する形で**トランプステイタス**です。トランプを配り，自分は数字を見ないで頭上に掲げて歩きます。誰かとすれ違う時の会釈の様子から自分の数字を推測します。時々，待ちきれずに自分のカードを見てしまう例がありますが，今回は，みんなルールを守って楽しくやっていました。但し，P君は他の生徒が持っているK（キング）のカードを取り上げ，自分のカードにしてしまいました。

終了後は，振り返りシートと呼んでいるシェアリング用のシートに各自で記入しました。シートは授業に関する5段階の評価項目が数項目と，自由記述欄から成っています。記入時間は数分間です。みんな，神妙な顔をして書き込んでいました。記入された内容は，次回までに全クラス分をA4両面のプリントに私がまとめて授業冒頭で配布し，シェアリングとします。ここでは生徒が中学校1年生と比較的年少であることと人数が多いためプリントによるシェアリングとしました。

▶このようなルール破りもしばしば生じます。待ちきれないのは発達的や性格的な要因もありますし，意図的なものは規範意識等の要因もあります。ルールを守ることが目的ではありませんが，ルールを守らないとワークの意味がないのも事実です。軽く注意をし，それでもルール破りが減らない場合は，一旦ワークを止めて，きちんと説明した方がいい場合もあります。

▶本当なら，授業中に口頭でシェアリングができればいいのですが，時間がかかってしまい，ただでさえ短い授業時間が食われてしまうのと，うまく言語化できない生徒が少なくないためこの形としました。

第2回
協力

まず，最初に前回の振り返りシートをまとめたものを配布して，前回の復習をしました。5段階評価をつけたものは平均点にして示し，自由記述については各クラスから数名ずつ匿名でコメントを記載しました。みんな，興味津々でプリントを読んでいました。この手続きは，以後の回でも同様です。

大体，プリントを読み終えたところで，今日の課題に移ります。今日のテーマは協力です。

▶はじめにプリントを通じて前回の振り返りをすることは，復習という点ではよい面もありますが，内容は前回のものであり，その日の授業・ワークへの流れという点では少し微妙な面もあります。

絵合わせ （pp.122-123）

絵合わせは小グループになって，絵カードを1枚ずつ掌

中に収め，話し合って情報を交換しながら絵の並び順を推測する課題です。カードは6枚あり，6人1グループで実施しました。みんなで力を合わせて正解して，歓声を上げるグループがある一方，こっそりカードを見せて正解したグループはどんなに早く完成しても声一つ上がらず，かえって気の毒になってしまいます。早いグループでは4分ほどで完成の一方，遅いグループでは10分以上かかってしまいます。早くできたグループの中には，カードを配り直して，再度挑戦するグループもありました。時間の調整が難しい課題でもあります。

▶人数が4〜5人の場合はメンバーの誰かはカードを2枚持つことになります。

▶いわゆる「カンニング」ですが，このようなルール破りはグループワークの初期にしばしば生じます。あせらず，怒らず一回一回の授業をしっかりやっていくと，そのうち見られなくなります。

▶端のカードから順にヒントを出して時間を調整していくこともできます。

人間コピー機 (pp.118-121)

次は**人間コピー機**です。離れたところにある絵を見て，憶えて写す課題です。絵合わせ同様，グループのメンバーとの協力が必要です。グループは組み替えて，4人1組で実施しました。グループの組み替えは，みんなの協力があって，スムーズにできました。

人間コピー機は制限時間があるため時間管理は比較的容易で，授業終了時間との兼ね合いでこの課題を後に実施しました。完成後は写した絵を黒板に貼り出し，みんなで「展覧会」を実施しました。絵の巧拙も大事ですが，協力がもっと重要なこと，とまとめるとみんな納得した表情でうなずいていました。

▶時には，グループの組み替えで数分（またはそれ以上）の時間がかかってしまうこともあります。中高生年代では「何をするか」よりも「誰とするか」が大事な面があるからです (p.61)。そこを雑にしてしまうと，グループはできてもその後の活動に身が入らないということが生じてしまうので配慮が必要です。

▶人間コピー機では絵の巧拙に注意が向きがちです。絵を上手に描くこともたしかに大事ですが，それより絵の出来不出来に基づいて「協力」「協働」に視点を向けることが重要です。

第3回
他者理解

今回のテーマは，他者理解です。ゲーム形式でかかわり合いながら，級友の知らなかった側面に出会っていきます。

スゴロク・トーキング (pp.133-137)

基本的に5人一組で実施しました。グループ分けに当たって普段の学習班にするかくじ引きにするか生徒たちに聞いてみたところ，どのクラスもくじ引きを希望したので，くじ引きでグループ分けをしました。活動には机と椅子を使います。また，本当ならば，全員がゴールできるまで実施できるといいのですが，授業時間の枠もあるので，インストラクションを除いて，正味20分間の実施としました。終了3分前に一度アナウンスをし，最後は「次の人が話を

▶通常は一連の活動の初期に行うことが多い課題ですが，今回は活動開始が10月と，既に一定の人間関係ができあがっている状態でしたので，このタイミングでの実施となりました。

したら終わり」と告げて終了としました。生徒たちの様子を見ていると，20分は集中力がもたない感じです。自分の話をしたい気持ちが強い反面，他者の話を落ち着いて聞く力はまだ十分育っておらず，相手の話にさらに問いかけをして話を展開する場面もほとんどありません。話すことと聞くことの両面についてバランスのとれた活動はまだ難しいようです。

▶ スゴロクトーキング・プラス（p.134）はこのような問題に対処することも考慮したワークです。本来なら生徒たちが相互にやりとりを深めることができればいいのですが，難しい面もあります。このため，やりとりを活性化し，話を深めるためにもう一度サイコロを振って新たな展開をもたらします。

一歩前へ！（p.129）

スゴロク・トーキング終了後は**一歩前へ！**です。12〜13人で輪になり，一言ずつ自分の特徴・好みなどを言いながら一歩前へ出て，同じ特徴をもつ人も少し遅れて一歩前へ出ます。何を言ったらいいか分からず，逡巡する生徒もいますが，みんなで暖かく待ちました。各グループ3周位回ったところで終了して，いつもの振り返りシート記入としました。

スゴロク・トーキングと一歩前へ！で少し視点を変えた他者理解を2件，合わせてちょうどいい時間でした。

▶ このように言葉に詰まってしまう生徒に対して「何でもいいんだよ」と声をかけることはかえってプレッシャーを与えることになる場合もあるようです。「血液型」「星座」「好きな〇〇」「よく見るテレビ」などのヒントを予め黒板等に書き出しておくのも良いでしょう。

第4回
かかわり

今回のテーマはかかわり（感受性）です。相手が自分の言葉や表現をどう受け取るか考えながら情報を伝達します。

初めてのお使い（pp.124-127）

お使い先への行き方を電話で聞き取るというものです。最初に実施したクラスでは，このワークを先に実施しましたが，生徒の反応が今ひとつなので，次のクラスから**電話でSOS**を先に行ったらスムーズに実施できるようになりました。

電話でSOS（pp.113-115）

誘拐された被害者が助けを求めるという設定で情報伝達をします。**電話でSOS**の方が少しルールがわかりやすいのと，「誘拐」という言葉が生徒たちの心をとらえたようでした。初めてのお使いと同じく自分の語る言葉の一言一言を相手がどう受け取るかを考えながら説明します。みんな熱心に取り組んでいましたが，ごく一部，相手に答えを見

▶ 電話でSOSと初めてのお使いはどちらも認知的な側面が強い課題なので，普段から勉強に苦手意識がある生徒や欲求不満耐性が弱い生徒の場合は，消極的になってしまうことがあるので動機づけの維持が課題です。

この日，実施した初めてのお使いの課題は少し難しかったようなので，その後より簡単な形に修正したワークを本書には収録してあります。

せてしまう生徒もいました。

第5回
身体表現

今回は，短縮授業のため45分間です。身体表現をテーマとしました。

ジェスチャーゲーム（pp.162-163）

5人ほどで1グループになります。最初に**家電ジェスチャー**を行い，次に**飲食物ジェスチャー**を行いました。

1人がプレイヤーになって課題をジェスチャーで表現し，残りのメンバーがそれを当てます。

その後，同じメンバーで一列になって**ジェスチャー伝言**（p.166）を行いました。伝えた言葉は「マンガ」「（おもちゃの）ジェンガ」「もぐら叩き」「黒ひげ危機一髪」などです。特におもちゃはそれを使って遊んだ時の体のイメージを想起することがポイントになります。

生徒たちの反応はとても良かったのですが，短縮授業だったため最後は各クラスとも少々時間オーバー気味になってしまいました。

▶家電ジェスチャーなどと同じく，体の記憶を思い出すことがポイントです。

第6回
身体表現

今回も前回に続いて身体表現がテーマです。**スペース彫刻**で2人一組で大きく体を使うことを体験します。それから，4人一組で彫刻ネーミングを実施し，イメージの世界を広げていきます。最後に5人一組になり**私は木です**で協力して表現を行います。

▶身体表現にかかわるワークを「のりしろ」を意識しながら組み合わせてみました。スペース彫刻は単純な身体活動ですが，彫刻ネーミングはそこにイメージ力が加わり，さらに私は木ですで5人の協力を促していきました。

スペース彫刻（p.168）

スペース彫刻は，じゃれ合うような形で問題なく実施できました。さまざまなポーズを取り合うことで，よいウォーミングアップになったようでした。

彫刻ネーミング（p.169）

2人でそれぞれポーズをとり，それを一対の彫刻と見なして，他の2人がタイトルを命名していきます。

彫刻ネーミングは個々人のイメージ力の違いが現れるようで，形態的な特徴の描写に終始する生徒もいれば，イメージを豊かに広げて表現する生徒もいました。

私は木です （p.188）

5人1組で一本の木から始まってさまざまな役割をとりながらイメージの世界を拡げていきます。

インストラクションに続くアシスタントのデモンストレーションの際に担任の先生に入ってもらい，先生が「私は木です」と言うところから始めると，インストラクションに対する生徒の注目度が上がり，内容がとても伝わりやすくなりました。

▶ 学校で実施する場合，生徒たちの動機づけを高める上で，担任の先生の関与は非常に大きな要因です。先生が積極的にワークに関与することで生徒たちのモチベーションは一気に上がります。

第7回
間違えること

第5回と第6回は表現がテーマで，どちらも「正解がない」課題でした。今回はそれに加え，「間違えること（失敗すること）」の重要性も大事なテーマになります。**木とリス**はオニが1人いて，声を掛けるたびに必ず誰かがオニになります。誰かが間違えて（失敗して）オニになることで成り立っているゲームです。また，**エレファントやトースター**も，誰かが間違えてオニを交代することで成り立つゲームです。木とリスはほとんどの場合は，新しいオニが生まれますが，エレファントやトースターは誰かが間違えるという保証はなく，同じ人が延々とオニをやる可能性があり，そのうちに場が白けてきます。このため，始めにインストラクションで，「間違えること」の意義を強調し，「間違えた人はみんなを救ってくれた偉い人だ！」とアナウンスしておきました。すると，生徒たちは誰かが間違えるたびに歓声を上げて，拍手を送っていました。

▶ 「間違えること」は学校では「悪」です。生徒たちだけでなく，先生などの大人も「間違えること」に対して抵抗をもっています。しかし，歴史的にはさまざまな間違いから多くの発明品が生まれています。その「悪」に敢えて積極的に取り組みます。ある意味，価値観のコペルニクス的転回が必要な局面です。

木とリス （p.94）

木やリスなどの役割をとりながら集合・離散をくり返していきます。

このワークでの問題は，間違えることではなく，男女間の壁でした。**木とリス**では2人一組で木を作りますが，どうしても同性同士で木を作る形になってしまいました。間に入るリスも同性の木の下には入れますが，異性の木の下

第7章 さまざまな実践 195

には入れません。生徒たちの動きもどこかぎこちないものになってしまいました。

エレファント，トースター，壊れたトースター
(pp.90-91)

　エレファントやトースターでも木とリスと同様の傾向が見られました。このような傾向は小学校高学年から高校生に至るまで見られる現象で，根本的な対応策はありません。本当は，男女別なく一緒にできるといいのですが，強制することはできませんし，強制したのではかえって生徒たちの主体性を損なってしまいます。特に働きかけはせず，生徒たちに任せる形で進めて行きましたが，クラスによっては授業終了時間際になって男女が一緒に行動する様子が見られました。

▶屈託なく男女一緒に活動できればそれに越したことはないのですが，小学校高学年から中高生年代ではそれが大きな課題であることも事実です。「男女一緒」にあまりこだわらずに，自然に壁が低くなっていくことを待ちましょう。

▶トラストウォーク【発展編】(p.108)を活用してこのような男女間の問題にある程度対処することは可能です。

第8回
イエス・アンド

　今回はインプロの**イエス・アンド**（p.22）がテーマです。いずれも，相手の**オファー**に対して肯定的な反応をして（イエス），さらに自分のアイディアを加えて相手に**オファー**を返します（アンド）。

▶イエス・アンドはインプロの基本概念です。自分のアイディアを手放して，相手のアイディアに乗っかっていきます。誰しもこだわりがあるものですが，そのこだわりを手放す感覚を心地よく思えてきたら新しい世界が開けてきます。

いいね！ (p.172)

　「明日は雪で休校だよ！」「家を新築する」などを話題としました。この話題に対して，自分のアイディアを加えて相手に返します。お互いに相手の話に対しては，必ず「いいね！」と応え，さらに自分のアイディアを加えて相手に返します。

　短いワークを繰り返すため，予めくじを用意し，くじ引きで2人一組のペアを何度か組み替えて実施しました。

知ってるよ！ (p.171)

　2人一組で相手の話すことは既に知っている，という前提で会話をします。

　「リニアモーターカーが町にやってくる」「(学校の近くの)○○湖に恐竜が出現した」などを話題としました。「相手が話すことは全部知っている」という設定でやりとりしながら話題を豊かにしていきます。

ワンワード（p.176）

　これも2人一組の実施としました。「桃太郎」のお話を2人一組で語ることを練習とし，その後，「校長先生の挨拶」「担任の先生による転校生紹介」などを**ワンワード**で行いました。その上で，プレイヤー2人と観客2人になって通信販売会社の製品紹介という設定で「掃除機」「はさみ」などを"画期的な新製品"としてワンワードで紹介するワークを行いました。恥しそうにやる生徒もいれば，全身を使って熱演する生徒もいました。

　イエス・アンドはシンプルな概念であると同時に抽象的でかつ高度に認知的な概念でもありますが，みんなうまく対応できていました。

▶パートナーの言うことをよく聞いていないとイメージが広がりません。聞く力が試されます。その上で，2人でイメージの共有を図ることが重要です。

第9回
言語表現

　今回は言語的なワークに対する取り組みです。
　すべての活動を4人一組で実施することとし，トランプのカードを使い，マークで4人一組を作ることとしました。特に支障なくグループを組むことができました。

聖徳太子ゲーム（pp.102-103）

　まず，声を出すことに慣れておきます。3人一組で動物の名前を1文字ずつ同時に発声し，それを聞いて当てます。当てることより，声を出すこと，自分の役割を果たすことに意義があります。

秘密のセリフIタイプ／Yタイプ，Fタイプ
（pp.184-187）

　Iタイプから順に取り組んでいきます。言葉でインストラクションをしただけではイメージしにくいので，アシスタントによるデモンストレーションが鍵になりました。IタイプとYタイプは形式上は似ているのですが，実施する際の心理的な活動の違いは意外に大きいです。このため，IタイプからYタイプに移る時は，再度時間をとってデモンストレーションを行いました。その上で，Fタイプを実施するという形で，実施の流れとしては少々慌ただしい時間となってしまいました。しかし，それを差し引いても顕著

▶トランプのカードはグループ分けに便利なツールです。赤と黒で2グループ，マークで3〜4グループ，数字で13以下の任意のグループを作ることができます（4人まで）。

▶聖徳太子ゲームは自然に発声を促すワークです。劇作家・演出家の鴻上尚史さんは「大きな声を出したことがないのは，体でいえば，汗をかくような運動を何年もしてないのと同じです」と言っています。声を出すことはとても重要なことです。また，聖徳太子ゲームは一人一人が役割意識を持って課題に取り組むことを促すというワークでもあります。

▶単に声を出す，という点では第7回授業時に実施してもよかったかと思います。

▶秘密のセリフ／Iタイプでは，自分（I）の内的状態を相手に伝えることがポイントで，比較的容易な課題です。他方，秘密のセリフ／Yタイプは，相手（You）の内的状態を相手に伝えることが課題でイメージの方向性を切り替えることが必要です。

第7章　さまざまな実践　197

だったのは生徒たちの積極性でした。みんな，課題カードを見ながら，どうやったらその言葉が生まれるイメージを相手に伝えることができるか真剣に考えている様子がひしひしと伝わってきました。目的の言葉が相手の口から出たときは大きな歓声が上がっていました。特に介入したり，サポートする必要もなく，授業を終えました。課題を盛り込み過ぎて，時間が足りなくなったことが反省点でした。

▶秘密のセリフ／Fタイプに取り組むには，いう，きく，する，よむ（p.45）という人間関係に関する全スキルを総動員することが必要になります。困難な課題ですが，自分の能力を使い切るという楽しさもある課題です。

第10回
身体表現

今回も第5回と同様，授業参観のため45分間の短縮授業でした。まず，トランプカードを使って，5人一組にグループ分けをしました。

有名人ジェスチャー（本書未収録）

有名人や歴史上の人物をジェスチャーで表現するものです。**おもちゃジェスチャー**などに比べて抽象度が高く，難易度が高いワークです。おもちゃを使ったときの「体の記憶」もないので，その有名人についての知識に依存することになります。中1の生徒たちにとっては少し難しい課題でした。

3枚の絵（p.170）

その後，メインの課題である**3枚の絵**を実施しました。有名なアニメのタイトルを予めカードに書いておき，各グループの代表がカードを引く形で課題を割り振りました。その課題を3つの場面で表現して，観客に伝えます。

はじめに数分間の「相談タイム」を設け，その間に場面の選択，表現方法を考えました。全部で6～7グループの発表を順に前に出て「発表」し，残りの生徒は観客となってパフォーマンスを見ます。途中で「正解」が分かっても，黙って最後まで鑑賞することをルールとしました。

予想以上に相談の時間がかかってしまい，全体的に時間が不足気味となってしまいました。発表途中で相談し直すグループもあり，課題設定が少し難しかったかなと反省させられました。一方，イメージ豊かに発表するグループもあり，グループ毎の差がはっきりした授業となった側面もありました。

▶「スティーブ・ジョブズ」を伝えようとしたある生徒はまず自分の頭に手をやって「ハゲ」を伝え，それからスマホを操作するアクションをしてあっという間に伝えてしまいました。
▶次の3枚の絵のことを考えると，スペース彫刻や彫刻ネーミングなどのもっと身体表現中心の課題の方がよかったと後で反省です。

▶メンバーがそのアニメを知らない場合や，知っていても表現方法を思いつかない，ということもあり得ます。そのような場合に備えて，課題は多めに用意しておき，困難な場合は「引き直し」を認めることにします。

全体まとめ

　元々M中学校は特に大きな問題があった訳ではありませんでした。しかし，そうした中でも生徒たちの人間関係には大小さまざまな問題が潜んでいました。中学校1年生という年齢の要因もあったと思いますが，表面的には問題なく生活している生徒たちでしたが，他者との人間関係は表面的で，第3回の**スゴロク・トーキング**の実施時に見られたように，深みのある人間関係を築くには至っていませんでした。

　そうした中で授業を続けていくうちに，徐々に生徒たちの心が耕されていき，特に表現系の活動に取り組むうち，生徒たちの積極性と創造力が発揮されていきました。半年間の授業でしたが，半年後には開始時よりも一回り人間的に成長した生徒たちの姿がありました。

　この生徒たちとは授業終了から2年後の卒業間際の学年集会でもう一度会う機会がありました。拍手喝采で迎えてくれた彼らに「授業のこと，憶えてる？」と問いかけたところ大きなうなずきが返ってきました。アンケート形式で自分にとって授業を受けたことの意義をたずねると，「コミュニケーションの取り方を学んだ」「友だちと仲良くなれた」「協力の大切さを学んだ」という言葉が返ってきました。また，この授業は道徳の時間を活用して行われましたが，「いつもの道徳の授業だと国語の授業に近いけどこの授業は毎回，今日は何をするのかな，とワクワク感があった」「この授業は体育で道徳をやっていたの。みんなで体を使うところは体育だけど，学んだことは人間関係の大事なことだから道徳」というものもありました。

表7-1　M中学校実施ワーク概要

回	テーマ	内容
第1回	アイコンタクト	自己紹介，オリエンテーション，手合わせ，ボールゲーム，トランプステイタス
第2回	協力	絵合わせ，人間コピー機
第3回	他者理解	スゴロク・トーキング，一歩前へ！
第4回	かかわり	電話でSOS，初めてのお使い
第5回	身体表現	ジェスチャーゲーム（家電，飲食物），ジェスチャー伝言
第6回	身体表現	スペース彫刻，彫刻ネーミング，私は木です
第7回	間違えること	木とリス，エレファント，トースター，壊れたトースター
第8回	イエスアンド	いいね！，知ってるよ！，ワンワード
第9回	言語表現	聖徳太子ゲーム，秘密のセリフ／I，Y，Fタイプ
第10回	身体表現	有名人ジェスチャー，3枚の絵

K 高校

　K 高校は都市部から離れた海浜地帯にある三部制・単位制・定時制の県立普通科高校です。この高校は，2005 年度に改組され，小学校・中学校時代に不登校であった生徒や，発達障害であったり，多様な生活歴・学習歴を有している生徒のニーズに対応するようになっていて，県内に数校あるフレックススクールと呼ばれる高校のうちの一校です（横島，2016）。

　各部の定員は 40 名で，各学年の総定員数は 120 名です。これに対して例年計 80 人程度の生徒が入学してきます。少人数授業・習熟度別授業や通常の授業科目の他のさまざまな学校設定科目が用意されています。

　個々の生徒は心理的な問題を抱えている場合も少なくなく，また生徒間の対人関係にも緊張感がある場合が少なくありません。加えて，人間関係をうまく築けずに中途退学していく生徒の多さも以前から問題となっており，そのことが授業依頼の直接のきっかけでした。

　私は 2015 年度から 3 年間にわたって，第 1 学年の道徳の授業の枠内で，「心を育てるグループワーク」と題して，生徒たちの心と人間関係の発展を目的とした授業を行いました。ここでは 2017 年度に行った計 10 回の授業の様子をまとめました。

　1 時限は 45 分間で，学校の 3 時限目，4 時限目に午前部の授業を，お昼休みをはさんで 5 時限目，6 時限目に午後部の授業を行いました。夜間部の授業はありませんでした。授業回数は月に 1 回（金曜日）で，年間総授業回数は 10 回でした。授業内容は基本的に同一とし，また担任の先生も参加を原則とし，その他，副担任・学年主任も可能な限り参加することとしました。また，大学生が 3 名アシスタントとして参加し，ワークの説明のモデル役になったり，生徒たちのサポート役になりました。1 クラスの生徒数は 10 数人〜 20 人程度で，教室は通常の教室より少し広めの視聴覚室でした。

　この授業では，授業終了時に全員でシェアリングを行うこととし，それとは別に帰りの会等で授業についての感想を振り返りシートに記入することとしました。

第 1 回（4 月）
自己紹介，オリエンテーション，他者理解

自己紹介，オリエンテーション

　まず，生徒とスタッフ全員が円形になって着席しました。スタッフが自己紹介をしてから，授業についてプリントを配布し，それを見ながら授業について説明を行いました。プリントでは授業のポリシーとして「たのしく・まなぶ」ということを挙げ，劇作家の井上ひさしさんの言葉を引用して，授業では「むずかしいことをやさしく，やさしいことをふかく，ふかいことをおもしろく」扱うということを

▶「むずかしいことをやさしく，やさしいことをふかく，ふかいことをおもしろく，おもしろいことをまじめに，まじ

強調しました。その上で，授業では，かかわること，理解すること，表現することの3つの側面から心を育てることを伝えました。

　授業の始まりと終わりには全員が円形になって着席し，授業の終わりには全員が気持ち・感想を一言述べることとしました。この日は最初の授業だったので授業の概要についての説明の後，まず全員が自分の名前と今の気持ちを一言ずつ紹介しました。クラスによって，元気よく挨拶をするクラスもあればやや元気が少なめなクラスもありました。感想としては「緊張しています」「不安だけど楽しみです」「お腹がすいた」などさまざまな言葉がありましたが，午後部のX組だけは明らかに元気がない様子で，生徒たちの感想も「眠い」と「帰りたい」というものがほとんどでした。この傾向はしばらくの間続くことになりました。ただ，どんな言葉に対しても，「よく言ったね」と皆で拍手を送りました。

　この日の授業は，入学後初めての第1回目なので軽くウォーミングアップをしてから，お互いに自己開示をすることを目的としました。

風船ゲーム（p.83）

　野菜，動物，お店の名前，ファミリーレストランのメニューなどを言いながら**風船ゲーム**をしました。体を動かすことで軽いウォーミングアップを行っていきます。

一歩前へ！（p.129）

　今日は第1回授業で，生徒たちも高校に入学後間もない状態です。そのため，相互に軽い自己開示を行いました。

スゴロク・トーキング（pp.133-137）

　スゴロクをしながら，さらに自己開示を深めます。スゴロクの実施時間は20分間程度でしたが，クラスによってはどんどん進んでしまうグループもありました。進みが速いのは，皆，一言答えをつぶやくとそれで終わりになって，次の生徒に順番が移ってしまい，内容が広がらないためでした。このため，一部のクラスでは，途中から**スゴロク・トーキング・プラス**（p.134）を導入し，会話の展開を促しました。途中，校長先生の飛び入り参加もありました。

めなことをゆかいに，そしてゆかいなことはあくまでもゆかいに書く」（井上ひさし）

▶X組の感想は，全員が本心で言っているというよりも，自分より先に言った他の生徒の言葉をそのまま復唱しているという印象もありました。また，テンプレート的な対応をとることで本心を隠しているという印象もありました。この後，徐々に本心が言えるようになるのか気になりました。

▶授業開始時の様子からX組では風船ゲームの時間を他のクラスより長めにとることにしました。結果的に最後のスゴロクの時間が少し足りなくなってしまいました。

▶スゴロクトーキング・プラスを使うと，ある程度，話を深めたり広げたりすることができます。豊かに話をするにも一定のスキルが必要です。
　スゴロクトーキング・プラスの導入で多少はやりとりを活性化することができました。

第7章　さまざまな実践　201

第1回まとめ

　授業後の感想は，ほとんどが「楽しかった」というものでした．ただ，X組に限らず，前の生徒が言った言葉をそのまま復唱している印象が強く，自分の言葉で語っているという感じはあまりありませんでした．それでも，全員が，最後まで授業を受けられたことでよしとしました．

第2回（5月）
かかわり

　まだ入学後間もないことを考え，お互いがかかわり合うことを中心に授業を行いました．

手合わせ（p.84）

　2人一組から4人一組，8人一組での実施としました．概ね，問題なくできますが，一部に明らかに気乗りがしない生徒，また相手のペースを全く考えない生徒がありました．

▶意欲的な生徒のグループでは，放っておいても2度，3度と繰り返していきます．1回できた後の様子がモチベーションのバロメーターとなります．

人間知恵の輪（p.86）

　手合わせから続いて，8人一組で実施しました．クラスによって1回〜2回実施としました．ほどけるチーム，ほどけないチーム，2つの輪になるチームなどさまざまでしたが，多汗症の生徒は「手を繋ぎたくない」ということだったので，予め用意してあったヒモで作った輪を利用しました．

▶手合わせと同じく，1度ほどけた後，意欲的なグループでは自発的に2回目が始まります．この日は残念ながら，そんな様子は見られませんでした．

　うまくほどける確率は大体1／3なので，各グループ毎の達成率を考えると，本当は3回位，繰り返したいところでした．

ミーティング＆グリーティング（pp.80-81）

　全員で移動しながら握手をしていきます．が，ここでも一部で拒否する生徒がみられました．特に女子生徒の間で，普段の人間関係が影響しているようでした．入学後，1か月ほどですがもう好き嫌いの関係ができているようです．

▶人とのかかわりに困難を抱えている生徒には，一対一の直接的な人間関係は負担のようです．

　握手の代わりにグータッチ，ハイタッチもありとすればよかったです．

ゾンビゲーム（p.100）

　全員で輪になって実施しました．身体接触がない分，**人間知恵の輪**や**ミーティング＆グリーティング**よりやりやすかったようでした．お互いの名前ももう憶えているようで

▶Y組では，はじめ担任の先生にゾンビ役になっていただいたところ，その迫真のゾンビ振りが生徒たちに大受け

した。

第2回まとめ

感想ではX組も含めて「楽しかった」がほとんどでしたが，相変わらずテンプレート的な様子が続いています。その中で，「ゾンビゲームが楽しかった」「ゾンビゲームをまたやりたい」という声が複数ありました。

第3回（6月）
発声，身体運動

生徒たちも大分学校生活に慣れてきたところです。今回は声を出すことと体を動かすことを中心に授業を行いました。

聖徳太子ゲーム（pp.102-103）

4人一組で行いました。一部のクラスでは大きな声を出すことに抵抗のある生徒が見られましたが，ほぼ問題なく実施できました。

声合わせ（p.105）

「〜と言えば」とお題を出して，めいめいが思ったことを言いながら，最終的に1つにまとめていきます。「遊園地の人気アトラクション」「おいしいお菓子」「動物園の人気者」などのテーマを出し，何回か繰り返しながら1つにまとめていきました。

空いたイス取りゲーム（p.92）

クラスによって反応が大きく異なりました。盛り上がるクラスもありましたが，X組ではみんな全く動こうとしませんでした。アシスタントがオニをやればできるのですが，生徒自身はだれもオニをやろうとしないクラスもありました。また男子生徒は比較的積極的に動きますが，女子生徒はほとんど席から立とうとしない傾向が見られました。

木とリス（p.94）

2クラスでは実施できましたが，他のワークに時間をとられたりしたこともあり，残りのクラスでは実施できませんでした。全身を使って活動することには大きな抵抗があ

となりました。担任の先生の積極的な参加は生徒たちを勇気づけてくれます。

▶まだ，個人的な内省による率直な感想を言える生徒は多くありませんが，ゆっくりと生徒たちの成長を待ちます。

▶小グループに分かれた上で一人一人のメンバーがやることが決まっているので比較的やりやすいワークです。

▶あるクラスで「給食の人気メニュー」というお題を出そうとしたところ，ある生徒から「食べたことがない」と言われました。その生徒は小中学校へ行ったことがなかったのです。これは失敗でした。すぐに取り消しました。

▶空いたイス取りゲームは一人一人の自発性が大きく求められるワークです。まだ実施するには早すぎたようです。

▶木とリスは全身を使い，声を出し，動き回り，他者と関係性を作る，という複雑なワークでもあります。

るようでした。

第3回まとめ

　最後の感想では，実施したワークの名前を挙げて「〜が楽しかった」というものが多くありました。他方，X組ではまた「疲れた」「眠い」「帰りたい」という感想に戻ってしまいましたが，それでも「楽しかった」という感想も一部でありました。クラス間・クラス内における授業への動機づけ，反応の差が大きいままです。

第4回（7月）
伝達・表現

　夏休み前の授業です。朝，校門で出会ったX組の担任の先生から，「今日の授業休んでいいですか？」と声を掛けられました。理由を聞くと「授業に出ると子どもたちを怒りたくなってしまう」ということでした。クラスの状況を考えると担任の先生の気持ちはよく分かりましたが，「今の状況をスタートラインとして始めればいいのです」と答えました。

　今回はジェスチャーゲームを中心として「伝える」ことをテーマとして，夏休み前に楽しい体験をすることを目的として実施しました。

ジェスチャーゲーム （pp.162-165）

　4〜5人一組で実施しました。まず，家電製品をジェスチャーで伝える**家電ジェスチャー**から始め，**おもちゃ・ゲームジェスチャー**，**仕事ジェスチャー**を行いました。

　あるクラスでは，仲良しの生徒と一緒のグループになれなかった女子生徒が「やらない！」と言って，教室の隅へ行ってしまいましたが，しばらくすると戻ってきてワークに加わるようになりました。

　また，自分が難しいと思う課題のカードに「うわー」と反応したり，「（別の課題に）代えて」という生徒もいましたし，担任の先生やアシスタントに「どうやったらいい？」と聞きにいく生徒もいましたが，全体として積極的に取り組む意識が保たれていました。

　一見子ども向けのようですが，現代の子どもたちにはなかなかハードルの高いワークでもあります。

▶担任の先生からはさらに「普通の授業ならあの子たちはちゃんと受けられるんですが」という言葉がありました。座学の授業とグループワークの授業の違いがあるようです。心の違うところを使っているということなのでしょう。

▶ジェスチャーゲームでは，自分が普段どのようにそれにかかわってるかという体の記憶を思い出すことが重要です。その意味では，生徒たちにはおもちゃ・ゲームジェスチャーから始めた方が良かったかもしれません。

▶グループ分けはとても重要で難しい問題です。中学生・高校生にとっては「何をするか」ということ以上に「誰とするか」ということが関心事です。生徒たちの欲求を満足させつつ，全体の円滑な運営を考えなければなりません。あくまでも自分の希望を通したい生徒もいれば，様子を見ていて「自分が代わるよ」と自発的に動いてくれる生徒もいます。グループ分けを急がず，ある程度生徒たちに任せることも重要です。

▶担任の先生の関与はとても重要です。生徒が担任に助けを求めにいくということは，担任が依存の対象となっているということです。言い換えれば，クラスが担任を中心にまとまっているということでもあります。

10円玉リレー（p.182）

この日は紙袋を使って10円玉の代わりにサイコロをリレーすることとしました。全員がやるのではなく，前に出てリレーをするメンバーを募集して，演技チームと観察チームの2チームで実施することとしました。男子から「やりたい」という生徒が多かったのですが，女子からは自発的な申し出はほとんどありませんでした。

第4回まとめ

感想では「楽しかった」というものが多く，X組でも「帰りたい」といった感想は全くありませんでした。夏休み前の最後の授業を楽しく終えることができました。

第5回（9月）
アイコンタクト

夏休みが明けて最初の授業です。人間関係に困難を抱える生徒たちも，そろそろ学校生活に慣れてきている頃です。この日は，アイコンタクトをテーマとして授業を構成しました。

ボールゲーム（p.97）

全員で輪になって行い，問題なくできました。積極性の高いクラスでは途中からボールに加えて，「子ネコ」「ウナギ」「槍」などを入れて行いました。みんな笑ったり驚いたりしながら受け渡しをしていました。

トランプステイタス（p.183）

一部の生徒には少し難しかったようですが，それでも大体楽しくできていました。途中で「会話タイム」を入れて，「昨日の夕食」を話し合う時間を入れました。これによって，さらにステイタスに関する情報量が増えたと同時に，相互のかかわりも活性化されました。ごく一部にトランプを手にもったまま，動こうとしない女子生徒が2名いました。声をかけても体をよけるだけで反応がありません。ところが授業後に書かれた振り返りシートを見るとそれぞれ「今日はすごく楽しかった」「楽しかった。本日はありがとうございました」と書いてありました。

▶ある男子生徒は，いつも授業に積極的でない数人の集団に属しており，授業中も不機嫌そうな表情でしたが，カードを取りにくるたびに小声で「ありがとうございます」とつぶやいてカードを受け取って行きました。いろいろ人間関係の問題があるようです。

▶ジェスチャーで何かを伝えることからサイコロを受け渡すことという流れです。10円玉を使わなかったのは，掌の保持に不安があったからです。10円玉リレーでは，10円玉をリレーした後，両掌を合わせたままにしておかなければなりません。一瞬でも両掌を離してしまうと，その人は10円玉を持っていないということが分かってしまうので，ゲームが成り立たなくなってしまいます。

▶実はX組には，前回授業の様子から全く別メニューを用意してありました。生徒が消極的，拒否的だったら，と考えてのことでしたが，全くの杞憂にすぎませんでした。生徒の力を信じることの大切さを感じました。

▶この日のワークはすべて小グループではなく「全員で」取り組むものでした。「全員で」1つのことに取り組むことができるということは，とても素晴らしいことです。

▶このような一見「矛盾」したことはときどき生じます。何が，生徒たちにとっての「心の現実」なのか，ということは案外見えにくいものです。

ウィンクキラー（p.101）

　みんなドキドキ顔で歩いていました。顔を伏せたまま歩き続ける生徒や，ごく一部にウィンクやアイコンタクトに対してというよりも「キラー」という言葉を怖がる生徒がいたりしましたが，多くはワーク自体を楽しんでいました。もともと対人関係や他者の視線に苦手意識がある生徒たちが多いのですが，そんなことはほとんど感じさせない様子でした。

▶「キラー」とか「オニ」「ゾンビ」という言葉を怖がる生徒はときどきいます。

第5回まとめ

　感想はほとんどが「楽しかった」というものでした。紋切り型の感想が続く中でYクラスで最後に感想を発表した生徒は，「こうやってみんなとかかわって思ったことだけど…」と具体的な言葉で感想を述べ，皆から拍手を受けていました。X組も「楽しかった」という感想がほとんどで，これ以後「帰りたい」「眠い」といった感想が聞かれることはありませんでした。

▶生徒たちを変えようとするのではなく，変わることを待つことの重要性を感じました。

第6回（10月）
信頼感

　生徒たちもワークに慣れてきて，授業も徐々に軌道にのってきました。少しずつ深い内容に進むために，今回は信頼感をテーマとした授業を構成しました。

握手当て（p.107）

　大きな問題はないだろうと思って予定した内容でしたが，結果的に様々なことが起きた授業となりました。問題なく楽しくできたクラスもありましたが，ふざけが目立つクラスもありました。相手が目を閉じている，ということでイタズラ心が生じたようでした。また，他者との身体接触に困難がある生徒は事前に他クラスから情報を得て，授業自体を欠席となりました。X組ではまず約半数の生徒は握手をすること自体が困難で，相手と手をタッチするだけでした。その後目を閉じることはほとんどできませんでした。結果的にX組では予定通りの授業進行は無理と判断し，生徒たちに授業内容について提案を求めたところ，「フルーツバスケット（本書未収録）がやりたい」という希望

▶目を閉じることは一部の生徒たちには意外と重大な問題です。それは周囲の世界との間の基本的信頼にかかわることかもしれません。目を閉じることができるということは周囲の世界に対する基本的信頼があるということなのです。

▶これが完璧な対応だったかどうかは疑問の余地が残ります。授業についての話し合いの時間にしてもよかったか

がでて，若干のやりとりの後，フルーツバスケットをやることになりました。フルーツバスケット自体は問題なくできましたが，この日の X 組の授業はこれで終わりになりました。

トラストウォーク（p.108）

掌を上下に重ねて誘導する形で実施しました。当初は，男子生徒同士，女子生徒同士でペアができて始まりましたが，途中で他の誘導者とこっそり相手を交換する形にしたところ次から次へと「交換」が生じて，結果的にたくさんの男女ペアが生じました。

トラストフォール（p.110）

4 人一組で実施しました。なるべく担任の先生やアシスタントがグループに入るようにして，安全に配慮しました。一部，ふざける場面もありましたが，概ね落ち着いてできていました。一部，時間に余裕があるクラスがあったため，さらに**トラストサークル**に挑戦してみましたが，これはほとんどふざけになってしまい，落ち着いて実施することはほぼ不可能でした。

第 6 回まとめ

感想では「楽しかった」というものが多く聞かれましたが，他者に対する信頼感を体感するというそもそもの授業との狙いに関しては，若干疑問符のつく結果となりました。他者に対する信頼を身体的なかかわりの中で具体化していくということが簡単なことではないことを感じさせられました。

一方，授業後の振り返りシートでは，「怖かったけど楽しかった」といった感想の他，「目の大切さを知った」「目が見えない人の気持ちがよくわかった」などという道徳教育的な感想が少なくなかったことが気になりました。この授業では，そういった促しは全く行っていなかったのですが，このような感想が見られたことには授業が道徳の授業枠内で行われていたことが影響していたのかもしれません。

もしれません。

▶ 男女混合で活動することが難しい年代ですが，このような形にすると案外簡単にハードルを越えることができます。

▶ やはりトラスト系の課題では，基本的信頼感の問題が表面化してきます。落ち着いて実施することの難しさを感じました。

▶ このような誰かのまねをしたのではない「紋切り型」あるいは「予定調和型」の感想が見られることもときどきあります。グループワークの授業としては，「今，ここ」でのリアルな体験に基づいて進めていきたいところです。

第7回（11月）
言語表現

この日の授業内容は少し盛りだくさんでした。**拍手回し**，1-7サークルでテンポ良く反応することを体感し，**ジェスチャーゲーム**で表現力を活性化して，その上で**秘密のセリフ／Iタイプ，Yタイプ**を行いました。

拍手回し（p.95）

問題なくできますが，アクションの大きさは差がありました。恥ずかしそうに拍手をしている生徒や，形だけ「お付き合い」している様子も見受けられました。

▶ テンションを上げることに対する抵抗の他，人目が気になる，ということがあったかもしれませんし，そもそもこの動きの目的・意味がわからなかったのかもしれません。

1-7サークル（p.96）

ルールの理解に少し時間がかかる生徒がいましたが，理解できてくると表情が緩み，積極的になってきました。

▶ 拍手回しはそれ自体にゲーム性はありませんが，1-7サークルはゲーム性が高いので，無条件で積極的になれるワークです。

ジェスチャーゲーム

ジェスチャーゲームは第4回（7月）でも実施しましたが，今回は動物をジェスチャーで伝える**動物ジェスチャー**（本書未収録）を行いました。動物ジェスチャーは動物のフリをすることに抵抗があったりするなど，やや難しい課題です。概ね問題なくできますが，一部女子生徒はやはり気恥ずかしいのか，言葉でヒントを出して当てさせる言葉ゲームにしてしまう場面が見られました。

他方，授業前に「ジェスチャーはいやだ」と言ってきた男子生徒がいましたが，授業が始まってみると屈託なく取り組んでいました。

▶ 動物ジェスチャーの場合は，おもちゃジェスチャーや家電ジェスチャーのように「体の記憶」がないので，ジェスチャーに慣れなかったり，抵抗があったりするとより簡単な言葉によるヒントゲームに移行してしまうことがしばしばあります。今回の場合は，次の秘密のセリフでも同様の反応が続いたので意欲・動機づけの問題が大きかったようです。○○になる，何かに見立てる，という架空の世界に生きることの難しさが垣間見えました。

秘密のセリフ／Iタイプ，Yタイプ（pp.184-185）

4人一組での実施です。Iタイプ，Yタイプは語尾が「～だね」とか「～だなあ」のように比較的定型文的な言葉が課題です。言葉だけでのインストラクションでは具体的にどうしたらいいか伝わりにくいので，アシスタントや担任の先生がデモンストレーションをしてから実施しました。

とまどいながら取り組み始め，だんだんコツが飲み込めてくるととても積極的に取り組んでいました。あるクラスは途中で課題カードが足りなくなってしまい，グループを組み替えて再度同じカードを使って取り組みました。

▶ 語尾が定型文的であるため，比較的やりやすい課題です。IタイプとYタイプの違いは，語尾の形だけなので，少し発想を転換すれば続けて実施することができます。秘密のセリフ・Fタイプの前に取り組んでおくことが望まれます。

▶ 良いデモンストレーションは百のインストラクションに勝ります。特に，担任の先生がやってみせることは生徒たちの動機づけを高める上でとても有

第7回まとめ

この日の授業の最終目標は**秘密のセリフ**です。秘密のセリフにはいう，きく，する，よむ，そして見る，というかかわりの各要素を総動員して取り組む必要があります。このため，簡単な課題ではありませんが，それだけにできたときの達成感はとても大きなものがあり，あちこちで歓声が上がっていました。感想も普段とは違ってとても豊かなものでした。

第8回（12月）
言語表現

授業も残り3回となってきました。今回は，**秘密のセリフ／Fタイプ**に取り組むことを目標として全体の授業を構成しました。

Bang!（p.85）

冷え込みが厳しくなってきたので，最初に2人一組で体を動かすところから始めました。「できた！」「間違えた！」とさまざまな状況で笑いが生じることも多いので，短時間で適切なウォーミングアップができます。しかし，やってみると相手とタイミングを合わせられない生徒が多いことに気づきました。

お見立て（p.180）

2人一組での実施です。次の**私は有名人**に向けた準備のワークです。少し難しいかなと思いましたが，大体予想通りでした。できる生徒はできるし，困難な生徒は難しそうでした。

私は有名人（p.181）

3人一組での実施です。頭に有名人のカードを載せて，その人と思ってかかわります。具体的には言語的なかかわりが中心になり，ここで前の**お見立て**が生きてきます。気がついたのは生徒の反応傾向は両ワークともほぼ同様だということです。困難な生徒は相手を何かに見立てる，ということが難しそうです。とは言うもののほとんどの生徒は楽しく積極的に取り組んでいました。配られたカードをみ

効です。

▶秘密のセリフは他者への共感性を養う上でもとても良いワークです。

▶リアルには現存しないものに対して，仮定の世界で見立ててかかわるということが一部の生徒にとってはそう簡単ではないようです。

▶カードの人物がなじみのある人物であったり逆に意外性のある人物であったりするとモチベーションが上がってくる様子が伝わってきました。いずれにしても知らない人物だとできないので事前の準備が重要です。

▶一般の生徒は外国の有名人にはあまりなじみがないので日本の有名人主体

んなが頭上にかざした途端に「わー！」という歓声が上がっていました。

秘密のセリフ／Fタイプ（pp.186-187）

3〜4人一組での実施です。Fタイプはテレビドラマや映画で出てくるようなセリフが中心です。Iタイプ，Yタイプに比べると，Fタイプはセリフが定型文ではないので，難易度はかなり上がります。しかし，皆，積極的に取り組み，課題のセリフが相手の口から出ると歓声が上がっていました。

第8回まとめ

全体的にかなり難しい課題群です。現存しないものに対して，「見立てて」かかわることの困難さがうかがわれ，楽々と，という訳にはいきませんが，途中で投げ出すことなく取り組み，うまくできたときは大きな達成感が得られていたようでした。

第9回（1月）
パフォーマンス（言語表現）

授業も残り少なくなってきました。今日はペーパーズでパフォーマンスに取り組むことが目標です。

オオカミとヒツジ（p.87）

寒さが厳しいので体を温めるために実施しました。5人ほどで一組になりました。皆，とてもアクティブで5分もやっていると息が切れてきました。

スピットファイア（p.178）

次々と新しい状況に言語的に対応する必要があります。生徒たちには少々難しい課題でしたが，皆，苦労しながらなんとか取り組んでいる様子でした。

ペーパーズ（p.179）

紙片に書かれた言葉をセリフとして活用しながら，即興でシーンを作ります。まず全員が2列に並んで座り，「客席」としました。その前で，はじめにアシスタントと担任がデモンストレーションをしました。デモンストレーショ

で行いましたが，外国籍の生徒は逆に日本の有名人にあまりなじみがないので課題の割り当てに注意しました。

▶前回の秘密のセリフIタイプ，Yタイプに続いての実施です。どのような状況を設定すればいいのかということも考える必要があり，それを協働するパートナーと共有し，その上でそれをどう表現して相手に伝えるかがポイントになるので，とても多くの精神作業を行う必要があります。その分，狙いの言葉が出たときの達成感はとても大きくなります。

▶冬の授業では，体を温めることも重要なポイントです。身体運動系の適切なワークをウォーミングアップとして活用します。

▶スピットファイアはペーパーズを実施する前には，是非とも踏まえておきたいワークです。予想外の状況や言葉にとっさに対応することに慣れることができます。

ンには興味津々で見入っていましたが，実際に演じる人を募集すると，「○○がやれよ！」という促しは多いのですが，なかなか手が挙がりません。誰かがやるのは見たいけれども，自分がやるのには抵抗があるようです。それでも2〜3組が前に出て演じ，終了時には大きな拍手をもらっていました。感想では「恥ずかしかった」と言いつつ「またやりたい」と言った生徒もいました。

▶ みんな気持ちはかなり積極的になっているのですが，自分が前に出て演じることには躊躇があるようでした。もうあと一歩という感じです。

第9回まとめ

多くの生徒たちの高校入学前の困難な状況を考えると，全員の前でパフォーマンスをするというのは生徒たちにとってとても大きな挑戦だったと思います。抵抗は少なくありませんでしたが，どうしようもないという様子ではなく，やりたい気持ちと恥ずかしい気持ちが戦っている様子が伝わってくる表情でした。前に出なかった生徒も，心の中では「もし自分があそこにいたら…」という想像力が働いていたようでした。

第10回（2月）
パフォーマンス（身体表現）

一年間の授業も今日でいよいよ最終回です。今日は**3枚の絵**で前回に続いてパフォーマンスに取り組むことが目標です。前回の**秘密のセリフ／Fタイプ**が言語的なパフォーマンスであるのに対して，今回は身体表現のパフォーマンスになります。

風船ゲーム (p.83)

第1回以来の実施です。出席者数によって7〜8名ずつ，1グループ，2グループで実施しました。X組のM君がオーバーアクションで取り組み，必死に場を盛り上げようとしている様子が伝わってきました。

スペース彫刻 (p.168)，彫刻ネーミング (p.169)

みんな悩みながら取り組んでいました。両方のワーク共，「難しいけど楽しい」という振り返りシートの感想に集約されました。

▶ 今日で最終回，ということをみんなどこかで意識していたのかもしれません。

3枚の絵 (p.170)

　有名な昔話やアニメを数題ずつテーマとして選び，4人ほどで一組となって取り組みました。前回同様，全員が2列に並んで座り，客席としました。第9回の**ペーパーズ**は，「有志」によるパフォーマンスでしたが，今回は全員が参加しました。笑顔あり，恥ずかしそうな表情もありの「舞台」となりました。

▶ 有名な昔話でも，ぼんやりとしか内容を知らないという生徒たちが増えています。このため，予めあらすじを書いたプリントを用意しておきました。

第10回まとめ

　シェアリングでは「難しかった」「恥ずかしかった」「楽しかった」という感想が続きました。X組では「○○君がすごい」「今日が最後と思うと残念」という感想がありました。最後はみんな笑顔で1年間の授業を終えることができました。

全体まとめ

　はじめに述べたようにK高校は，不登校や発達障害などさまざまな困難を抱えた子どもたちを主として受け入れている学校です。そのため，グループワーク授業の実践には一般の学校とは異なった少なからぬ困難がありました。しかし，だからといって生徒たちの実態に極端な偏りがある訳ではなく，一般の学校と基本的に共通したプログラムを，その都度の配慮を行いながら授業を進めていきました。少人数（10数名程）で授業を実施できたことは，逆に大きな利点でした。

　授業は，生徒が安心して他者とかかわれるようにお互いの相互理解を図るところから始め，単純な身体運動を行いながらさまざまな形で他者とかかわる機会を作るところから始めていきました。

　夏休み明けからは少しずつ表現系のワークに取り組みましたが，生徒たちも積極的に取り組んでくれました。それらの体験を踏まえ，冬休み明けの授業では，1月に**ペーパーズ**，2月に**3枚の絵**と小さなパフォーマンスに挑戦してみました。時間の都合などもあり，必ずしも全員が参加できた訳ではありませんが，参加しなかった生徒もドキドキしながら鑑賞し，そのドキドキの中には「もし，自分があそこに立っていたら…」という想像力が働いていて，これもまた形を変えた「参加」であっただろうと考えます。また，演じてくれた生徒たちの熱演振りやそれを見ている生徒たちの盛り上がりは，事情を知らない人が見たら，彼らが抱えていた困難の背景は容易に推測できないであろうようなものでした。

　クラスによって生徒たちの人間関係，クラスの雰囲気にかなり幅があり，当初計画したような授業ができないこともありましたが，そのようなときは無理に前に進もうとせず，一度立ち止

まったり，ときには後戻りしたりして生徒たちと歩調を合わせるようにしました。「これで大丈夫か？」と心配になることもありましたが，1年間の授業結果はそれが間違っていなかったことを示してくれたと思います。

最後に1年間の授業を終えたある生徒の感想を紹介したいと思います（一部改変あり）。

「1年間，本当にありがとうございました。入学当初はどんなものだろうと心配や緊張などがありましたが，少しずつこのグループワークを通じてクラスの皆となじめるようになったり，友だちを作るとても大きなきっかけになりました。今回が最後のグループワークとなると名残惜しいですが，今まで本当にありがとうございました!!」

表7-2　K高校実施ワーク概要

回	テーマ	内容
第1回	オリエンテーション，他者理解	自己紹介，オリエンテーション，風船ゲーム，一歩前へ！，スゴロク・トーキング
第2回	かかわり	手合わせ，人間知恵の輪，ミーティング＆グリーティング，ゾンビゲーム
第3回	発声，身体運動	聖徳太子ゲーム，声合わせ，空いたイス取りゲーム，木とリス
第4回	伝達・表現	ジェスチャーゲーム，10円玉リレー
第5回	アイコンタクト	ボールゲーム，トランプステイタス，ウィンクキラー
第6回	信頼感	握手当て，トラストウォーク，トラストフォール
第7回	言語表現	拍手回し，1-7サークル，ジェスチャーゲーム，秘密のセリフ／Iタイプ，Yタイプ
第8回	言語表現	Bang!，お見立て，私は有名人，秘密のセリフ／Fタイプ
第9回	パフォーマンス（言語表現）	オオカミとヒツジ，スピットファイア，ペーパーズ
第10回	パフォーマンス（身体表現）	風船ゲーム，スペース彫刻，彫刻ネーミング，3枚の絵

K特別支援学校

　K特別支援学校は地方都市郊外にある小学部，中学部，高等部からなる県立知的障害特別支援学校です。高等部作業コース1年生の人間関係形成を主目的として授業を依頼され，実施しました。授業は総合的な学習の時間を利用して行われ，3週間にわたって1日に2時限ずつ，3日間で計6時限行われました。1時限が50分で，途中10分間の休憩を挟んで2時限続けての実施でした。参加者は生徒10名，教員5名，アシスタント学生1名の16名でしたが，参加者数は授業日・時間により若干変動がありました。参加生徒の知的障害の程度は軽度（IQ50以上）から中度（IQ35～49）で，校内では障害の程度が比較的軽いクラスでした。

第1週
1時間目
アイコンタクト

　まず，全員で輪になって着席し，挨拶をしました。この授業では，全員で楽しくゲームをしながら人とかかわる力を育てていくことを目標とすることを説明し，それから一人ずつ名前と今の気持ちを言いました。

　生徒からは「緊張している」「何をするんだろう？」といった言葉がありました。担任の先生も「期待が2割，不安が8割」ということで，皆，多かれ少なかれ，不安な気持ちを抱いていることがうかがえました。

　最初の時間のテーマは**アイコンタクト**です。

▶はじめに全員の今の気持ちを語ってもらうことは気持ちを落ち着かせる上でも重要です。

風船ゲーム（p.83）

　まず，体を動かしました。「（風船を）床に落とさないように」とのみ指示をしました。特に何かを言うことは指示せず，静かに行いました。抵抗なく始まり，徐々に皆少しずつなごんできました。

▶2時間目に声を出すことをテーマとして再度実施の予定です。

手合わせ（p.84）

　はじめ2人で行い，それから4人で行い，その後全員で取り組みました。動きは少しぎごちないのですが，皆大体できました。

人間知恵の輪（p.86）

　全員で手合わせをしたことで全体で輪になったので，輪を2つに分けて，7人ずつ2グループで**人間知恵の輪**を実施しました。2グループで各2回，計4回実施して全部ほ

どくことができました。実施時間はそれぞれ1分半位でした。

ボールゲーム（p.97）

その後再び全員で輪になって**ボールゲーム**を実施しました。ここからこの時間のメインテーマのアイコンタクトを課題とするワークです。

▶通常，輪がうまくほどける確率は大体1／3なので，実施時間とも合わせて，これはとても「優秀な」結果でした。

ゾンビゲーム（p.100）

まずは全員で輪になって実施しました。やってみると予想外の事態が次々と生じました。まず，1人の生徒が「（ゾンビという言葉が）怖い」と言って教室を出て行ってしまいました。慌てて担任の先生が追いかけました。その他の何人かの生徒はルールを完全には理解できず，アイコンタクトを送られていないのに名前を呼んでしまいました。見方を変えれば，ワークへの積極的な参加でもあります。再度ルールの説明をして，少しずつできるようになりました。

▶K高校のウィンクキラーでも同様のことがありました。

▶誰かが助けを求めていると，とっさに「助けたい！」という思いがほとばしってくるようでした。

トランプステイタス（p.183）

このワークの方がルールの理解は容易だったようでした。最後はみんなで自分が推測した数字の順で輪になってみました。ところどころ隣同士で順序が逆になっているところがありましたが，概ねトランプの数字の順に並んでいました。アイコンタクトそのものへの抵抗はありませんでした。

第1週 2時間目 発声

この時間のテーマは**声を出す**ことです。

風船ゲーム（p.83）

今日2度目の実施です。今度は野菜の名前，動物の名前，お店の名前などを言いながら風船をヒットしました。とっさに名前が出てこないこともありますが，こだわらず続けました。

▶「正しく」行うことが目的ではないのでこだわる必要はありません。

聖徳太子ゲーム（pp.102-103）

4人1組で実施しました。各グループに先生やアシスタ

第7章　さまざまな実践　215

ントがそれぞれ 1 人ずつ入ったこともあってか，スムーズに進みました。

声合わせ （p.105）

2 チームに分かれ，テーマについて一人一人が自分のイメージした言葉を言い，何回か繰り返しながら，先に声が揃ったチームが勝ちとして競争形式で実施しました。テーマは，「秋の味覚」「運動会の種目」「遊園地のアトラクション」などとしました。みんな大きな声を出して取り組んでいました。

▶みんなの屈託ない表情が印象的でした。

終了後，全員で再度輪になり，端から順に感想を言う形でシェアリングをしました。生徒の感想はほとんどが「楽しかった」というものでした。「楽しんじゃっていいのかな？　と思った」という感想もありました。すべての発言には全員で拍手をして受け止めました。始めに「期待が 2 割，不安が 8 割」と言った先生の感想は「楽しかったが 8 割，不安が 2 割」ということでした。

▶テンプレート的な「楽しかった」という反応は知的障害特別支援学校に限らずしばしば見られるものです。感情機能が未分化ということや言語能力の未発達ということもあるかもしれませんが，それより全体に埋没して目立たなくするという側面が強いような気がします。もちろん，豊かに表現してくれればそれに越したことはないのですが，強制して言わせるのは逆効果です。自然な発言を待つことにします。

第 2 週
3 時間目
身体運動

この時間のテーマは**体**を動かすことです。
まず前回同様全員で輪になって座りました。端から順に「好きなおにぎりの具」と「今の気持ち」を一言ずつ言っていきました。生徒の言葉は皆「楽しみ」というもので，前回「期待が 2 割」だった先生は「95 ％楽しみ」ということでした。

▶「好きなおにぎりの具」に特に意味はありません。軽いアイスブレイクです。
▶1 回授業を体験していることで，みんな気持ちがとても前向きになっていました。

手足 8 回 （本書未収録）

まず体を動かします。みんなで立って数をカウントしながら，右手首，左手首，右足首，左足首の順に 8 回ずつ振ります。次は同じ順序で 7 回ずつ，という風に 1 回ずつ減らしていき，最後は 1 回ずつで終了します。

ジャンピング，ハッ！ （本書未収録）

輪になって立ち，誰かのところへ走って行って，相手とタイミングを合わせてジャンプし，「ハッ！」と言いながら，両手でハイタッチをします。相手とタイミングを合わ

▶テンポの合わなさは障害によるものであった可能性もあります。テンポを合わせる練習になるワークを先にやっ

せてジャンプすることが難しく，ジャンプがなかなか揃いません。 | てからの方が良かったかもしれません。

ロバ！ (p.88)，エレファント，トースター，壊れたトースター (pp.90-91)

　これらのワークは1つ1つは別のワークですが，多くの場合，一体となって行います。普通はとても盛り上がるワークなのですが，今回は全く盛り上がりません。原因は，みんな話し方がゆっくりなので，テンションが上がらないためのようでした。相手のテンションにつられて間違えることが生じないので，同じ生徒がオニをずっと続けることになってしまいました。あまり長く続けず，次のワークに移りました。

▶ メンバーのテンションの特徴が印象的でした。決してテンションが低い訳ではないのですが，通常見られるような高まりはありませんでした。このことがワークに影響を与えていたようでした。

　次は，**木とリス**です (p.94)。ルールの理解には少し時間がかかりましたが，「オオカミが来たぞ！」「木こりが来たぞ！」を別々に何度か繰り返して，少しずつルールを憶えていき，最後に「嵐が来たぞ！」もできるようになりました。皆がルールを憶えると楽しく，積極的に行うことができました。

▶ 事後のアンケートでも「木とリスが楽しかった」という回答がたくさんありました。

拍手回し (p.95)

　最初に右回りを数周行い，それから左回りを数周行いました。その上で，途中で誰でも逆に回していい，というルールで実施しました。本当の目的は次の**1-7サークル**で，そのための準備の意味合いもあって実施したので，あまり時間を掛けずにみんなの反応がよくなったところで終了です。

1-7サークル (p.96)

　これもルールの説明に少し時間がかかりましたが，ゆっくり念入りに説明することによって理解が進みました。ルールが理解できて，やり方に慣れてくると，みんなワークを楽しみ始めました。いつもはおとなしい女子生徒も笑顔でやっていました。また，これが大事なことですが，間違いを許容する雰囲気も生まれてきました。むしろ一緒に参加している先生が間違いを受け入れられないようでした。

▶ 普段，指導的な立場にある大人（教師）が間違いを受け入れることは，実はとても大変なことです。正解を求める考え方が体に染みついているので，急に「間違いを受け入れましょう」と言ってもそう急には変化できないようです。

空いたイス取りゲーム (p.92)

　空いたイスに座るオニをみんなで協力して邪魔します。みんな積極的に参加していました。よく起こることはオニ

▶ 今回オニを務めてくれた生徒はこのゲームの本質を見事に理解しており，

第7章　さまざまな実践　217

がムキになって全力で走ってしまうことですが，そうするとこのワークはすぐ終わってしまいます。今回，「オニはゆっくり歩くように」と促しをしたところ，オニ役の生徒が実に適切な動きをしてくれ，オニがなかなか座らないので，それにつられて邪魔しようとする生徒たちの動きが連続するようになり，積極性がとても高まりました。他方，全く動こうとしない生徒も一人いました。

彼に「振り回された」メンバーは疲労困憊していました。

| 第2週
4時間目
身体表現

この時間のテーマは体で**表現する**ことです。

ジェスチャーゲーム

最初はおもちゃをジェスチャーで表現する**おもちゃジェスチャー**と，家電製品をジェスチャーで表現する**家電ジェスチャー**です（pp.162-163）。カードを配っておもちゃや家電製品を指示し，それをジェスチャーで表現します。一部，生徒本人が知らないおもちゃや家電製品などがありましたが，なんとか行うことができました。さらに，**仕事ジェスチャー**（pp.164-165）を行いました。仕事ジェスチャーには1人バージョンと2人バージョンがありますが，このときは，特に両者を区別することなく，混合形式で実施しました。2人バージョンでは，自然発生的に2人一組の表現が生じていました。

10円玉リレー（p.182）

今回は，10円玉をハンドリングすることの困難さを考え，10円玉の代わりにピンポン球を使うこととし，ピンポン球を小さな紙袋を介してリレーすることにしました。ルール理解に困難が予想されたので，まず先生方がチームを作って横1列に並んでデモンストレーションしてから，生徒チームが2チームで交代でトライし，それを他の生徒チームが当てる，という形で実施しました。

終了後，全員で輪になってシェアリングをしました。生徒の感想はやはりみんな「楽しかった」というものでした。

▶ もちろん，全員が積極的に参加してくれたらそれに越したことはないのですが，強制することはできません。心の中では参加していた，と思いたいです。

▶ 途中で一瞬でも掌を離してしまうと，10円玉の有無がすぐに分かってしまうので，注意が必要です。今回は，ルール理解と10円玉の取り扱いに配慮して，ピンポン球と紙袋を使いました。全員に小さな紙袋を渡し，自分の番が来たら必ず一度，手を紙袋の中に入れることとしました。

第3週
5時間目
協力

まず，全員に輪になって座り，「好きな味噌汁の具」と「今の気持ち」を一言ずつ言うところから始めました。今の気持ちは「楽しみ」というものがほとんどでした。

この時間のテーマは，**協力する**ということです。

ストレッチ（本書未収録）

まず，2人一組でペアになってストレッチをし，向かい合って肩を組んで背筋を伸ばしました。それから向かい合って座った状態から両手を繋いで立ち上がり，さらに背中合わせの状態から腕を組んで立ち上がり，腕を組まずに立ち上がりと続けました。腕を組まずに立ち上がることは簡単な課題ではありませんが，何回かトライすることで全ペアが成功しました。

凍りお手玉（本書未収録）

お手玉を頭の上に乗せて歩きます。お手玉を落とすとその場で固まり歩けないので，誰かがお手玉を頭に戻してあげなければなりません。みんなお互いに助け合いながら歩いていました。

▶ワークの中でふざけることも少なくないのですが，このワークで彼らの協力振りは注目に値するべきだと思いました。みんなが誰かを助けることを意識し，自分が助ける側に回ることに喜びを感じているようでした。

お助けオニ（p.93）

みんな走ったりせず，おだやかに実施し，お互いの助け合いも積極的でした。

トラストフォール（p.110）

3人一組になり，倒れる1人を2人が支えました。危険性を考え，あまり角度は大きくとらないこととしました。その後，9人で輪になり**トラストフォール**を実施しました。輪の中に入ることは強制しないこととし，自発的な申し出を待ちましたが，希望があったのは2人だけでした。

▶信頼感に関するワークにおいては，皆，苦手意識か躊躇があったようです。

チョコレート・パフェ（p.112）

2人一組になって実施しました。みんな静かに相手を呼んでいました。

第7章　さまざまな実践　219

第3週
6時間目
パフォーマンス（身体表現）

この時間のテーマは身体表現によるパフォーマンスです。即興的な状況で皆で協力して表現することが目的です。

拍手回し（p.95）

大きな輪になって拍手を回し，さらに拍手の代わりにアクションを回し，途中から感情を回しました。アクションを回すことは問題ないのですが，感情についてはあまり強く表現することは得意ではないようで，小声での反応が目立ち，全体としては控え目な表現に留まりました。

▶第2日目・3時間目のロバ！他のワークの時と似たような雰囲気でした。

スペース彫刻（p.168）

最後に控える私は木ですの準備として行いましたが，「空きスペース」という指示が生徒たちには抽象的だったようで，皆苦労している様子がうかがわれました。どこが空いているかということについては正解はないことなので，自分で決めてしまえばいいのですが，自分で決めるということが難しいようでした。

▶表現のワークには表現の幅を認めつつ，最終的に正解に収束するワークと，最後がオープン・エンドになって拡散していくワークがあります（p.47）。正解があるワークには積極的に参加しますが，正解がないワークへの取り組みについては個人差が大きいようでした。これは，次の私は木ですでより顕著になってきました。

私は木です（p.188）

一連の授業の総仕上げとしての実施です。男子と女子でそれぞれ2グループに分かれて実施しました。女子グループはいろいろなアイディアが出て次々と表現が生まれていましたが，男子グループは小声で自信なさそうな様子で，発想が類似したものに止まり，表現の広がりという点では限定的でした。

▶「自由にしていいよ」「好きなようにやっていいよ」という声かけも，彼らにはかえって負担になっていたようで申し訳なかったです。

最後に輪になってシェアリングを行いました。「楽しかった」「内容がいっぱいあった」という感想が聞かれました。

全体まとめ

授業開始当初は生徒たちも先生方も「何をするんだろう？」と不安な気持ちで授業に臨んでいた様子でしたが，すぐに授業に慣れ，楽しんで参加するようになりました。

全授業終了後にアンケートを行いました。生徒へのアンケートにおいて楽しかったワークとしてジェスチャーゲーム，木とリスの他，風船ゲーム，聖徳太子ゲーム，ゾンビゲーム，トランプ

ステイタス，空いたイス取りゲーム，拍手回し，お助けオニなどが挙げられました。確かに生徒たちはこれらのワークを十分に楽しんでいたといえます。逆に難しかったワークとして，**人間知恵の輪，握手当て，スペース彫刻，私は木です**が挙げられました。このうち，特にスペース彫刻，私は木ですについては「正解がない」ということが彼らの困難さを一層助長していたのではないかと推測されました。「自由にしていいよ」「好きなようにしていいんだよ」という言葉が，一層生徒たちを困惑させていたようでした。このことは，知的障害特別支援学校の生徒における特徴であったかもしれません。

また先生方へのアンケートでは，授業全体については「楽しかった」「生徒たちは楽しんでいた」という感想が多く見られました。また生徒について気づいたこととして，「自閉症スペクトラム症の生徒が多かったのに負けて怒る子がいなかった」「普段引っ込み思案な生徒が積極的に参加していた」という気づきの他，身体接触に苦手意識がある生徒への気づきや，状況判断への難しさ等についての気づきが述べられました。また，普段の学校生活での変化として，実習場面における積極的変化や，引っ込み思案と思っていた生徒が積極的に行動している様子を見て，認識を新たにしたということが述べられました。

全体として，K特別支援学校の生徒は前述のK高校と同年代でしたが，反応は少々異なったものでした。ルールの理解には少々時間がかかります。また，テンションを上げて取り組む課題へのやりにくさがあったようです。他方，協力する課題ではさりげなくお互いが支え合い，協力し合って取り組んでおり，普段の支え合う関係性が垣間見えました。これは障害を持つ生徒たちが学ぶ特別支援学校ならではの特徴かと思われました。

特別支援学校でのこのような活動はあまり一般的ではなく，先生方ははじめは授業の実施について若干懐疑的な様子も見られましたが，生徒たちの笑顔を見て安心していただけたのはとても良かったと思います。

特別支援学校においても，このような実践を通じて，生徒たちの人間関係の力を育てることは，きっと彼らの日常生活の充実や就労支援につながっていくことと思われます。

表7-3　K特別支援学校実施ワーク概要（稲葉，細川，正保，2017）

日	回	テーマ	内容
1日目	第1回	アイコンタクト	風船ゲーム（声なし），手合わせ，人間知恵の輪，ボールゲーム，ゾンビゲーム，トランプステイタス
	第2回	発声	風船ゲーム（声あり），聖徳太子ゲーム，声合わせ
2日目	第3回	身体運動	手足8回，ジャンピング，ハッ！，ロバ！，エレファント，トースター，壊れたトースター，木とリス，拍手回し，1-7サークル，空いたイス取りゲーム
	第4回	身体表現	ジェスチャーゲーム（おもちゃジェスチャー，家電ジェスチャー，動物ジェスチャー，仕事ジェスチャー），10円玉リレー（ピンポン球）
3日目	第5回	協力	ストレッチ，凍りお手玉，お助けオニ，握手当て，トラストフォール，チョコレート・パフェ
	第6回	パフォーマンス	拍手回し，スペース彫刻，私は木です

A 家庭裁判所における活動

　A家庭裁判所では2005年より試験観察中の少年に対して親子関係の改善のための親子合宿を行ってきました。ここでは2015年に行われた親子合宿について記述します（詳しくは正保, 2016および佐藤他, 2014を参照）。その中でさまざまな活動が組まれていますが, グループワークは中心的な存在です。ワークは計4回のセッションに渡って行われますが, そこでは参加者がお互いに知り合うところから始めて, 親子の関係性の再構築に向けたさまざまな活動が行われます。しかし, 親子には既に10数年の歴史があるのに対して, 合宿は一泊二日であり, 時間は限られています。また, 親子は潜在的な葛藤関係を抱えている場合が少なくないのに加え, 合宿への参加は裁判所からの提案によるものであり, 実施にあたっては参加者の心理的抵抗に配慮する必要があります。このような親子合宿は成長モデルを基本哲学とし, 基本的に楽しく行う事を旨として構成されています。ワークの配列にも配慮がなされ, 最終的には少年があるがままの自分を再確認し, 受け入れることを成長への出発点とし, 加えて親子関係の再構築に向けたきっかけ作りをすることが目標です。

　合宿は都市部から遠く離れたいわゆる文化的孤島（cultural island）と言える山間地にあるNPO法人が運営する研修施設において行われました。比較的小規模の研修施設であり, 貸し切りで利用されました。

　ここで紹介するグループワークに参加したのは, 少年2名, 保護者2名, 家庭裁判所調査官2名, NPO法人関係者2名, 筆者と学生アシスタント2名の計11名でした。実際にはもっと多くの人が合宿に関わるのですが, グループワークに関しては少年親子以外の人があまり多いと, 誰が合宿の主役であるのかが分かりづらくなるため, 人数比は少年親子1：スタッフ2より大きくならないよう配慮しています。少年は家庭裁判所において試験観察中の立場であり, 家庭裁判所から合宿参加への提案を受けて任意で参加しており, 合宿は裁判所からNPO法人への補導委託という形でした。グループワークの総実施時間は4セッションで計約5時間でした。

第 1 セッション（1 日目，11:00 ～ 12:10）

　第 1 セッションは合宿開始直後のセッションで，時間は約 1 時間と限られています。参加者は相互に面識はなく，不安な気持ちの参加者も少なくありません。また，少年は裁判所からの提案を受けて参加していますが，必ずしも積極的・意欲的である訳ではありません。このような中で，参加者相互が基本的な相互理解を深めることによって不安を解消すると共に，以後の活動に対する意欲と相互協力の気運を醸成することを主な目的としています。

　まず，各自が自分の名札を作り，その後，家庭裁判所調査官から合宿の概要や守秘義務等についての説明が行われました。また，合宿の期間中，少年親子について感じた「良いところ」について心に留めておくよう求めました。続いてワークを始めました。

▶合宿終了後に提出される感想文でも，合宿開始当初の抵抗感が述べられていることが少なくありません。この抵抗感は合宿終了時には充実感・満足感に変わっていきます。

▶これは最後に行う「噂話」のワークを行う際に重要な鍵となります。

手合わせ（p.84）

　はじめは 2 人一組で行い，慣れたら人数を徐々に増やして行き，最後は全員で輪になって行いました。2 日間の活動の冒頭に当たり，体を動かすことによって心を解すと共に，「みんなで取り組む」「みんなで心を合わせる」というポリシーを全員で確認し，共有していくという，儀式的要素も含まれています。

スゴロク・トーキング（pp.133-137）

　スゴロクをしながら会話を楽しむことを通して相互理解を深めました。親子合宿では，毎回複数の親子が参加しますが，基本的に各親子間では互いに面識がないので，合宿開始当初にこのワークを行うことによって相互理解を深め，その後の活動の円滑な展開を促します。人数は 4 ～ 5 人一組です。グループ分けに当たっては，少年，保護者をそれぞれ分けてグルーピングし，そこに調査官ないしアシスタントが加わります。少年とその保護者を別グループにする必然性はありませんが，全員を同じグループにすると人数が多くなりすぎてしまいます。ここでは同じ親子間の相互理解よりも，少年同士・保護者同士の相互理解を促進するために親子は別グループとします。一般的なグループの構成は，少年もしくは保護者各 2 人，調査官，施設スタッ

▶合宿開始当初は少年・保護者共に不安な気持ちで参加していることが少なくありませんが，スゴロクを介して他の参加者のことを知り，打ち解けることにより，不安感が解消されていきます。

フ，学生アシスタントの計5名で，所要時間は全体のプログラムとの兼ね合いでおおむね30～40分です。最終的に全員がスゴロクを「上がって」いなくても，所定の時間で終了としました。終了後は一人一言ずつ感想を述べて簡単なシェアリングを行いました。

第1セッションまとめ

　合宿開始直後のセッションであるのであまり侵襲的にならないよう配慮し，参加者が以後の活動に対してより意欲的になることを心がけます。最初に手合わせを行うことにより，まず体を動かすことを通じて，参加への抵抗を和らげると共に，全員の一体感を高めます。続けてスゴロクを媒介とした会話を行うことで，相互理解を深め，対人不安を解消します。

▶「何をするんだろう？」と不安な気持ちで来たけど，みんなと話をして安心した，などといった感想がよく聞かれます。

第2セッション（1日目，20:00～21:15）

　第2セッションは1日目夜のセッションです。時間は1時間余りで，第1セッションより少し長い程度です。午後の時間帯では山登りをして少し体力を消耗しましたが，その後の入浴や夕食を経てある程度回復している状態です。この時間は，昼間の疲れや夜の時間帯であることを考慮し，基本的に「楽しく過ごすこと」を念頭に置きつつ，楽しい雰囲気の中での新たな親子関係の構築を副次的に目指します。

人間知恵の輪 (p.86)

　互いが手を絡めた状態を作り，それを全員で協力して解いていきます。全員で協力して目標達成に向けて取り組むことで，体を解すと共に集団としての一体感を作り出し，併せて活動の中で自然な形で親子のスキンシップを促します。

ゾンビゲーム (p.100)

　全員で輪になってオニに狙われた人の名前を呼んで助け合うワークです。ゲーム的な雰囲気の中で場を和ませると共に，お互いの名前を憶えるという副次的要素もあります。また，このワークの隠れたポイントは「失敗する」ことで

▶さまざまワークに取り組む中でさりげなく親子のスキンシップを促していくことが，この合宿のサブテーマでもあります。

す。だれかが失敗することで，笑いが起き，場がリセットされて再び動き出します。「成功」にこだわるのではなく，大らかな心で楽しみながら取り組むことで，寛容な空気を醸成すると共に，こだわりから解放されるという側面もあります。

拍手回し（p.95）

全員で輪になって立ち，拍手を回していきます。その時々の状況に瞬時に反応することが必要となりますが，とっさの動作になるので完璧に反応することは困難ですし，間違えることも少なくありません。次に行う **1-7 サークル**のための準備としての意味もあります。

▶親子は隣り合って立ち，直接拍手を送り合うようにします。

1-7 サークル（p.96）

拍手回しに続いて，1から7の数字をコールしながらアクションを回します。次々に「間違い」が発生し，その度に笑いが起こります。**ゾンビゲーム**同様，間違いを恐れず，状況に飛び込んでいくことが重要です。そうすることによって思わず「我を忘れる」状況の中で，楽しみながら親子相互の意外な表情を見ることもできます。

▶楽しい雰囲気を皆で味わっていきます。

ジェスチャーゲーム

3～5人ほどでグループになります。少年親子は同じ組になります。ここでは家電製品をジェスチャーで伝える**家電ジェスチャー**（pp.162-163）を行いました。家電製品をどのように表現するかは自由で，外的形状で表現することもありますし，使用様態等で表現することもあります。創造力と表現力を発揮することが求められ，相手の意外な側面を発見することもあります。

▶基本的にはその家電製品を使ったときの「体の記憶」を思い出すことがポイントになります。

10円玉リレー（p.182）

「演じる」ことをゲーム形式で体験します。10円玉をリレーする（しない）という行為を通じて，メンバーは「演じる」ことに取り組むことになります。一般に，何かを「演じる」ワークに慣れないメンバーはしばしば抵抗を示すことがありますが，このような形であると比較的抵抗なく「演じる」ことができます。その後の演じる活動へのウォーミングアップという側面もあります。

▶ここでも親子は隣り合うようにし，両者の間で受け渡しを行うようにします。

第7章　さまざまな実践

スペース彫刻（p.168）

次に行う**私は木です**への準備・繋ぎとして行いました。

私は木です（p.188）

メンバーが相互に協力して繰り返しシーン（場面）を創っていくワークです。少年親子は同じグループになります。場面に入るものは人間の他，動物や昆虫だったり，風や太陽だったり，気持ちや概念などなんでも構いません。前の人が創ったそこにあるものを受け入れながら，みんなでイメージを共有し，新しい情景を創り上げていきます。

第2セッションまとめ

第2セッションは，第1セッションや午後の活動を経て，相互の交流が進められ，面識度が高まっている状況です。その状況の中で，まず**人間知恵の輪**で体を動かすことによって緊張をほぐします。さらに**ゾンビゲーム**，**拍手回し**，**1-7サークル**で「間違えること」に対する抵抗感をなくしつつ，新しい状況に対して挑戦する意識を醸成し，**ジェスチャーゲーム**，**10円玉リレー**等を通じて「演じること」に繋げていきます。最終的には**私は木です**で創造力を駆使しながら，グループとして一体感を味わうことを目指す構成です。特に「挑戦」し，「演じる」取り組みの中で少年親子が協力して新しい可能性に挑戦し，お互いの新しい側面を発見することもできます。一日の最後のセッションで，一体感と満足感を味わって初日を終えました。

▶一般的に，子どもが思春期以降になると親子で一緒に遊ぶことも少なくなります。このような構成の中で親子が一緒に遊ぶことは，幼少期の関係を思い出したり，新たな関係性を構築したりと，非常に意義のあることと言えます。

第3セッション（2日目，9:00〜11:00）

2日目の朝のセッションです。新たな気持ちで一日を迎えると共に，体と心を再びほぐすことから始める時間帯となります。もうメンバーはかなりの時間を共に過ごしており，相互理解も一定程度進んでいる状態です。また，このセッションは約2時間とこの合宿においては最長の時間を有するセッションでもあります。少年親子のスキンシップを促すと共に，新たなかかわりの可能性を探ります。

肩もみ

2人一組になって肩を揉みます。少年親子はペアになって行います。時間は3分間程度で，交代して互いに行います。まず体をほぐしながら，そのプロセスの中でスキンシップを促します。

▶少年はほとんどが10代後半ですが，一般的に考えて，参加少年親子が日常生活の中で肩を揉み合うことはほとんどないと推測されます。集団の中で指示して行うことで，敢えて非日常を持ち込む意味があります。

同時拍手回し（p.95）

拍手回しと似ていますが，拍手を回す動作だけでなく，受ける動作も同時に行うところが異なります。拍手を送る側と受ける側の両者が気持ちを合わせ，タイミングを計ることが必要になります。拍手回しがどちらかといえば反射的な反応を特徴とするのに対し，**同時拍手回し**はむしろ相手と気持ちを合わせることが主な特徴であり，体験的な意味は異なります。

▶拍手回しがテンポよくスピーディに行われるのに対し，同時拍手回しは拍手1つ1つをじっくりと味わう形で行われます。

エレファント，トースター，壊れたトースター（pp.90-91）

第2セッションの**ゾンビゲーム**や**1-7サークル**同様，間違えることを恐れず，むしろそれを楽しみながら状況にチャレンジすることが重要です。

握手当て（p.107）

数人ずつ列になって向かい合って立ちますが，このとき少年親子は向かい合うペア（パートナー）になります。一方が目を閉じて握手をしてパートナーを探します。ゲーム的なかかわりの中で自然にスキンシップを促します。

▶ここでもさりげない形でスキンシップを促していきます。

ノイズ（p.106）

少年親子はペアになります。2人で合言葉を決めて，一方が目を閉じた他方を誘導します。

▶単なる身体接触とは異なる関係性の体験を促します。

マット陣取り（本書未収録）

組み合わせマットを使った陣取りゲームです。数名ずつ同数で2グループに分かれます。少年親子は同じグループになります。各グループ毎に全員がマット4枚の上に乗ります。代表者がジャンケンをし，負けた側のグループはマットを少しずつ減らしていきます。マットは段々小さくなっていきますが，メンバーは体を密着させたり，おんぶ

▶これも，「構成」の中でのスキンシップの促進です。マットは予め半分のサイズに切ったものを用意しておき，これと交換することで半分ずつ減らしていきます。

第7章　さまざまな実践

するなどしてなるべく長い間，全員がマットの上に立っていられるように試みて，最後までマットの上に立っていたグループが勝ちとなります。必然的にメンバーは密接なスキンシップを行う事になります。

究極の選択 （pp.153-155）

少年親子は同じグループになります。**スゴロク・トーキング**に似たワークですが，スゴロク・トーキングは少年親子が別々のグループに分かれたのに対し，この**究極の選択**では少年親子は同じグループで行います。スゴロク・トーキングでは，日常生活や過去経験を問う項目が多く，親子間では既知の情報であることが多いのですが，究極の選択の場合は本人も選択に悩むものが多く，親子であっても相手が何と答えるかは予測し難く，互いに相手の意外な内面を知るきっかけ作りともなります。

▶ 実際に少年の答えに保護者が意外な表情を浮かべることがしばしばあります。日常的なかかわりの中では，見ることのない相手の内面に接することがあります。

第3セッションまとめ

このセッションは大きく2つの部分に分けられます。**肩もみ**から**マット陣取り**までは身体性が強いワークで構成されているのに対して，最後の**究極の選択**は認知的なワークです。これはこのセッションが約2時間と長時間であるため，身体性の強いワークを続けることによって疲労が蓄積しないよう，また構成が単調にならないよう配慮しています。

エレファント，**トースター**，**壊れたトースター**は，いずれもレクリエーション的色彩の強いワークです。また，**ノイズ**は目を閉じた状態で声を媒介として親子が関係性を再確認するワークであり，**握手当て**とマット陣取りはゲーム的な流れの中で親子のスキンシップを促すワークです。いきなりスキンシップを促すと，一連のワークの流れが不自然になったり，特に少年が心理的抵抗を示したりすることがありますが，エレファントなどのレクリエーション的な活動の後に行うことで，自然な心の流れの中でより効果的に実践することができます。

これに対して，究極の選択は価値観をテーマとした認知的なワークであり，それまでの身体性の強いワークとは対照的です。しかしながら，親子が各自の価値観の開示を通して互いに向き合うという意味で，関係性に焦点を当てる側面をもっています。

このように第3セッションは，スキンシップを中心とした主として身体的な側面と，補助的に認知的な側面から親子の関係性に焦点を当てる時間帯となっています。

第4セッション（2日目，13:20～14:10）

最後のセッションです。2日間の諸活動を経て，疲れがたまりつつ，同時に合宿の終了が近づき，気持ちが少しそぞろになる面もある時間帯なので，敢えて落ち着いた雰囲気の中での実施を心がけます。ボディワークを通じて相互に信頼感を体験しつつ，自他の良いところを認め合うことで合宿を締め括ります。

トラストフォール（p.110）

後ろに倒れるメンバーを協力して支える信頼感のワークです。4人一組で実施しますが，少年親子は同じグループになります。このワークと次の**トラストサークル**については参加を強制しないこととしていますが，拒否するメンバーはいませんでした。次に行うトラストサークルの準備としての意味もあります。

▶親子が互いを信頼し，体を実際に支え合う機会を積極的に設けています。

トラストサークル（p.111）

少年または保護者が順に中央に立ち，倒れる彼らを全員が周囲で支えます。自分を他者に委ねる感覚と共に周囲が力を合わせて受け止めてくれる感じを体感し，また周囲のメンバーは他者を受け入れ，支える体験を味わいます。

噂話（p.148）

合宿の最後に行います。ワークに参加した少年（または保護者）が順にカーテンの陰に隠れ，その周囲で車座になったメンバーが少年（または保護者）について合宿期間中に気付いた良いところを噂話風に語り合います。第1セッションにおける「少年親子について感じた"良いところ"について心に留めておく」というアナウンスはここで生かされます。しばらく"噂話"を続けた後，カーテンを開け，「現実世界」に戻り，感想を話し合います。

一般的に本合宿に参加する少年は，短所・欠点・問題点については繰り返し指摘されています。それは一面で事実

▶なるべく作為的にならないよう心掛けて行いますが，ほとんどの場合，皆，真剣に少年（または保護者）のことを考え，言葉を贈っています。

かもしれませんが，他方，どの少年も長所や良いところ，さらに伸ばすべき可能性ももっています。日常生活では注目されることの少ないこのような諸点を第三者の目を含めて共有していくことによって，「ありのままの自分」に向き合うという意味があります。保護者についても同様に実施します。

第4セッションまとめ

このセッションのテーマは信頼感と自己肯定です。**トラストフォール**と**トラストサークル**はいずれも身体感覚を通して他者を信頼することがテーマです。多少，恐怖心を感じうる状況において，それを乗り越えることを通して自分が他者に受け入れられるという感覚を味わいます。

このような体験を経て，合宿の締めくくりとして**噂話**のワークを行います。そこで少年親子は自らを「肯定」してくれる他者に出会いますが，これは悪い部分を修正するのではなく，良い部分を発展させるという意味があります。

全体まとめ

親子合宿においてグループワークを実施することには，以下のような意義と問題点があると考えられます。

まず第一に，非日常性の導入です。合宿においては食事準備から山登りまでさまざまな活動が組まれていますが，その中でグループワークは計約5時間に渡って計4回行われ，合宿の中核的活動です。思春期の発達段階にある少年がその親と日常生活の範囲を越えて密接にかかわるということは通常はなかなかできることではありません。ましてや他の親子や第三者的なスタッフとのかかわりをも通じて自分を見つめ直すという機会は得難いもので，グループワークの形でこのような非日常性を計画的に導入するという点で本合宿の意義は非常に大きいと言えます。ある保護者からは「普段，こんなに子どもと向き合って遊んだことはなかった」という感想が聞かれました。

第二に，円滑な実施です。合宿開始当初，多くの参加少年親子は不安な気持ちで参加しています。そのような親子に対してゲーム形式のグループワークを実施することは，当初は「子どもっぽい」という印象を持たれることも少なくありませんが，親子にとってはむしろ心のガードを下げて安心して参加することができ，そのような雰囲気の中で活動を進める内に新しい関係性を構築していくことができるという側面があります。

第三に，質の担保です。本親子合宿は毎年1回〜2回の割合で半定期的に実施されてきました。少年側参加者は当然のことながら毎回異なりますが，家庭裁判所調査官も定期異動などによ

り，同一スタッフが何年も続けて参加することは事実上困難です。このような状況の中で，グループワークを軸にプログラムを構成することにより，担当者が交代しても毎回一定程度の内容と質を担保できるという利点があります。

　他方，親子合宿にはさまざまな問題点や課題もあります。

　第一に，心理的抵抗です。すべての少年親子は家庭裁判所からの提案を受けて参加しており，基本的に「自発的な」参加者はいないのが現状です。通常，グループワークにおいては，一般の参加者であっても活動への参加に心理的抵抗を示すことが指摘されています。ましてや，裁判所から提案されて参加する本合宿においては少年親子の参加への心理的抵抗は決して小さくないことが想像されます。実際に少年親子が合宿終了後に提出する感想文では，当初は参加への抵抗感が小さくなかったことがしばしば述べられています。ゲーム形式のグループワークを実施することは，そのような抵抗に対する配慮として有効です。

　第二に，親子関係の問題です。参加する少年親子の関係は一般的に言って必ずしも良好ではありません。明らかに親子関係が険悪であるような場合はありませんが，潜在的になんらかの葛藤関係を抱えている場合が少なくなく，そのための親子合宿という側面もあります。このような状況のため，親子で相互に関わり合いながらワークを行う場合，すべての活動が円滑に行われるわけではなく，親子関係に配慮しながら実施しなければならない一面もあります。

　第三に，時間的制限の問題です。親子合宿は一泊二日であり，時間的には非常に限られています。合宿開始から解散までの時間は睡眠時間等を含めても30時間程度に過ぎず，その中でグループワークに当てられるのは数時間です。少年親子にはすでに10数年の歴史がありますが，その間のさまざまな要因が非行に関与していると考えられます。数時間の活動でそれらの問題を解決することは困難で，過大な期待は禁物です。

　しかし，このようにさまざまな課題や問題点を含みつつ，それを上回る意義があるのが親子合宿です。親子は子どもが出会う初めての人間関係であり，そして何でも言いあえるのが親子であり，また，であるからこそ言えないのが親子です。誕生後，10数年の時を経て，親子の間に生じたさまざまな歪みに気付いたり，澱を除いたりする活動としてグループワークがもつ楽しさや構成性は大きな力になると言えます。

表7-4 合宿日程概要

1日目	
10:45～11:00	挨拶，自己紹介
11:00～12:10	【第1セッション】名札作り，手合わせ，スゴロク・トーキング
12:10～13:00	昼食
13:00～16:00	山登り（晴天時）
16:00～17:00	入浴
17:00～19:30	夕食作り・夕食
20:00～21:15	【第2セッション】人間知恵の輪，ゾンビゲーム，拍手回し，1-7サークル，ジェスチャーゲーム，10円玉リレー，スペース彫刻，わたしは木です
22:00～	就寝
2日目	
9:00～11:00	【第3セッション】肩もみ，拍手回し，同時拍手回し，エレファント，トースター，壊れたトースター，握手当て，ノイズ，マット陣取り，究極の選択
11:00～13:00	昼食作り・昼食
13:20～14:10	【第4セッション】トラストフォール，トラストサークル，噂話
14:10～14:30	清掃
14:30～15:00	全体振り返り
16:20～16:35	終了式

（※特に記載のない時間帯は自由時間・移動時間）

第 8 章
計画的な実践

　グループワークは魔法の杖ではありません。1回か2回の実施で劇的な効果を上げることはできません。グループワークで効果を上げようと思うなら繰り返し実施する必要があります。それでは一体何回実施すればいいのでしょか。本章では年間10回の実施を提案します。年間10回とは1年間の総授業時数の約1／100です。1／100の時間をグループワークに充て，適切に実施することができればきっと大きな効果を上げることができるでしょう。

1／100で効果を上げる

　第7章で，さまざまな現場での計画的な実践の例をみてきました。
　第4章でも述べましたが，グループワークは魔法の杖ではありません。グループワークは人間の心に影響を与える活動です。しかし，人間の心はそんなに簡単に変わるものではありません。人間の心が変化する場合，それは少しずつ少しずつ変化していきます。このため，現状に変化を求めてグループワークを導入する場合，それは何度も繰り返して実施する必要があります。かといって，そんなに長期に渡って実践を続けることも現実的ではありません。では，一体どれ位の回数，実施すればよいのでしょうか。
　私は，かつてフレックススクールであるY高校で3年間にわたって毎週1時間，4クラスでグループワークの授業をする機会を得ました（p.i参照）。生徒数は合計で70名位でした。年間授業週数は35週ですが，実際は，定期考査や学校行事などがありますので最終的には年間30回の授業回数となりました。グループワークについて年間30回の授業回数というのは，かなり多いと言えます。通常は，そんなに時間を割くことはできないでしょう。
　あくまでも個人的な印象ですが，その高校では授業を終えてかなりの手応えを得ることができました。また，全授業終了後，しばらく期間を置いてから授業を受けた生徒のほとんど全員と1人ずつ各15分間程度の面接をして，授業についての感想を聞くことができました。生徒たちの感想はほとんどが肯定的なもので，「授業を受けて人の目を見ることができるようになった」「人の話をよく聞くようになった」「他者と会話が続くようになった」「人の気持ちが読み取れるようになった」などといった基本的対人スキルの改善に関するものから，「率先して行動するようになった」「恥ずかしがり屋だった性格が変わった」「アルバイト先でお客さんや同僚とコミュニケーションが円滑にとれるようになった」などといった日常生活での行動の変容に関するものまでさまざまな変化についての肯定的な感想が語られました。
　他方，授業によっても「変化はなかった」という生徒も数名いました。それらの内容は，「他者とかかわることの恐怖心は変わらない」「人とかかわることは面倒くさい」「異性とはかかわりたくない」などといったものでした。もちろん授業が完璧にできた保証がある訳ではありませんし，授業実施の不備によるものも多少はあったかもしれません。しかし，一年間に30回に渡って授業を行い，大半の生徒が肯定的に授業を捉えている中で，このような率直な否定的反応があったということは，単なる誤差的反応として看過すべきではないと思われます。言い換えると，グループワークは万能ではなく，その効果には限界があるということです。おそらく，これらの生徒たちにはカウンセリングなどの個別的な対応を併用する必要があっただろうと推測されます。
　ところで，第7章で取り上げた同じくフレックススクールであるK高校では授業頻度は毎月1回で，年間でも夏休みと3月の入学試験・卒業式シーズンを除いた計10回に留まりましたが，授業を終えた率直な手応えとしては先に挙げたY高校に勝るとも劣らないものがあり，特に当初，学校で問題となっていた中途退学者数は年度によっては1名と，授業導入前に比べて劇的な

変化がありました。これは，授業を通じて，生徒個人が成長したことと生徒間の人間関係が改善したことの相乗的な効果によるものと言えるでしょう。

Y高校で年間30回の授業を行いましたが，それでもすべての生徒に対して十分な効果を上げることができた訳ではありません。他方，K高校では年間10回の授業時間数でも相当の効果を上げることができました。このことは言い換えると，毎月1回のグループワーク授業を定期的に適切な形で実施することができれば，かなりの効果を上げ得るということを意味していると言えます。月に1回というのは決して多い回数ではありませんし，見方によってはほとんどないに等しい実施頻度と言ってもいいかもしれません。それでも一定の効果を上げることは可能なのです。一方，先ほどのY高校での「変化はなかった」という生徒たちの面接を振り返ってみると，深刻な問題を抱えているメンバーに対しては，グループワークの反復実施にはどこかで天井効果のような局面があって，そこを突破するには一層の工夫か，あるいはグループワーク的アプローチ以外に個人セラピー的なアプローチが必要なのかもしれません。また，これは一般的な心理的援助についても言えることかもしれません。

ところで，この10回という授業回数についてですが，視点を変えてみるとこんな見方をすることができます。中学校と高校の年間総授業時数は約1,000時間です。K高校では，年間の1,000時間中の10時間をグループワークに充てることで多くの生徒たちに心理的な効果をもたらすことができました。1,000分の10とは約分をすると100分の1です。学校の授業時数は主として教科の学習のために充てられています。それはとても重要なことですが，同時に学校では子どもたちのさまざまな心の問題が生じています。学校の年間総授業時数の100分の1をグループワークに充てることで，子どもたちの心に対して少なからぬ効果を上げることができるとしたら，それは子どもたちへの有効な支援の観点からも，また費用対効果の観点からも非常に重要なことと言えます。

もちろんこの場合は，単に10時間分の授業をすればいい，というものではなくて，それなりの質を維持することが前提条件となります。子どもたちの心に充分な配慮をして，その時その時必要とされていることを，適切な形で子どもたちに提供することが重要です。そして，このような効果の源泉となっているのは第2章でも述べた $x=2^n-n-1$ というグループワークのもつ効果です。グループワークでは，多数のメンバーが相互に関わり合うことにより大きな効果が得られます。グループワークには少ないコストで大きな効果を上げることができるというメリットがありますが，そのためには質と量の両面において適切な運用が鍵であると言えます。

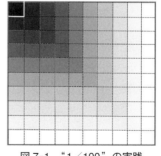

図7-1　"1／100"の実践

第7章で紹介した中学校での実践と高校での実践はいずれも全10回の授業の様子を記述したものです。御参考いただければと思います。

第8章　計画的な実践

学校での組織的・計画的導入のポイント

　学校で，担任の先生などがファシリテーターとなってグループワークを導入する場合，留意しなければならないことは第5章でも述べたグループワークの3つのマインドをもって臨むということです。ここでもう一度それを確認するならば，1.子どもたちの中の成長への力を信じる，2.楽しくすることによってその力は開発される，3.そこで起こることをすべて受け入れる，ということでした。言い換えると，それは学校教育機能の心理臨床化（p.28）をグループワークという場面で具現化することを意味します。これらのことは学校の先生が通常行う授業実践のあり方と少なからず異なるところがあります。通常の学校教育での行動原理とグループワークの行動原理は（少なくとも表面的には）同じではありません。子どもたちの成長と幸せを願う点ではなんら違いはありませんが，そのためのアプローチの方法は異なるのです。もし通常の「教師・教育マインド」のままグループワークを導入したならば，試みが成功する可能性はかなり低くなります。

　また，先生がこのグループワークのマインドをもって授業に臨んだ場合，もう1つの新しい問題が生じる可能性があります。すなわち，普段，教科の授業を行っている先生が，グループワークのマインドで授業に臨む場合，一見，教師は複数の異なる行動原理を使い分けることになる可能性が生じます。子どもたちの視点から見た場合，同じ先生なのに教科の授業の時とグループワークの授業の時に，異なる表情を見ることになります。普段の授業スタイルにもよりますが，普段は恐い顔で厳しく授業をしている先生が，グループワークの時間に急ににこにこしてやってきたら，子どもたちはどっちの先生が本当の先生なのだろうと混乱するでしょう。そもそも，これらの2つの行動原理は本質的には全く異なるものではないと私は考えますが，それでも子どもたちの視点に配慮することが必要です。

　その上で，理想的には，教科の授業マインドとグループワークのマインドを一人の教師において統合することが求められると言えます。言い換えると，グループワークのマインドを教師が体得し，それを個人内において統合することによって，教師は新しいステージのマインドを身につけることになると言えます。繰り返し述べたように，現在の学校現場では学校教育機能の心理臨床化が進み，通常の授業を行っているだけではさまざまな問題に対応できなくなってきています。そのような状況の中で，教師がその業務を円滑に遂行するためには新しいマインドが必要だと考えます。グループワークを実践し，そのマインドを身につけることによって，新しい教育のあり方が見えてくる可能性が生まれてくるのです。

担任の関与

　先生が実践する代わりにスクールカウンセラーや外部講師が実践する場合があるかもしれません。そのような場合でも，できる限り担任の先生の他，副担任，学年主任などが参加することが望まれます。担任の先生が参加することを子どもたちはとても喜びますし，担任がデモンスト

レーションをすることによって子どもたちの動機づけが非常に高まることは第7章（p.208）でも述べた通りです。

また，担任の先生がグループワークに参加することによって担任は普段の授業の時とは異なった子どもたちの意外な表情を見ることができます。「○○君はこんなことができるんだ」「○○さんにはこんな表情があるんだ」という認識を得る非常に貴重な体験をすることができます。子どもたちのそのような側面を見ることは，その後の教師─生徒関係を変える可能性を秘めた体験となります。その貴重な機会を逃すべきではありません。

リニアモデルとスパイラルモデル

本書では各種のワークを，かかわるワーク，理解するワーク，表現するワークの3つカテゴリーに大別しました。そして，それぞれには基本的なものから応用的なものまでさまざまなレベルのワークがあります。学校などで組織的・計画的にこれらのグループワークを導入する場合，2つの基本的な考え方があります（図7-2）。

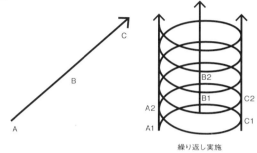

図7-2 リニアモデルとスパイラルモデル

1つはリニアモデルです。これは，さまざまなワークを端から順番にシーケンシャルに実施するものです。ここでは仮にAをかかわるワーク，Bを理解するワーク，Cを表現するワークとします。Aが終わったらBへと進み，Bが終わったらCへと進みます。計画を立て，ワークを実践する側からするととてもやりやすいやり方と言えます。しかし，一方で，毎回の授業は似たような内容が続くことになり，参加する子どもたちの体験の側面からみるとやがて退屈してくる可能性が高くなります。

もう1つはスパイラルモデルです。これは一定の要素を繰り返しながら螺旋状に下位のレベルからより上位のレベルに進んでいくものです。このやり方ですと，かかわる活動（A），理解する活動（B），表現する活動（C）を繰り返しながら少しずつ高いレベルに移行していくことになります。このやり方は，その時その時の状況に応じてプログラムを組むことができますので，よりきめ細かな対応をすることができます。

第5章でも述べたように，ワークは基本的に事前のアセスメントに基づき，子どもたちの状況に応じて組み立てる必要があります。子どもたちの状況は多様ですから，その状況にきめ細かく対応する意味では必然的にスパイラルモデルに基づいて計画を立てることになります。

スパイラルモデルに基づいて計画を立てる場合，かかわる，理解する，表現するの各カテゴリーについて，その時に必要なカテゴリーの活動のうち，適切なレベルのワークからスタートすることになります。そして，1つのカテゴリーに固執することなく他のカテゴリーのワークも活用しつつ，徐々にレベルを上げていくことになります。

現実的には，このリニアモデルとスパイラルモデルの双方を組み合わせて実践することになり

ます。開始時点での現状分析に基づいたスタートと最終的に目指すゴールの間をどのようにつないでいくかということが重要なポイントになります。

授業以外での実践

　学校におけるグループワークの実践は単に授業での実践に留まるものではありません。学校は多くの人が集まるところですから，授業以外でのさまざまな実践の可能性があります。

　まず，PTAなどでの保護者に対する活動があります。PTA総会やPTA研修会など，保護者が集まる機会は少なくありません。PTA活動では保護者相互がお互いにかかわりながら協力する場面が少なくありません。そのような機会に向けて保護者相互のグループワークを実践することはとても有効です。私がかつて校長を務めていた学校で，4月の保護者総会において保護者相互のグループワークを行ったことがあります。これによって、保護者相互の交流を活性化し、その後のPTA活動への動機づけを高めることができました。

　また，子どもたちと保護者の相互交流に活用することもできます。第7章では家庭裁判所の活動において，子どもと保護者の交流について紹介を行いました。ここで紹介したのは子どもと保護者が親子である場合のものですが，さまざまな子どもたちと保護者が相互に交流することにも意義があります。

　ある中学校では，生徒たちと保護者の交流活動においてグループワークを活用しました。その際，1つのグループは生徒と保護者合わせて5～6名とし，なおかつ実際の親子は同じグループにならないこととして活動を行いました。行ったワークは**究極の選択**（pp.153-155参照）を中心としたものでした。究極の選択は個人の価値観に関する理解するワークですが，このようなメンバー構成で究極の選択を行うことによって，保護者は他の家庭の生徒の，生徒は他の生徒の保護者の考え方や価値観に触れることができ，それぞれのものの見方を広げる効果がありました。

　それ以外にも，校内での教師相互の交流を促すための研修会としての実践もありますし，新入生説明会での参加者相互の交流活動など，グループワークにはさまざまな活用の可能性があります。

資料

附表・索引

基本的コミュニケーション能力測定尺度 iksy

第4章で紹介した基本的コミュニケーション能力測定尺度iksy（正保・葉山，2014）を掲載します。
施行にあたっての方法と，注意点を下記に示します。試行の際はご一読ください。

1．方法
　個別形式でも集団形式でも施行できます。集団形式で施行する場合，実施者が設問を読み上げながら施行するとよいでしょう。
　また自己評価方式でも他者評価方式でも施行できます。他者評価方式の場合は教師や級友，または保護者などによる評価があります。普段観察される様子などに基づいて評価します。

2．対象者
　小学校高学年から成人までを対象とできます。

3．注意点
　自己評価方式で施行する場合，評価者の内的判断基準（主観）に基づいて施行することになります。評価者が小・中学生や高校生など発達途上の存在の場合，十分な客観的評価とならないことがあります。また期間を置いて複数回施行する場合，その間の評価者の成長により，評価基準が変動することがあります。多くの場合，評価は辛め（低評価）に変化します。

4．下位項目
　いう：01，05，09，13，17
　きく：02，06，10，14，18
　する：03，07，11，15，19
　よむ：04，08，12，16，20

iksy

_____年_____組_____番　男・女　名前_____

以下の文章を読んで，普段の自分にどのくらいあてはまるか5～1で答えてください。それぞれの質問に対する正しい答え，間違った答えというものはありませんので，あなたの思ったとおりに答えてください。	あてはまる	少しあてはまる	どちらでもない	あまりあてはまらない	あてはまらない
例．悩みごとがあったら友達に相談する。	5	④	3	2	1

01. ものおじせずに話す（遠慮せずに話す）。	5	4	3	2	1
02. 人の話に耳を傾ける。	5	4	3	2	1
03. 感情を素直にあらわせる。	5	4	3	2	1
04. 相手が何を考えているのか雰囲気でわかる。	5	4	3	2	1

05. 自分の考えをしっかりと人に話すことができる。	5	4	3	2	1
06. 人の話を聞くときは、しっかりとあいづちをうつ。	5	4	3	2	1
07. 自分の気持ちを表情でうまく表現することができる。	5	4	3	2	1
08. 相手の気持ちを表情から正しく読み取ることができる。	5	4	3	2	1

09. 物事をわかりやすく説明することができる。	5	4	3	2	1
10. 相手の話に合わせて、うなずいたり首を傾けたりする。	5	4	3	2	1
11. 表情が豊かな方だ。	5	4	3	2	1
12. 誰かの何気ない行動からその人の性格がだいたいわかる。	5	4	3	2	1

13. 人前でも気後れせず話ができる（恥ずかしがらずに話す）。	5	4	3	2	1
14. 人の話を聞くときは、相手の方を向く。	5	4	3	2	1
15. 自分の気持ちをしぐさでうまく表現することができる。	5	4	3	2	1
16. 人と話をしているとき、相手の表情のわずかな変化も感じとれる。	5	4	3	2	1

17. 自分の考えを筋道立てて話すことができる。	5	4	3	2	1
18. 相手の話が長くても最後まで聞く。	5	4	3	2	1
19. 気持ちに合わせて自然に体が動く。	5	4	3	2	1
20. 相手の様子からその人がこれからしようとすることが予想できる。	5	4	3	2	1

記入もれがないか確認してください。

索引

人名索引

石隈 利紀 …… 49
今井 英弥 …… 65
ウィニコット（Winicott, D. W.）…… 62
上野 一彦 …… 21
鵜養 美昭 …… 28
台 利夫 …… 21
片野 智治 …… 15, 20, 61
河村 茂雄 …… 68
絹川 友梨 …… 21, 55, 56
鴻上 尚史 …… 30, 47
國分 康孝 …… 14, 15, 20, 38, 39, 61
坂野 公信 …… 18, 68
庄司 一子 …… 28
正保 春彦 …… 40, 45
ニイル（Neill, A. S.）…… 62
日本学校グループワークトレーニング研究会 …… 68
野島 一彦 …… 10
橋本 禅厳 …… 20
葉山 大地 …… 45
原田 曜平 …… 6
平田 オリザ …… 48
星野 欣生 …… 68
増野 肇 …… 31
マズロー（Maslow, A.）…… 48
宮台 真司 …… 2, 3
モレノ（Moreno, J.L.）…… 21, 31
山下 文子 …… 68
山本 和郎 …… 25
山本 五十六 …… 20, 21
横島 義昭 …… 4
ラフト（Luft, J.）…… 46
ランドレス（Landreth, J.L）…… 29
リバーマン（Liberman, R.P.）…… 20
レヴィン（Lewin, K.）…… 18
ロジャーズ（Rogers, C.R.）…… 29, 65

事項索引

【英数字】

Big5 …… 142
encounter（エンカウンター）…… 16, 18, 38, 46
focus（フォーカス）…… 22
GWT（グループワーク・トレーニング）…… ii, 10, 18, 19, 22, 23, 42
iksy（いう，きく，する，よむ）…… 45, 198, 209, 240
instructive（学び）…… ii, 8, 31, 32, 70
integrated（統合）…… ii
interaction（かかわり）…… ii, 8, 42, 43, 44, 193, 202
interesting …… ii, 8
offer（オファー）…… 22, 196
Open Mind（オープン・マインド）…… 63, 64, 65, 66, 74
Perticipatorship（パティシペイターシップ）…… 19
PTA …… 238
SGE（構成的グループ・エンカウンター）…… ii, 10, 13, 14, 19, 23, 38, 40, 41
sharing（シェアリング）…… 66, 67, 68, 69, 70, 74, 191, 200
SNS（ソーシャル・ネットワーキング・サービス）…… 2, 48
SST（ソーシャルスキル・トレーニング）…… ii, 10, 20, 23
Structure（構成）…… 13, 14, 53, 69
yes and（イエス・アンド）…… 22, 196, 197
i（アイ）…… ii, 8
i-Work …… ii
1／100 の実践 …… 235

【あ行】

アイ（i）…… ii, 8
アイコンタクト …… 82, 95, 97, 98, 99, 100, 101, 190, 205, 214
アイスブレイク …… 18
i-Work …… ii
アサーション・トレーニング …… 36
アセスメント …… 52, 74, 237
遊びの変化 …… 5
ありのまま …… 40
アンガー・マネジメント …… 36
言う …… 44
いう …… 45
いう，きく，する，よむ（iksy）…… 45, 198, 209, 240
イエス・アンド（yes and）…… 22, 161, 175, 176, 177, 188, 196, 197
いじめ …… i, 2, 4, 28, 37
今，ここ …… 57
インストラクション …… 56, 74, 208
インプロ …… ii, 10, 21, 22, 23, 33, 42, 64, 161
インプロゲーム …… 22, 161

項目	ページ
ウォーミングアップ	41, 44, 57, 58, 74, 84, 85, 87, 88, 90, 194, 225
受け入れる	71, 236
受け取る	44
エンカウンター（encounter）	16, 18, 38, 46
演じる	225, 226
応用インプロ	161
オファー（offer）	22, 161, 196
オファー	196
オープン・マインド（Open Mind）	63, 64, 65, 66, 74
親子合宿	222, 230
親子関係	36, 222, 231
親世代の変化	7
オリエンテーション	54, 60, 74, 190, 200

【か行】

項目	ページ
かかわり（interaction）	ii, 8, 42, 43, 44, 193, 202
かかわりのパターン	11
かかわる	42, 43, 44, 190, 237
かかわること，理解すること，表現すること	201
かかわる，理解する，表現する	ii, 59, 237
学歴神話	16
語りかける	57
価値観	7, 8, 40, 41, 226, 228, 238
学校教育機能の心理臨床化	28, 236
家庭裁判所	222, 231
体の記憶	194, 198, 204
感受性	15, 40, 41, 203
聞く	44
きく	45
基本的対人能力	22
協働	18, 19
協力	191, 219, 221
キラキラネーム	48
グループ	13
グループ・アプローチ	10, 32
グループワーク・トレーニング（GWT）	ii, 10, 18, 19, 22, 23, 42
グループワークの流れ	52
グループワークの矛盾	62, 74
経済的	24
傾聴的態度	66
言語表現	207, 209, 210
現実的	24
構成（Structure）	13, 14, 53, 69
構成性	52
構成的グループ・エンカウンター（SGE）	ii, 10, 13, 14, 19, 23, 38, 40, 41
構成度	23, 53
高度経済成長	4, 7, 16, 30
心と心のふれあい	14
心のエネルギー	52
心のテンション	56
心のブレーキ	60, 62

項目	ページ
個別指導	10
コミックマーケット	48
コミュニケーション手段の変化	5
固有性の共有	66
コンセンサス	18, 41, 156
コントロール	161

【さ行】

項目	ページ
さとり世代	6
参加への抵抗	60, 61
シェアリング（sharing）	66, 67, 68, 69, 70, 74, 191, 200
シェアリングの落とし穴	68
時間	13
自己開示	15, 23, 46, 54, 59, 60
自己肯定	230
自己主張	15, 18
自己受容	15, 40, 41
自己治癒力	29
私事化	6
自己表現	41
自己理解	15, 18, 23, 40, 41, 46
失敗	88, 90, 100, 224
自発性	31
島宇宙	3
終身雇用制	16, 17
集団指導	10
自由度	53
修理モデル	25, 29
熟練	25
手段の目的化	40
賞賛	20, 24
少子化	5
ジョハリの窓	46
シーン	161, 179, 188, 226
シングル・タスク	28
身体運動	203, 216
身体表現	194, 198, 211, 220
心的外傷	25
信頼感	206, 229, 230
信頼体験	15, 40, 41
心理教育的援助サービス	49
神話	16
スキンシップ	86, 107, 224, 227, 228, 229
スタートライン	55, 74, 204
スパイラルモデル	237
する	44, 45
正解	23, 47, 221
成熟型社会	7, 42
成長型社会	16
成長神話	16
成長的	25
成長への力	29, 71, 72, 236
成長モデル	25, 29, 222

正当化	161, 178, 179
生徒指導提要	14, 36
相互理解	60
創造性	31, 47
ソーシャルスキル・トレーニング（SST）	ii, 10, 20, 23
ソーシャル・ネットワーキング・サービス（SNS）	2, 48
即興	21

【た行】

体験の整理と定着	66
太陽光発電	12
他者理解	15, 23, 40, 41, 45, 58, 192, 200
楽しくする	236
楽しむこと	30, 31, 32, 71
たのまな	31, 32
ダブル・タスク	28
中途退学	3, 200, 234
伝える	44
出会い	16, 17, 24, 39, 40, 42
抵抗	37, 52, 53, 56, 60, 61, 62, 74, 231
デジタルネイティブ	6
デモンストレーション	208, 210, 236
伝達・表現	204
動機づけ	23, 62
統合（integrated）	ii
道徳	190, 199, 200, 207
特別支援学校	iii, 214, 221
土地神話	16

【な行】

仲間以外はみな風景	2, 3
人間関係の基礎体力	45
人間関係の力	10, 11, 12, 50
年功序列制	16
のりしろ	58, 59, 60, 74, 194

【は行】

はさみ	60
発声	203, 215
発達障害	i, 3, 4, 28, 30, 36, 200, 212
パティシペイターシップ（Perticipatorship）	19
パフォーマンス	210, 211, 212, 220
バブル崩壊	8, 16, 17
反社会的問題傾向	52
ピア・サポート活動	36
引き出し	36, 54, 190
非社会的問題傾向	53
非日常性	230
評価への抵抗	60, 61
表現	42, 43, 46, 47, 48, 54, 218
表現者	48
表現する	43, 190, 237
表現力	22
ファシリテーター	13, 55, 56, 57, 61, 62, 63, 64, 226
フィードバック	40, 46
フォーカス（focus）	22
複眼的思考	66
不登校	i, 3, 4, 28, 30, 53, 200, 212
不倒神話	16
プラットフォーム	161, 186
プレイセラピー（遊戯療法）	30
プレイヤー	161
フレックススクール	i, 4, 30, 200, 234
文化的孤島	222
ベーシック・エンカウンターグループ	10, 13, 38
変化への抵抗	60, 61
ボウシ	71, 72
ポジティブシンキング	152
ホンネとホンネの交流	14

【ま行】

マインド	71, 72, 74, 236
間違い	224
間違える	226
間違えること	195
学び（instructive）	ii, 8, 31, 32, 70
学びの躓きと心の傷つき	28, 30
魔法の杖	37, 234
まんじゅうのアンコと皮の関係	39
見る	44, 45
無気力	53
無条件の肯定的配慮	65
盲点	46
目的——手段関係	39
模倣	25
モンスターペアレント	7, 28

【や行】

遊戯療法（プレイセラピー）	30
ゆとり世代	6
予防的	24
よむ	44, 45

【ら行】

来談者中心カウンセリング	29
来談者中心療法	65
ラボラトリー・トレーニング	18
理解する	42, 43, 45, 190, 237
リスク	161
リーダーシップ	19
リニアモデル	237
リーマンショック	8, 16, 48
ルール	13

【わ行】

分かち合い	66

| ワーク ································· 13
| 枠組み ································· 69
| 枠に嵌める ··························· 63

ワーク索引

★太字はワークの掲載ページを示しています。

【英数字】
Bang！ ························· 60, **85**, 209
WANTED！ ················· 46, **57**, 141
Who am I？（私は誰？） ············ **138**
1・2で俳句 ····························· **175**
10円玉リレー ··········· **182**, 205, 218, 225
1-7サークル ············· **96**, 208, 217, 225
3枚の絵 ······················ **170**, 198, 212

【あ行】
空いたイス取りゲーム ······· **92**, 203, 217
握手当て ····················· **107**, 206, 227
握手渡り ································ **82**
あなたはきっと ························ **146**
いいね！ ························· **172**, 196
一歩前へ！ ············· 58, 59, **129**, 193, 201
ウィンクキラー ···················· **101**, 206
ウソ１つ ································ **131**
噂話 ······························ **148**, 229
絵合わせ ························· **122**, 191
エレファント，トースター，壊れたトースター
 ··································· **90**, 196, 217, 227
オオカミとヒツジ ····················· **87**, 210
お助けオニ ····························· **93**, 219
お見立て ··························· **180**, 209

【か行】
木とリス ····················· **94**, 195, 203, 217
究極の選択 ···················· **153**, 228, 238
共通点探し ····························· **130**
結婚の条件 ························· 41, **156**
声合わせ ························· **105**, 203, 216

【さ行】
サイコロ・トーキング ················· **132**
シェアードストーリー ················· **177**
ジェスチャーゲーム ······ 47, 53, **194**, 204, 208, 218, 225
ジェスチャーゲーム／おもちゃ・家電 ··· **162**
ジェスチャーゲーム／仕事 ············· **164**
ジェスチャー伝言 ················· **166**, 194
知ってるよ！ ······················· **171**, 196
聖徳太子ゲーム ············ 47, **102**, 197, 203, 215
数字合わせ ····························· **116**
スゴロク・トーキング
 ········· 13, 19, 53, 58, 66, 69, **133**, 192, 201, 233

スゴロク・トーキング・プラス ······ **134**, 193, 201
スピットファイア ················ **178**, 210
スペース彫刻 ············ **168**, 194, 211, 220, 226
それはちょうどいい！ ·················· **173**
ゾンビゲーム ············· **100**, 202, 215, 224

【た行】
彫刻ネーミング ············· **169**, 194, 211
チョコレート・パフェ ············ **112**, 219
手合わせ ··········· 59, 84, **190**, 202, 214, 223
電話でSOS ··················· 32, **113**, 193
トラストウォーク ··········· **108**, 190, 207
トラストサークル ··········· **111**, 207, 229
トラストフォール ········· **110**, 207, 219, 229
トランプステイタス ······ **183**, 191, 205, 215

【な行】
ナイフとフォーク ······················ **167**
人間コピー機 ··················· 63, **118**, 192
人間知恵の輪 ········ 18, 38, 59, **86**, 202, 214, 224
ネガポ人生相談室 ······················ **152**
ノイズ ····························· **106**, 227

【は行】
拍手回し ··················· **95**, 208, 217, 220, 225
　　　同時拍手回し ·················· **95**, 227
初めてのお使い ······················ **124**, 193
ビビリビビリバ！，ロバ！ ············ **88**, 217
秘密のセリフ ····························· **53**
秘密のセリフ／Iタイプ・Yタイプ ······ **184**, 197, 208
秘密のセリフ／Fタイプ ······· 33, **186**, 197, 210
風船ゲーム ··············· **83**, 201, 211, 214, 215
プレゼントゲーム ······················ **174**
ペーパーズ ······················· **179**, 210
ボリュームアップ ······················ **104**
ボールゲーム ··········· 58, **97**, 190, 205, 215

【ま行】
ミーティング＆グリーティング ······ **80**, 202
目が合ったらジャンプ！ ················· **99**

【ら行】
ランバージャック ······················· **89**
連想ゲーム ····························· **144**
ロボットウォーク ······················ **109**

【わ行】
私あなた ································· **98**
私は木です ···················· **188**, 195, 220, 226
私は実は ································ **149**
私は有名人 ························· **181**, 209
ワンワード ·················· 47, **176**, 197

若い女性と老婆（46. 私は実は，で使用します）

Hill, W. H.（1915）. My wife and My Mother. *Puck*.

引用文献

第1章

朝日新聞（2013）．いま子どもたちは No.507――さとり世代 1――　朝日新聞　4 月 24 日朝刊，30．

宮台 真司（1994）．制服少女たちの選択　講談社

宮台 真司（1997）．まぼろしの郊外――成熟社会を生きる若者たちの行方――　朝日新聞社

横島 義昭（1999）．心理教育的援助サービスの全面展開をめざした学校づくり　石隈 利紀（監）水野 治久（編）学校での効果的な援助をめざして――学校心理学の最前線――（pp.15-22）　ナカニシヤ出版

第2章

橋本 禅厳（1983）．正法眼蔵四摂法之巻模壁　鴻盟社

片野 智治（1996）．エンカウンターとは　國分 康孝（監修）・片野 智治（編）エンカウンターで学級が変わる中学校編――グループ体験を生かしたふれあいの学級づくり――（pp.18-23）　図書文化社

絹川 友梨（2002）．インプロゲーム――身体表現の即興ワークショップ――　晩成書房

小林 正幸（1999）．なぜいまソーシャルスキルか　國分 康孝（監修）ソーシャルスキル教育で子どもが変わる 小学校――楽しく身につく学級生活の基礎・基本――（pp.3-7）　図書文化社

國分 康孝（1981）．エンカウンター――心とこころのふれあい――　誠信書房

國分 康孝・片野 智治（2001）．構成的グループ・エンカウンターの原理と進め方――リーダーのためのガイド――　誠信書房

文部科学省（2010）．生徒指導提要　文部科学省　Retrieved from http://www.akita-c.ed.jp/~cjid/teiyou_01.pdf （2018 年 4 月 24 日）

日本学校 GWT 研究会（1994）．協力すれば何かが変わる――続・学校グループワーク・トレーニング――　遊戯社

野島 一彦（1982）．グループ・アプローチ　岡堂 哲雄（編）現代のエスプリ別冊 社会心理用語事典（pp.86-87）　至文堂

小貫 悟（2004）．LD・ADHD へのソーシャルスキルトレーニング　日本文化科学社

坂野 公信（監）（1989）．学校グループワーク・トレーニング　遊戯社

正保 春彦（2015）．グループアプローチ・エクササイズの下位分類に関する一考察――構成的グループ・エンカウンター，グループワーク・トレーニング，インプロを比較して――　茨城大学教育実践研究，*34*, 225-237.

上野 一彦（2006）．ソーシャルスキル指導をする前に知っておいてほしいこと　上野 一彦・岡田 智（編著）特別支援教育実践ソーシャルスキルマニュアル（pp.9-30）　明治図書出版

台 利夫（2003）．新訂ロールプレイング　日本文化科学社

山本 和郎（1995）．心の成長モデル　山本 和郎・箕口 雅博・原 裕視・久田 満（編著）臨床・コミュニティ心理学――臨床心理学的地域援助の基礎知識――（pp.28-29）　ミネルヴァ書房

横浜市学校 GWT 研究会（1989）．学校グループワーク・トレーニングとは　坂野 公信（監修）学校グループワーク・トレーニング（pp.110-116）　遊戯社

第3章

鴻上 尚史（2005）．表現力のレッスン　講談社

ランドレス，J. L.（2007）．新版プレイセラピー　日本評論社

増野 肇（1990）．サイコドラマのすすめ方　金剛出版

ロジャーズ，C. R.（1957）．十分に機能する人間

鵜養 美昭（1995）．スクールカウンセラーとコミュニティ心理学　村山 正治・山本 和郎（編）スクールカウンセラー――その理論と展望――（pp.62-78）　ミネルヴァ書房

第4章

服部 ゆかり（1996）．無人島 SOS　国分 康孝（監修）・岡田 弘（編集）エンカウンターで学級が変わる 小学校編――グループ体験を生かした楽しい学級づくり――（pp.150-151）　図書文化社

平田 オリザ（2006）．表現教育はなぜ必要か　日本労働研究雑誌，No.549, 9-12．

石隈 利紀（1999）．学校心理学――教師・スクールカウンセラー・保護者のチームによる心理教育的援助サービス

―― 誠信書房
國分 康孝（1981）．エンカウンター　心とこころのふれあい　誠信書房
國分 康孝（1996）．エンカウンターで学級が変わる 中学校編――グループ体験を生かしたふれあいの学級づくり ―― 図書文化社
鴻上 尚史（2005）．表現力のレッスン　講談社
Luft, J.（1963）．*Group Processes, An Introduction to Group Dynamics*（Rev. 2nd ed. 1970）．Palo Alto, CA: National Press Books.
文部科学省（2010）．生徒指導提要　文部科学省　Retrieved from http://www.akita-c.ed.jp/~cjid/teiyou_01.pdf（2018年4月24日）
正保 春彦（2016）．心を育てるグループワーク　茨城大学教育実践研究, *35*, 475-488.
正保 春彦・葉山 大地（2014）．基本的コミュニケーション能力測定尺度 iksy 作成の試み　茨城大学教育学部紀要（教育科学）, *63*, 257-536.

第5章

林 伸一（1999）．シェアリングのしかた　國分 康孝（監）エンカウンターで学級が変わる――ショートエクササイズ集――（pp.20-21）図書文化
林 伸一（2000）．構成的グループ・エンカウンターにおけるシェアリングの考え方と方法について　山口再学文学会誌, vol.50.
星 新一（1966）．きまぐれロボット　角川書店
星野 欣生（1992）．人間関係トレーニング　ナカニシヤ出版
今井 英弥（2001）．強制的グループエンカウンターになってしまった　国分 康孝・吉田 隆江・加勇田 修士・朝日 朋子・大関 健道・国分 久子（編）エンカウンタースキルアップ――本音で語る「リーダーブック」――（pp.195-198）図書文化社
片野 智治・國分 康孝（1999）．構成的グループワンカウンターにおける抵抗の検討――抵抗の種類と属性の関係――　カウンセリング研究, *32*, 14-23.
河村 茂雄（1996）．シェアリングの仕方　国分 康孝（監修）・岡田 弘（編集）エンカウンターで学級が変わる 小学校編――グループ体験を生かした楽しい学級づくり――（pp.90-91）図書文化社
絹川 友梨（2002）．インプロゲーム――身体表現の即興ワークショップ――　晩成書房
絹川 友梨（2017）．インプロワークショップの進め方――ファシリテーターの考えること――　晩成書房
國分 康孝・片野 智治（2001）．構成的グループ・エンカウンターの原理と進め方――リーダーのためのガイド―― 誠信書房
ニイル, A. S. 堀 真一郎（訳）（1995）．新訳ニイル選集① 問題の子ども　黎明書房
日本学校グループワークトレーニング研究会（2016）．改訂 学校グループワーク・トレーニング　図書文化社
坂野 公信（監）（1989）．学校グループワーク・トレーニング　遊戯社
正保 春彦（2016）．ワークショップにおける開かれた心に関する一考察 茨城大学教育学部紀要（教育科学）, *65*, 491-498.
Winnicott, D. W.（1971）．*Playing and Reality*．London: Tavistock Publications.
　（ウィニコット, D. W. 橋本 雅雄（訳）（1979）．遊ぶことと現実　岩崎学術出版社）
山下 文子（2004）．抵抗に対応するシェアリング　國分康孝・國分久子（総編集）構成的グループエンカウンター事典（p.154）図書文化

第6章

田上 不二夫（編）（2003）．対人関係ゲームによる仲間づくり――学級担任にできるカウンセリング――（pp.145-155）金子書房

第7章

稲葉 愛・細川 美由紀・正保 春彦（2017）．特別支援学校における人間関係形成を目的としたグループワークの実践　茨城大学教育実践研究, *36*, 231-245.
横島 義昭（2016）．学校心理学を基礎とした学校づくり――特別支援を重視したフレックススクールの実践――指導と評価, 図書文化, vol.62.3.
正保 春彦（2016）．家庭裁判所親子合宿におけるグループワークとその意義　茨城大学教育実践研究, *35*, 459-474.
佐藤 たまゆ・松原 育子・正保 春彦（2014）．家庭裁判所親子合宿でのボランティア活動を通して　茨城大学心理臨床研究, *7*, 1-6.

おわりに

　ずいぶん前になりますが，ある中学校で構成的グループ・エンカウンターの研修を依頼され，数件のワークと解説を行った時のことです。研修終了後，職員室の脇を通り過ぎた時，室内から「（ワークの）○○と○○で道徳を2時間潰せるな」という先生方の話し声が笑い声と共に聞こえてきました。その雰囲気からは構成的グループ・エンカウンターが，道徳の授業やロングホームルーム，特別活動などの穴埋め活動と見なされている様子が窺われました。

　この出来事に限ったことではありませんが，これまで学校教育におけるグループワークの居場所はあくまでも"脇役"であったと言えます。もちろん学校教育の"主役"は主要教科等の教科教育であることは言を俟ちませんし，それは当然のことです。これに対して，構成的グループ・エンカウンターをはじめとするグループワークは前述のように，教科の代替活動かレク代わり，あるいは空き時間の埋め草と見なされてきた側面があると言っても過言ではないでしょう。ただ，従来のグループワークの在り方はというと，さまざまな活動がそれぞれの理論を背景に乱立し，一般の現場の先生方にとっては捉えにくいものであったのも事実であると思います。そのような状況の中で，1990年頃から構成的グループ・エンカウンターが重要な位置を占めるようになりましたが，その構成的グループ・エンカウンターにしても，近年の子どもたちを巡る状況の変化の下で，本来の目的から少しずつ逸れて行っているのが現状です。

　一方で格差社会が進行する中，"学びの躓きと心の傷つき"を抱えた児童・生徒が増加し，教室に居場所を見つけられない子どもたちが増えてきています。不登校児者数は12万人前後を推移し続けており，その他の対人関係に問題を抱える児童・生徒の数は増え続けています。このような状況の中で，グループワークの意義は以前にも増して大きくなっていると思いますし，さらなる活用が求められていると思います。ただ，そのためにはグループワークの在り方を見直す必要があるのではないか，そう考えてきました。

　本書では，さまざまなグループワークの実践に基づき，各種のグループワークをかかわる活動・理解する活動・表現する活動の3種類に分類して，紹介しました。SSTやアンガー・マネジメント，サイコドラマやプレイバックシアターなど，本書では扱わなかったグループアプローチ諸活動も多かれ少なかれこの3種類の側面から捉えることができると思います。諸活動をこのように分類することにより，学校で実践されるさまざまな活動を，そもそもそれを何のために実践するのか，ということがより見えやすくなったのではないかと思います。そして，それらの活動を"楽しく"実践することを徹底することにより，グループワークがこれまでのような学校教育の"脇役"から"準主役"になっていくのではないかと考えています。

　本書を執筆するに当たっては本当に多くの方々にお世話になりました。

　本書で紹介しているワークの多くは，既に先人の方々があちこちで実践・紹介されてきたものです。本書は先行する多くの活動の上に成り立っています。多くの方々に感謝したいと思います。

　学校現場での実践に際しては，多くの場合，学生アシスタントによるサポートを得てきまし

た。一人で多くの子どもたちに対応するのは大変ですが，アシスタントによるサポートにより，私一人では目の届かない部分に目を配ってもらいました。また，アシスタントからも多くの示唆を得てきました。本書に収録されている「電話でSOS」というワーク名は学生からの提案によるものです。

　また，本書の執筆にはインプロとの出会いが大きなきっかけを与えてくれました。インプロとの出会いのきっかけを与えてくれたのも学生でしたが，インプロとの出会いがなければ本書はありませんでした。特に，インプロワークスの絹川友梨さんにはインプロに関してのみならず，ワークショップにおけるファシリテーションに関して多くのご示唆をいただきました。

　本書の原稿ができあがった際には，関わっている学校の先生方や学生アシスタントの皆さんに目を通していただき，現場の先生方や子どもたちにとってわかりづらい点を多々指摘していただきました。ご指摘いただいた諸点は最終原稿に多数反映させていただいております。

　最後になりますが，金子書房編集部の木澤英紀さんには原稿の度重なる書き直しと差し替え・追加に忍耐強く付き合っていただき，大変感謝しております。木澤さんの「良いものにしましょう」という言葉に支えられました。イラストレーターのメイさんも細かい注文と幾度に渡る修正に付き合っていただき，感謝しております。

　多くの皆さんの協力の上に完成したこの本が，多くの人々に愛され，活用されることを願っています。

2019年1月8日

著者紹介

正保春彦（しょうぼ・はるひこ）
1958年，富山県生まれ。
早稲田大学第一文学部卒。筑波大学大学院博士課程心理学研究科単位取得退学。
明海大学助教授を経て，茨城大学人文社会科学部教授。
現在，茨城大学名誉教授，同大学人文社会科学部特任教授。
元茨城大学教育学部附属特別支援学校長。元茨城県立高校非常勤講師。
専門分野は臨床心理学，グループ・アプローチ。
公認心理師，臨床心理士。

イラスト・挿画／メイ

心を育てるグループワーク
楽しく学べる72のワーク

2019年 4月25日　初版第1刷発行　　　　　　　　　　［検印省略］
2024年11月25日　初版第6刷発行

著　者　正保春彦
発行者　金子紀子
発行所　株式会社金子書房
〒112-0012　東京都文京区大塚3-3-7
電話 03（3941）0111（代）
FAX 03（3941）0163
振替 00180-9-103376
URL https://www.kanekoshobo.co.jp
印刷 藤原印刷株式会社　製本 有限会社井上製本所

©Haruhiko Shobo 2019　Printed in Japan
ISBN 978-4-7608-2419-9　C3037

金子書房の関連図書

10時間の授業で学校が変わる！楽しく学べるグループワーク

正保春彦 著

かかわる　理解する　表現する

3つの要素を組み合わせた楽しい活動！　小学校高学年から中学校、高校まで。毎月1回1時間、年間10時間の授業で実施するワーク。朝の会などのモジュール実施も可能です。

■目次
　第1章：グループワークとは
　第2章：学校におけるグループワーク
　第3章：グループワークの進め方
　第4章：月別ワーク
　　○人間関係をつくる
　　○ソーシャルスキルを学ぶ
　　○表現する・共感性を育てる
　　○他者理解と自己理解を深める
　　○その他のワーク
　第5章：Q&A

B5判・200頁